Konstanze Schmidt

Spurwechsel

DIE NEUE LUST
AM ÄLTERWERDEN

> Wege zur Neuorientierung
> Inspirierende Fragen > Praktische Übungen

Inhalt

Oft bin ich gefragt worden:
»Wenn Sie Ihr Leben noch einmal
beginnen könnten, würden
Sie dann auch wieder
Schauspielerin werden?«
Anfangs habe ich gesagt:
»Ja, warum nicht!« Dann:
»Wer weiß? Warum eigentlich
noch einmal?« Und schließlich:
»Am liebsten würde ich dann
etwas mit Musik machen.«
Eines Tages habe ich mich dann
gefragt: Warum brauche ich dafür
ein neues Leben? Warum nicht in
diesem? Und kaum war der
Wunsch in mir selber deutlich
hochgekommen, brachte der
Zufall die erste Gelegenheit ...

Hanna
Schygulla

IM DEZEMBER 1996

Ein Wort vorab

A ls Heilpraktikerin und Psychotherapeutin arbeite ich seit vielen Jahren mit Frauen um die sechzig, sowohl in meiner Praxis als auch in verschiedenen Kursen. Für viele von ihnen ist dieses Lebensalter eine sehr aufregende Zeit, eine Zeit des Umbruchs, des Spurwechsels, manchmal aber auch eine Zeit der Krise.

Oftmals sind die Kinder bereits aus dem Haus oder planen, das Elternhaus zu verlassen. Galt die Aufmerksamkeit der Mütter jahrelang der Familie und den Kindern, so schleicht sich jetzt oft das Empty-Nest-Syndrom ein. Andererseits gibt es auch Frauen, die den Auszug der Kinder erleichtert registrieren und sich auf Enkelkinder freuen. Doch Enkelkinder sind, anders als Kinder, Kür, nicht Pflicht, und so entsteht oft der Wunsch, den Alltag auf andere Art und Weise neu zu beleben.

Das Berufsleben neigt sich dem Ende zu oder ist bereits beendet. War der Berufsausstieg erzwungen oder unerfreulich, so muss das erst verarbeitet werden. Aber auch wenn viele Frauen ihre Berufstätigkeit ohne große Probleme beendet haben, wollen sie ihren Alltag neu strukturieren.

Bei allein lebenden Frauen tut sich mit dem Wegfall der Berufstätigkeit oftmals ein großes Vakuum, ein »Loch« auf. Vielleicht haben sie einen großen Teil ihrer Identität aus dem Beruf geschöpft und möchten sich jetzt neu definieren – eine Identität jenseits des Berufslebens finden.

Bei anderen wiederum ist der Partner bereits in Rente oder steht kurz davor. Hier muss die Partnerschaft neu gestaltet werden, was für manche Paare eine große Herausforderung sein kann. Manche Frauen habe eine Scheidung hinter sich oder müssen den Tod des Partners verarbeiten. Dann kann die erzwungene Neuorientierung besonders schwer fallen. Hier ist es wichtig, sich Zeit für das Abschiednehmen zu geben.

Der Großteil der Frauen freut sich sehr auf die vor ihnen liegende Zeit. Sie empfinden es als eine Bereicherung, noch mal Weichen stellen zu können für ein erfülltes, zufriedenstellendes Leben. Meistens sind sie gesund und vital, unternehmungslustig und voller Energie. Manchmal ist es jedoch schwierig, die neu gewonnene Zeit sinnvoll zu nutzen. Einige haben bestimmte Vorstellungen, aber nicht den Mut, noch einmal etwas Neues anzufangen – die Spur zu wechseln.

In der Beratung und in den Kursen fallen oft Sätze wie: »Ich möchte einen neuen Blickwinkel gewinnen«, »... eine Bilanzierung des bisherigen Lebens vornehmen«, »... neue Erfahrungen sammeln«, »... eine neue eigene Position finden«, »Das kann doch nicht alles gewesen sein ...«. Frauen um die sechzig sind bereit für eine Neuorientierung, einen Neuanfang, bei dem dieses Buch sie unterstützen will. Es ist entstanden aus meiner Beratungstätigkeit, vor allem aber auch aus meiner Arbeit in dem Münchner Kurs »Spurwechsel ab 55«, bei dem ich seit 15 Jahren als Referentin arbeite. Die Themen orientieren sich an den Kursinhalten, wobei ich meine persönliche Sichtweise und meine eigenen Erfahrungen als Frau um die sechzig natürlich auch einbringe.

Mit den in jedem Kapitel enthaltenen Fragen und Übungen möchte ich Ihnen neue Impulse geben und Sie ermutigen, mit offenem, neuem Blick auf die kommende Lebensphase zu schauen. Einige der Übungen aus dem Buch sind in dem beiliegenden Übungsheft extra zusammengefasst, sodass Sie Vorlagen haben, mit denen Sie gleich arbeiten können. Auch zum Mitnehmen und zum Ausfüllen, beispielsweise auf einer Parkbank oder im Café, eignet sich dieses Heft wunderbar. Aber natürlich können Sie das Buch auch einfach nur mitnehmen und lesen.

Wofür auch immer Sie sich entscheiden: Ich wünsche Ihnen viel Freude bei der Beschäftigung mit den dargestellten Themen und Anregungen. Vielleicht wissen Sie am Ende des Buches, wohin die neue Spur Sie führen soll. Eventuell stellen Sie aber auch fest, dass Sie die Spur gar nicht wechseln wollen, weil alles gut ist, so wie es ist. Ich bin sicher, die Lektüre wird Sie bei Ihrer Entscheidung unterstützen. Viel Freude dabei!

Ihre

Konstanze Schmidt

MEHR DENN JE

Was heißt das nur, ich werde alt
was heißt das nur, wie soll ich es empfinden
ich kann den Morgenhimmel in mir finden
und Frühlingsstürme – mehr denn je

Was heißt das nur, ich werde alt
was heißt das nur, wie soll man es verstehen
ich kann wohl meine Hände altern sehen
doch schön ist das Berühren – mehr denn je

Mein Körper ist mir Freund
und meine Haut genießt den Wind wie eh und je
und all das, was ein reifer Mensch nicht mehr zu fühlen hat
das fühl ich mehr denn je

Was heißt das nur, ich werde alt
was heißt das nur, wie soll ich es empfinden
ich kann so viel Verwirrung in mir finden
und ungeduldig bin ich – mehr denn je

Was heißt das nur, ich werde alt
was heißt das nur, wie soll man es verstehen
des Lebens Spuren kann ich auf mir sehen
doch gehe ich neue Wege – mehr denn je

Mein Haar wird langsam grau
doch weht der Wind mir ins Gesicht wie eh und je
und all das, was ein reifer Mensch nicht mehr zu denken hat
dran denk ich mehr denn je

Was heißt das nur, ich werde alt
was heißt das nur, wie soll ich es empfinden
ich kann den Morgenhimmel in mir finden
und Frühlingsstürme – mehr denn je

Erika Pluhar

1985

Was heißt hier alt?

Wenn ich in München spazieren gehe, setze ich mich gern auf eine Bank und beobachte Menschen. Seit ich mich mit dem Thema der Frau um die sechzig auch beruflich beschäftige, sehe ich mir die Frauen besonders aufmerksam an, von denen ich meine, sie könnten in diesem Alter sein. Ich frage mich: Sind sie schon um die sechzig? Viele Frauen wirken fit und unternehmungslustig, sind gepflegt und attraktiv. Manche sehen ein wenig müde aus, wie nach einem anstrengenden Tag, und es fällt mir schwer, ihr Alter zu schätzen. Ergibt sich die Gelegenheit, sie nach ihrem Alter zu fragen, bin ich überrascht, denn die meisten wirken deutlich jünger, als sie sind. Ich stelle fest, es ist gar nicht so leicht, einer Frau ihr biologisches Alter anzusehen. Wie stelle ich mir, wie stellen wir uns Frauen um die sechzig vor? Wie sehen sie sich selbst, sehen sie sich jung oder alt? Wie nehmen andere Menschen, die Gesellschaft Frauen in diesem Alter wahr? Und: Ab wann gilt man überhaupt als alt?

AB WANN IST MAN ALT?

Angelehnt an die Definition der WHO, bezeichnen wir Menschen zwischen fünfzig und sechzig als Ältere, zwischen sechzig und 75 als junge Alte, ab achtzig Jahren als alte Menschen oder Hochaltrige, über 95 als sehr alte Menschen oder Überlebende. Die Phasen zwischen fünfzig und 75 werden die dritte Lebensphase oder das dritte Alter genannt. Es besteht aus mehreren Lebensabschnitten, und wir befinden uns demgemäß im Abschnitt der jungen Alten, der sogenannten Silver Ager, Golden Oldies oder Best Ager. Unterschieden wird vor allem zwischen diesen jungen Alten, von denen Aktivität und das Nutzen von Potenzialen erwartet wird, und den Hochaltrigen, dem fragilen oder hinfälligen Alter, bei denen stereotyphaft davon ausgegangen wird, dass sie überwiegend Betreuung brauchen.

Das erste Mal

Irgendwann hat jede Frau das Gefühl, alt zu sein, nur wann sich dieses Gefühl einstellt, ist individuell sehr unterschiedlich und zumindest bei den jungen Alten noch nicht ständig präsent. Eine Frau in meiner Beratung berichtete: »Mal fühle ich mich wie ein junges Mädchen, ein anderes Mal unbeschreiblich müde und alt.« Das kennen wahrscheinlich viele in diesem Alter: dieses sich Irgendwie-dazwischen-Fühlen, dieses Schwanken von jung zu alt und umgekehrt. Der Körper zeigt erste Ermüdungserscheinungen, aber unser inneres Bild von uns selbst ist jung. Meist ist also die Überraschung groß, wenn uns zum ersten Mal das Gefühl beschleicht, alt zu sein. Erinnern Sie sich noch daran, wann Sie sich das erste Mal wirklich alt gefühlt haben?

TREFFEND GEFRAGT

- -

Wann habe ich mich zum ersten Mal alt gefühlt? Was war der genaue Anlass dafür?

Vielleicht gab es einen äußeren Anstoß, jemand hat Ihnen einen Platz im Bus angeboten, oder Sie wurden von jungen Leuten Oma genannt. Oder es gab einen inneren Anlass: Ihr Körper schmerzte bei einer bestimmten Tätigkeit an einer Stelle, die vorher dabei noch nie geschmerzt hat – zum Beispiel Ihr Rücken beim Bücken oder Ihre Knie beim Treppensteigen. Jede Frau hat sich früher oder später irgendwann einmal zum ersten Mal alt gefühlt. Aber das Gefühl, alt zu sein, mag nicht immer korrespondieren mit dem Alter, das die Gesellschaft als alt definiert. Eine Frau kann sich mit 35 alt fühlen, weil sie die ersten Falten entdeckt hat, ist dann aber noch lange nicht alt. So ähnlich erging es mir. Ich habe bereits an meinem dreißigsten Geburtstag gedacht, jetzt bin ich alt. Dann wieder fühlte ich mich viele Jahre lang jung, bis eines Tages, da war ich gerade mal 55, mir ein Schüler einen Platz im Bus anbot. Ich wusste in diesem Moment nicht, ob ich mich darüber freuen oder ärgern sollte, und entschied mich für die Freude. Aber ein zwiespältiges Gefühl war es dennoch und für mich der Anlass, wieder einmal über mein Älterwerden nachzudenken. Was für ein Bild hatte ich von älteren Menschen? Wie entstehen überhaupt Altersbilder?

- -

Altersbilder

Im sechsten Altenbericht »Altersbilder in der Gesellschaft« des Bundesministeriums für Familie, Senioren, Frauen und Jugend von 2010 heißt es: »Altersbilder sind nicht ›zwangsläufig‹ und ›naturgegeben‹ vorhanden, sondern sie sind soziale Konstruktionen, deren Ausgestaltung von historischen und kulturellen Rahmenbedingungen abhängt«, und weiter unten dann: »Je differenzierter und vielfältiger eine Gesellschaft und die in ihr praktizierten Lebensformen sind, desto vielfältiger sind auch die Altersbilder. Selbst Einzelpersonen haben nicht nur ein einziges Altersbild im Kopf, sondern verfügen über ein ganzes Repertoire an Altersbildern.«

Das individuelle Altersbild

Wodurch entsteht dieses ganze Repertoire an Altersbildern? Bevor wir selbst alt werden, sind wir bereits als Kinder von alten Menschen umgeben: von Großeltern, Tanten, älteren Lehrerinnen, Nachbarn und vielen anderen. Diese Begegnungen werden ergänzt durch Darstellungen und Beschreibungen in Kinderbüchern und Werbung.

Wenn unsere Begegnungen positiv verlaufen oder die Darstellungen in den Medien positiv sind, entwickelt sich auch ein positives Bild vom Alter. Dies trifft oft auf das Bild der stets fürsorglichen und liebevollen Großmutter zu. Oder auf den Archetypus der alten Weisen oder des alten Weisen im Märchen. Dabei wissen wir längst, dass wir allein durchs Älterwerden nicht zwangsläufig auch weise werden (siehe Seite 142).

Es gibt aber auch negative Zuschreibungen vom Alter und von Alten, wie mürrisch, stur, immerzu kränkelnd und, und, und. Beispiele dafür sind die zänkische Alte, der Griesgram oder der hypochondrisch kränkelnde, oft bettlägerige alte Mensch.

Altersstereotype

Zumeist verkörpern sowohl die positiven als auch die negativen Bilder Stereotype, die wir als Kinder unreflektiert annehmen und später als Erfahrungshintergrund mit dem Älterwerden dienen. Die meisten Stereotype betreffen nur eine gesellschaftliche Gruppe, wie Reiche oder Arme, Dicke oder Dünne. Deshalb ist der Teil der Bevölkerung, der nicht zu dieser Gruppe gehört, davon nicht betroffen. Alt aber werden wir alle, und daher sind wir alle von Altersstereotypen betroffen. Haben wir negative Bilder vom Alter, sind wir im jungen Alter geneigt, die Alten zu diskriminieren, und wenn wir älter werden, schließlich auch uns selbst. In diesem Fall sprechen wir von Alters-Selbststereotypisierung. Positive sowie auch negative Altersbilder hängen außerdem ab von Faktoren wie Alter, Bildungsstand, Einkommen und Gesundheitszustand, und sie unterscheiden sich auch innerhalb der Altersgruppen: Menschen im mittleren Erwachsenenalter haben positivere Altersbilder als ältere Menschen. Innerhalb verschiedener Bildungsgruppen haben Menschen mit niedriger Bildung deutlich negativere Altersbilder als Menschen mit mittlerem oder hohem Bildungshintergrund.

Das Bild, das wir von uns selbst haben, ist einerseits geprägt vom Zustand unseres Körpers, den nachlassenden Körperfunktionen und äußerlichen Alterserscheinungen, andererseits davon, wie uns die Gesellschaft als älter werdende Frau sieht und bewertet. So hat jede Frau ihr ganz individuelles Altersbild, das wie-

Übung

Verschiedene Frauenrollen

Malen Sie auf ein DIN-A4-Blatt eine große Blüte eines Gänseblümchens, einer Daisy (Muster und Beispiel im Übungsheft). In die Mitte tragen Sie Ihren Namen ein und in die Blütenblätter die verschiedenen Rollen, die Sie jetzt gerade leben: Mutter, Tochter, Ehefrau. Darunter kommen die jeweils passenden Zuschreibungen: bei Mutter zum Beispiel aufopfernd, tatkräftig, liebevoll; bei Tochter eventuell brav, aufmüpfig, hilfsbereit; bei Ehefrau treu, verlässlich, durchsetzungsfähig.

Selbstverständlich haben Sie auch Rollen außerhalb der Familie, die Sie ebenfalls eintragen, wie die geduldige Patientin oder die immer freundliche Ehrenamtliche. Dann tragen Sie in die Wolken, die sich um die Daisy gruppieren, ein, von wem diese Zuschreibungen kommen: Familie, Gesellschaft, Freundin, Arbeitgeber, von Ihnen selbst.

Manche Rollen leben wir das ganze Leben, manche nur für eine bestimmte Zeit. Töchter sind wir alle lebenslang, manchmal sind wir auch Schwester, und dann ebenfalls lebenslang, manchmal Großmutter, dieses nur ab einem gewissen Lebensalter, sowie manchmal Ehefrau, Geliebte, Partnerin, Angestellte, Mit-arbeiterin, Geschäftsfrau, Freundin, Nachbarin und vieles mehr – dieses auch nur in einer bestimmten Lebensphase.

In den Zuschreibungen drücken sich die Erwartungen aus, die an diese Rolle gestellt werden, sie sind fast wie ein Etikett, das uns in dieser Rolle festlegt: die geduldige Freundin, die aufopfernde Mutter, die fleißige Angestellte. Manchmal werden diese Zuschreibungen von außen gegeben, manchmal geben wir sie uns auch selbst.

Jetzt können Sie sich fragen: Welche dieser Rollen gefällt mir (noch), in welcher fühle ich mich (noch) authentisch? Welche möchte ich verändern? Welche der mir zugeschriebenen Eigenschaften passt, und welche nehme ich gern an?

Vielleicht möchten Sie auch Ihre eigenen Rollen mit denen Ihrer Mutter und Großmütter vergleichen? Dazu können Sie sich auch fragen: Welche Rollen haben meine Mutter, welche meine Großmütter gelebt? Können Sie sich erinnern, welche dieser Rollen Ihrer Einschätzung nach eher gern beziehungsweise eher ungern gelebt wurden? Fragen Sie sich ebenfalls, welche Rollen Sie von Ihrer Mutter beziehungsweise Ihren Großmüttern übernommen und welche Sie abgelehnt haben. Welche Rollen haben sich in den vergangenen Jahren verändert, welche sind gleich oder zumindest ähnlich geblieben?

derum beeinflusst wird vom gesellschaftlichen Altersbild. Altersbilder sind also nicht fest und unveränderlich. Wir werden von den bestehenden Altersbildern geprägt und prägen diese durch unsere Art zu leben wiederum neu. Je nachdem, wie wir unser Alter leben und welche Rollen wir erfüllen, kann ein neues Bild vom Älterwerden und vom Alter entstehen. Damit tragen wir zu einer neuen Alterskultur bei, die sich positiv auf das Alter(n) unserer Töchter und Enkeltöchter auswirken kann.

Vielleicht haben Sie Lust, sich einmal anzuschauen, welche Rollen Sie in Ihrem Leben ausgefüllt haben, welche Sie heute leben und welche Sie weiterhin leben möchten? Dazu können Sie auch die nebenstehende Übung auf Seite 12 machen.

Die Rollen, die wir leben und die uns je nach Lebensphase beschäftigen, machen einen Teil unserer Identität aus. Allerdings sind uns die Rollen, ähnlich wie die Zuschreibungen, oft durch Lebensumstände zugeteilt worden – manchmal haben wir sie aber auch selbst gewählt. Teilweise ist uns gar nicht bewusst, wie viele verschiedene Rollen wir in unserem Leben wirklich innehaben.

Daher kann es hilfreich sein zu überlegen, ob wir diese Rollen behalten oder ob wir einige von ihnen ablegen und welche neuen wir annehmen können oder wollen. Wir haben die Chance, durch unsere Art zu leben und die Übernahme neuer Rollen ein neues Altersbild zu prägen und selbst zu Vorbildern zu werden. Welche Rollen leben wir heute, und welche ha-

ben unsere Mütter sowie Großmütter gelebt? Fest steht, seit dem Dritten Reich und den 1950er-Jahren sind wir Frauen einen langen, oft mühsamen Weg gegangen.

Die Rolle der Frau im Dritten Reich – unsere Großmütter

Im Dritten Reich wurde der Frau vorwiegend die Rolle der Mutter zugesprochen, Kinderkriegen und die Erziehung der Kinder sollten ihr gesamter Lebensinhalt sein. Sie sollte möglichst viele Kinder zur Welt bringen, um zur Verbreitung der »arischen Rasse« beizutragen und den Nachschub an Soldaten zu gewährleisten. Es wurde ein regelrechter Mutterkult betrieben, Frauen mit besonders vielen Kindern wurden mit dem »Ehrenkreuz der Deutschen Mutter« ausgezeichnet. Um Frauen zu motivieren, wurden sie öffentlich mit Charaktereigenschaften wie Selbstlosigkeit, Treue, Pflichtbewusstsein und Opferbereitschaft versehen und ihnen ihre bedeutende Rolle beim Aufstieg des Dritten Reiches verdeutlicht. Ihre Leistung wurde gleichgesetzt mit der Leistung der Soldaten, es hieß, die Frau erbringe in der »Geburtenschlacht« genauso Erfolge wie Soldaten an der Kriegsfront.

Gleichzeitig wurden Frauen von der Erwerbstätigkeit abgehalten, indem einem jungen Paar bei der Eheschließung ein Ehestandsdarlehen unter der Bedingung gewährt wurde, dass Frauen ihre Erwerbstätigkeit aufgaben und keine Tätigkeit ausübten, solange der Ehemann dazu in der Lage war. Die Zurückzahlung des Darlehens reduzierte sich pro Kind um 25 Prozent, mit vier Kindern war das Darlehen also getilgt.

Außerdem wurde den Frauen das passive Wahlrecht abgesprochen, sie wurden nicht mehr zu Justizberufen zugelassen, ab 1934 durften Ärztinnen keine Praxen mehr eröffnen, und der Frauenanteil an Universitäten musste weniger als zehn Prozent betragen. Frauen, die Kinder abtrieben, wurden hart bestraft, oftmals auch mit dem Tod.

Das alles änderte sich mit Ausbruch des Krieges. An der »Heimatfront« mussten Frauen nun alle Berufe ausüben, die normalerweise von Männern verrichtet wurden. So durften Frauen jetzt ohne Einschränkungen studieren, da ihre Fähigkeiten für den Krieg gebraucht wurden. Ab 1942 wurden Frauen sogar zur Arbeit in Rüstungsbetrieben verpflichtet. Neben der harten und anstrengenden Arbeit mussten sie nun auch ihre vielen Kinder allein durch die Kriegswirren bringen. Sie lebten in ständiger Sorge um die Ehemänner, deren Rückkehr aus dem Krieg nicht gewiss war. Wegen der ungewissen Zukunft nach dem Krieg litten viele an starken Angstzuständen. Diese großen seelischen Belastungen waren prägend für die Generation der Frauen im Zweiten Weltkrieg, für unsere Großmütter.

Die Rolle der Frau in den 1950er-Jahren – unsere Mütter

Die 1950er-Jahre gelten als konservativ, die Frauen besaßen, verglichen mit heute, wenig

Rechte. Erst 1949 wurde auf Antrag der sozialdemokratischen Abgeordneten Elisabeth Selbert die Gleichberechtigung von Männern und Frauen als Artikel 3 in das Grundgesetz aufgenommen. Aber die Frauen der 1950er- und 1960er-Jahre waren alles andere als gleichberechtigt. Ein uneheliches Kind galt als Katastrophe, die Mutter erhielt meist nicht einmal das Sorgerecht. Das Ehe- und Familienrecht bestimmte den Mann zum Alleinherrscher über Frau und Kinder, die Ehefrau musste ihrem Mann jederzeit sexuell zur Verfügung stehen, misshandelte er sie oder die Kinder, war es Privatsache. Verheiratete Frauen durften nur arbeiten gehen, wenn der Mann es erlaubte, und falls sie die gleiche Arbeit verrichtete wie ein Mann, bekam sie dafür weniger Lohn.

Die Rolle der Frau war es, den Mann und die Familie zu versorgen. In einer Werbung der Firma Dr. Oetker aus dieser Zeit heißt es: »Eine Frau hat zwei Lebensfragen: Was soll ich anziehen? und: Was soll ich kochen?« Unverheiratete galten spätestens ab dreißig als alte Jungfern, egal, ob sie nun freiwillig oder unfreiwillig ledig geblieben waren.

Da die Frau überwiegend den Ehemann und die Familie versorgte, ist es naheliegend, dass sie als ältere Frau die Rolle der Großmutter einnahm. In den Medien wurde sie meist dargestellt als grauhaarig, fürsorglich und sich liebevoll um die Enkel kümmernd, und als solche ist sie, neben anderen Darstellungen der älteren Frau, auch heute noch in der Werbung zu sehen.

DEMOGRAFISCHER WANDEL

Seit 150 Jahren werden die Menschen pro Jahr im Durchschnitt drei Monate älter. Um 1900 lag die Lebenserwartung von neugeborenen Mädchen bei 52,5 Jahren (Jungen: 46,4 Jahren), naturgemäß war das Alter zu jener Zeit kein Thema. Heute beträgt die durchschnittliche Lebenserwartung von Frauen in Deutschland 82,7 Jahre (Männer: 77,9 Jahre). Mädchen, die 2016 zur Welt kommen, werden im Durchschnitt sogar 83,1 Jahre (Jungen: 78,2 Jahre) alt. Das liegt unter anderem auch am gestiegenen Einkommen und dem damit verbundenen höheren Lebensstandard, der besseren Ernährungslage und an der guten medizinischen Versorgung. Viele ältere Menschen erleben das Alter zudem in guter Gesundheit. Sie fühlen sich nicht nur zehn Jahre jünger, als sie tatsächlich sind, sie sind es auch wirklich: Körperliche Abnutzungserscheinungen stellen sich im Durchschnitt zehn Jahre später ein als noch vor dreißig Jahren. Die 75-Jährigen von heute sind so leistungsfähig wie die 65-Jährigen vor zehn Jahren.

Im März 2016 zeigte das ZDF den dreiteiligen Film »Ku'damm 56«, eine Familiengeschichte über den Aufbruch der Jugend in den 1950er-Jahren. Der Film zeigt den Zeitabschnitt zwischen Kriegsende und Wirtschaftswunder, in dem Leben und Wert einer Frau über den Platz an der Seite ihres Ehemanns bestimmt wurden. Die vermeintlich durch den Krieg Witwe gewordene Mutter wünscht sich eine möglichst vorteilhafte Heirat für ihre drei Töchter, die sich dadurch bestmöglich in die konservativ geprägte Gesellschaft einfügen sollen. Sowohl die älteste als auch die mittlere Tochter passen sich den Forderungen der Mutter und den Erwartungen der Gesellschaft an. Selbst als die älteste Tochter erfährt, dass ihr Ehemann homosexuell ist, entscheidet sie sich, bei ihm zu bleiben, um ihren guten Ruf als Ehefrau nicht aufs Spiel zu setzen. Die zweite Tochter heiratet den ungeliebten vermögenden und renommierten Chef und verzichtet auf ihre große Liebe. Nur der jüngsten Tochter gelingt die Befreiung. Sie verkörpert die Suche nach einer neuen weiblichen Identität und den aufkommenden Wunsch nach Gleichberechtigung. Ein äußerst gelungenes Sittengemälde der 1950er-Jahre!

Ich selbst erinnere mich, dass meine Schwester und ich in den frühen 60er-Jahren von meiner Mutter mit Petticoats ausstaffiert wurden und diese besonders beim sonntäglichen Spaziergang tragen mussten. Wir hatten stets brav vorneweg zu gehen, wie Puppen. Eine Frau erzählte mir: »Für meine Eltern war es wichtig, was die anderen Leute dachten. Es war nicht wirklich wichtig, wie ich mich als Kind fühlte, sondern ›die Leute‹ sollten sehen, dass es uns gut ging.« Eine andere: »Besonders wir Kinder freuten uns sehr, als unsere Eltern beschlossen, ein Auto zu kaufen. Stolz saß mein Vater hinter dem Steuer. Nach langen Diskussionen machte auch meine Mutter den Führerschein ... Doch wenn wir gemeinsam Ausflüge machten, saß selbstverständlich weiterhin mein Vater am Steuer. Er konnte es sich einfach nicht vorstellen, sich von meiner Mutter chauffieren zu lassen.« Der Mann hatte das Steuer in der Hand, nicht nur im Auto!

Sowohl sie als auch ich haben die 1950er- und auch die frühen 1960er-Jahre als sehr konservativ, um nicht zu sagen spießig erlebt. Kein Wunder, dass wir als Töchter in den 68ern dagegen rebellierten!

Die 68er – wir als junge Frauen

Wir Frauen um die sechzig wuchsen zur Zeit der 1968er-Bewegung auf, die gegen »alte Hüte« rebellierte. Wir gehören der Generation von Frauen an, die ihre BHs verbrannten als Zeichen, dass wir nun selbst entscheiden wollten, wie wir leben, lieben und aussehen wollten. Eine Delegierte des SDS (Sozialistischer Deutscher Studentenbund) warf 1968 dem Vorsitzenden auf dem Podium wütend drei Tomaten ins Gesicht aus Protest dagegen, dass selbst die Genossen die Belange der Frauen nicht zur Kenntnis nehmen wollten. Bekannt wurde auch der Slogan »Mein Bauch gehört mir« von Frauen, die für die Abschaffung des Abtreibungsparagrafen kämpften. Tatsächlich trat 1974 eine Neuregelung des Paragrafen

nach dem Indikationsmodell in Kraft, ein Schwangerschaftsabbruch wurde aus bestimmten medizinischen, sozialen oder ethischen Gründen erlaubt. Seit 1995 gilt die Fristenlösung, die einen Abbruch in den ersten drei Schwangerschaftsmonaten zulässt, sofern eine Beratung stattgefunden hat. Nach diesem Durchbruch wandten wir Frauen uns den Themen Ehe, Mutterschaft und Sexualität zu. Wir fragten uns: »Was sind unsere eigenen Bedürfnisse, wann erfüllen wir nur die der Männer?«

Der 68er-Frauenbewegung haben wir viel zu verdanken. Wir haben heute mehr Selbstbewusstsein und sind rechtlich in allen Bereichen den Männern gleichgestellt. Ein uneheliches Kind ist keine Schande mehr. Ehemänner, die ihre Frauen schlagen, müssen auf Wunsch der Frau die Wohnung verlassen, und Vergewaltigung in der Ehe ist strafbar. Alle Berufe stehen uns heute offen. Wir können Ehe, Singlestatus, Beruf, Kinder oder Kinderlosigkeit wählen. Viele von uns heute Sechzigjährigen wünschten sich sowohl die Ehe und Mutterschaft als auch den Beruf. Die daraus resultierende Doppel- oder gar Dreifachbelastung als Ehefrau, Mutter und Berufstätige entpuppte sich dann als eine große Herausforderung, die gemeistert werden wollte. Und fast immer, oft trotz mangelnder Unterstützung durch den Ehemann, wurde sie auch gemeistert.

Ältere Frauen heute

Nach diesem kurzen Rückblick auf unseren Weg in ein freies, selbstbestimmtes Leben mag es jetzt an der Zeit sein, uns einmal an unsere Großmütter oder Tanten oder andere ältere Frauen in unserem Umfeld zu erinnern. Siehe dazu die nebenstehende Übung.

Ich hatte zwei Großmütter, die unterschiedlicher nicht sein konnten. Die eine war der klassische Großmuttertyp: rundlich, rosig, graues Haar. Sie war nie berufstätig gewesen und widmete sich ganz der Erziehung ihrer drei Töchter, wie es im Dritten Reich von ihr erwartet wurde. Mein Großvater fiel in den letzten Tagen des Krieges, und sie musste mit ihren Töchtern aus dem Sudetenland fliehen und ihr gesamtes Hab und Gut zurücklassen. Von den Erlebnissen auf der Flucht und den seelischen Belastungen erzählte sie nur, dass sie und ihre noch jungen Töchter – meine Mutter und Tanten – in der Lage waren, mit allen Problemen fertigzuwerden. Um welche Probleme es sich dabei gehandelt haben mag, erfuhr ich nie, auch später nicht von meiner Mutter, darüber herrschte Schweigen. Dennoch war meine Großmutter fast immer heiter, und die Fürsorge und Liebe, die sie mir angedeihen ließ, möchte ich nicht missen.

Doch Vorbild war meine andere Großmutter. Sie war klein und wendig, sehr klug und resolut und zog zusammen mit ihrem Mann vier Kinder groß. In ihrer Jugend hatte sie ein Jurastudium begonnen, doch dann abgebrochen, ob aus gesellschaftlichen oder privaten Gründen, habe ich leider nie erfragt. Bis zu ihrer Pensionierung leitete sie ein Müttergenesungsheim. Ihr forsches Auftreten flößte mir

großen Respekt ein, und ihre Klugheit und Tatkraft wurden mir zum Vorbild.

Übung

Ältere Frauen in meinem Leben

Vielleicht haben Sie noch Fotografien von älteren Menschen aus Ihrer Familie oder Ihrem Umfeld. Betrachten Sie ihre Gesichter, Körperhaltung und Kleidung. Wie nehmen Sie sie wahr? Vielleicht stellen Sie unwillkürlich Vergleiche zur heutigen Zeit oder zu sich selbst an. Oder Sie befragen Ihre Mutter und lassen sich von früheren Zeiten und über Ihre Großmütter und Urgroßmütter berichten. Vielleicht erinnern Sie sich auch selbst noch an die Rolle Ihrer Großmütter oder die der älteren Tanten oder anderer älterer Frauen in Ihrem engeren Umkreis, auch an die Rolle, die diese in Ihrem Leben gespielt haben. Welchen Eindruck haben diese Frauen hinterlassen? Gibt es Vorbilder, von denen Sie sagen könnten: So will ich sein, wenn ich alt bin? An welche ihrer Eigenschaften können Sie sich erinnern, welche zwei Eigenschaften sind für Sie am wichtigsten?

Wenn Sie möchten, legen Sie sich ein Heft an, in das Sie Ihre Antworten auf diese und alle späteren Fragen eintragen können.

Geschichten aus dem Leben

Wir sind mitten in unserem Kursvormittag »Gesundheit«,
als sich unter den Frauen unvermittelt eine Diskussion
über das Altwerden und das Alter entfacht.

Da ohnehin alle Themen im Kurs miteinander verwoben sind und die Diskussion immer interessanter wird, greife ich als Kursleiterin nicht ein. Als ich frage, an welchem Körperteil die Kursteilnehmerinnen zum ersten Mal Schmerzen verspürten, die im Allgemeinen mit dem Alter assoziiert werden, antwortet Frau M.: »Als ich vor einigen Wochen eine Flasche Wasser aufmachen wollte, stellte ich fest, dass ich die Flasche nicht so fest wie üblich halten konnte, sie schien mir fast zu entgleiten, und mein Daumengrundgelenk schmerzte. Ich dachte sofort: Arthrose, jetzt bin ich alt.« Frau A. bestätigt diese Aussage: »Ich bemerke, dass ich – besonders, wenn ich länger gesessen bin – nicht mehr so schnell vom Stuhl hochkomme, und fühle mich eine ganze Weile steif. Zumindest, bis ich mich wieder eingelaufen habe. Die Gelenke werden einfach immer steifer!« Viele nicken zustimmend.

Frau S. bestätigt die Aussage von Frau M.: »So ergeht es mir schon seit längerer Zeit. Aber um zu wissen, dass ich alt werde, brauche ich nur in den Spiegel zu schauen, dann denke ich oft, meine Mutter blickt mich an, und manchmal sogar meine Großmutter!« Einige Teilnehmerinnen lachen, andere blicken ernst. »Und dabei fühle ich mich innerlich doch noch so jung, manchmal wie ein Teenager!«, fügt Frau A. hinzu. Und sie erzählt weiter: »Manchmal kann ich sogar richtig albern sein. Mein Mann tadelt mich dann meistens, aber mir tut das richtig gut. Dann habe ich das Gefühl, dass ein Teil von mir jung geblieben ist.«

Und Frau B. erzählt: »Das erinnert mich an meine Mutter. Als wir ihr mitteilten, dass es an der Zeit wäre, ein schönes Altersheim für sie auszusuchen, da sie ihren Alltag nun nicht mehr allein bewältigen könne, antwortete sie: ›Da gehe ich nicht hin. Dort sind alle alt!‹ Darauf bemerkten wir: ›Aber Mutti, du bist doch auch alt!‹ Worauf meine Mutter antwortete: ›Ich bin nicht alt. Alt sind die anderen.‹« Jetzt lachen alle. Und Frau S. fügt hinzu: »Ja, alt sind immer die anderen. Ich schaue mich schließlich nicht ständig im Spiegel an, und so sehe ich meine Falten nur hin und wieder. Aber die Falten der anderen habe ich ständig vor Augen, sie sind für mich die Alten.«

Da wirft Frau B. ein: »Aber ist denn Altsein wirklich eine Frage der nachlassenden Körperkraft und Schönheit? Ist es nicht vielmehr eine Frage der Geisteshaltung?« Daraufhin Frau S.: »Du meinst im Sinne von Aurel, der behauptete, Jugend sei eine Geisteshaltung?« Und sie kramt in ihren Unterlagen und liest vor: »›Jugend bezeichnet nicht einen Lebensabschnitt, sondern eine Geisteshaltung: Sie ist Ausdruck des Willens, der Vorstellungskraft und der Gefühlsintensität. Sie bedeutet Sieg des Mutes über die Mutlosigkeit, Sieg der Abenteuerlust über den Hang zur Bequemlichkeit. Man wird nicht alt, weil man eine gewisse Anzahl von Jahren gelebt hat, man wird alt, wenn man seine Ideale aufgibt. Die Jahre zeichnen wohl die Haut – Ideale aufgeben aber zeichnet die Seele.‹ Und weiter unten heißt es: ›Jung ist, wer noch staunen und sich begeistern kann, wer noch wie ein unersättliches Kind fragt: Und dann?, wer die Ereignisse herausfordert und sich freut am Spiel des Lebens.‹« »Ja, und auch hin und wieder richtig albern sein kann!«, fügt Frau A. noch hinzu. Alle lachen. »Ich weiß nicht, ob Aurel auch Albernheit damit meinte«, erwidert Frau M. ein wenig pikiert. »So wäre das Alter nur eine Frage der richtigen Geisteshaltung?«, sinniert Frau B. »Und meine Mutter hat vielleicht recht, wenn sie sich davor fürchtet, ins Altersheim ziehen zu müssen. Vielleicht befürchtet sie, dort wären nur alte Menschen mit einer ›alten‹ Geisteshaltung.«

Sofort fällt ihr Frau M. ins Wort: »Genau. Kennt ihr nicht auch Junge, die alt wirken, weil sie stur und verknöchert sind, und Alte, die eine Frische und Lebendigkeit ausstrahlen, weil sie offen und neugierig sind, sich fürs Leben interessieren?« Besonders Frau A. nickt mit dem Kopf, da sie sich innerlich noch sehr jung fühlt.

Doch Frau M. wendet ein: »Was nützt es denn, sich innerlich jung zu fühlen, wenn der ganze Körper schmerzt oder gar eine schlimme Krankheit droht?«

Darauf Frau B.: »Vielleicht verändert eine junge frische Geisteshaltung unseren Blickwinkel auf das Altwerden und Altsein und macht es uns schließlich möglich, die damit verbundenen Einschränkungen leichter anzunehmen? Und hilft uns, unseren Blickwinkel weg von den Gebrechen mehr hin zum Leben, dem Schönen und all der Freude, die es ja auch noch gibt, zu wenden?«

Nun reden plötzlich alle durcheinander. Ich blicke auf die Uhr und sehe mich gezwungen, die höchst interessante Diskussion abzubrechen, da das Gespräch sich ohnehin wieder in Richtung »Gesundheit« bewegt: »Meine Damen, es ist Zeit, unsere Diskussion, zumindest vorläufig, zu beenden. Ich bin überzeugt, dass dieses Thema uns alle noch lange beschäftigen wird und jede von uns ihre eigene ganz persönliche Antwort auf die Frage: ›Was heißt hier alt?‹ finden wird. Lassen Sie uns nun aber wieder zum eigentlichen Thema dieses Vormittags zurückkehren!«

Was immer meine Großmütter während des Krieges erlebt haben, sie haben beide nie darüber gesprochen. Vielleicht befanden sie mich dafür zu jung und wollten mich nicht belasten. Später habe ich meine Mutter gefragt, warum sie und die anderen Frauen sich so leicht das »Steuer« von den Männern wieder aus der Hand haben nehmen lassen, nachdem ihre Mütter und teilweise auch sie selbst schon während des Krieges Aufgaben der Männer übernommen hatten. Ihre lapidare Antwort lautete: »Das war eben so!« Einige Frauen mögen froh gewesen sein, wieder eine starke Schulter zum Anlehnen gehabt zu haben und sich ausruhen zu dürfen, andere mögen es bedauert haben, fügten sich aber.

Vielleicht wollen und können Sie Ihre Mutter nach den früheren Zeiten befragen?

Das gesellschaftliche Altersbild im Altertum

Wie schon angesprochen, beeinflussen sich das individuelle und das gesellschaftliche Altersbild wechselseitig, sie greifen ineinander. Gerade die Rolle des gesellschaftlichen Altersbilds ist nicht zu unterschätzen, denn es wirkt sich sowohl in positiver als auch in negativer Hinsicht stark aus. Um den Einfluss und die Rolle gesellschaftlicher Altersbilder zu zeigen, möchte ich in der Geschichte weit zurückgehen und zwei extreme Beispiele aus dem Altertum vorstellen, die unterschiedlicher nicht sein könnten: Sparta und Athen. In Sparta herrschte in der Zeit von 600 bis 300 vor Christi eine Geronto-kratie, eine Herrschaft der Alten. Der Staat wurde geleitet von einem Ältestenrat, der Gerusia, der auch die Gesetze festlegte. Als alt galt man ab sechzig – in diesem Alter stieg das Ansehen, und man erreichte eine höhere soziale Stellung. Die Älteren wurden geachtet und geschätzt, ihnen Respekt zu zollen galt als Erziehungsprinzip: Sobald ein Älterer den Raum betrat, hatten Jüngere aufzustehen. Als Tugenden wurden Disziplin, Ausdauer und Tapferkeit gefördert. Ein Junge lebte bis zum achten Lebensjahr bei seiner Mutter, danach wurde er in einer von einem Älteren geleiteten Gruppe aufgezogen.

Erkrankte ein alter Mensch, so betreuten ihn Sklaven und nicht seine Kinder. In Sparta herrschte ein extrem positives Altersbild, das jedoch nur für Männer wissenschaftlich belegt ist, denn über die Frauen gab es zu jener Zeit wenige bis keine Aufzeichnungen.

Können Sie sich vorstellen, wie gut sich ein älterer/alter Mann in diesem Staat gefühlt haben muss und wie sehr junge Männer das Alter herbeigesehnt haben mögen?

Stellen Sie sich vor, das Gleiche hätte für Frauen gegolten, und überlegen Sie sich, wie es wohl wäre, in einer solchen Gesellschaft zu leben. Mit welchen Augen würden Sie dann das Alter betrachten? Würden Sie sich darauf freuen, es vielleicht sogar herbeisehnen?

Ganz anders jedoch in dem nur sechzig Kilometer entfernten Athen: Dort galt das Prinzip der Gleichheit, die Menschen führten einen rücksichtslosen Daseinskampf. Es gab keine genau definierte Grenze, ab wann man alt war. Das Alter wurde an körperlichen Kriterien wie grauen Haaren und Gebrechen festgemacht. Als Tugenden wurden Kraft, Stärke, Jugend und Schönheit geschätzt. Demgemäß saßen im »Rat der Fünfhundert« mehr Jüngere, die Neues schaffen wollten und die Weisheit der Älteren weder schätzten noch brauchten. Physische und psychische Schwächen wurden verachtet, Ältere wurden gleichgesetzt mit Kindern und als »altes Eisen«, »abgetragener Schuh«, »zu wenig zu allem« verspottet. Sie hatten allenfalls Macht durch ihren Besitz, aufgrund dessen es allerdings auch häufig zu Konflikten zwischen den Generationen kam. War ihr Besitz an die Jüngeren übergegangen, schwand ihre Macht auch innerhalb der Familie. Es wurde sogar gesetzlich festgelegt, dass die Alten durch die Kinder unterstützt und auf keinen Fall misshandelt werden sollten. Wer weiß, was sonst geschehen wäre.

Es war eine Herrschaft der Jungen, und die Menschen müssen sich vor dem Altwerden eher gefürchtet haben. Kommt Ihnen das zumindest in einigen Zügen bekannt vor? Die Attribute der Jugend wie Kraft, Schönheit und Stärke scheinen auch heute mehr geschätzt zu werden als diejenigen, die mit dem Alter verknüpft sind, wie etwa Weisheit, Disziplin und Ausdauer.

Nach diesen beiden Beispielen, die nur allzu deutlich zeigen, wie sehr das gesellschaftliche Altersbild unsere Selbstwahrnehmung und auch unser individuelles Altersbild beeinflusst,

kehren wir wieder ins 20. beziehungsweise 21. Jahrhundert zurück.

Das heutige Altersbild

Hier forderte in den 1960er-Jahren die Disengagementtheorie, Ältere und Alte sollten sich nicht mehr engagieren, sich aus sozialen Rollen und Aktivitäten zurückziehen, denn dies sei analog zu den körperlichen Ermüdungserscheinungen für »gutes Altern« notwendig. Heute hingegen spricht man von den Potenzialen des Alters, die Bedeutung des aktiven Alterns wird betont. Ältere Menschen werden ermutigt, die sich ihnen bietenden Möglichkeiten wahrzunehmen und ihre Ressourcen und Kompetenzen zu nutzen. In den gesellschaftlichen Altersbildern hat also eine Gewichtsverschiebung stattgefunden, die sich auch im Verhalten der Älteren und Alten widerspiegelt. Und tatsächlich genießen viele ältere Menschen die »späte Freiheit«, in der nachberuflichen Phase persönliche Ziele und Interessen zu verfolgen. Wir alle haben die Chance, in den vor uns liegenden 25 Jahren unsere Möglichkeiten und Fähigkeiten zu nutzen und unseren Interessen nachzugehen.

Doch egal, ob Rückzug oder aktives Altern, vielleicht besteht die Kunst des Alterns genau in der Balance zwischen diesen beiden Polen. Je nach unserer Befindlichkeit sollten wir selbst entscheiden dürfen, wann wir unsere Zeit für das Entwickeln und Fortführen unserer Potenziale aktiv nutzen oder ob wir unsere Zeit lieber in Rückzug und Stille verbringen. Gerade in der Stille blüht die schöpferische Kraft, können Ideen und Gedanken für Neues entstehen. Das bedeutet, sich über die jeweiligen Erwartungen der Gesellschaft hinwegzusetzen und den eigenen Weg zu finden. Sich ins Leben stürzen oder sich aus ihm zurückziehen – jedes zu seiner von uns frei zu bestimmenden Zeit.

ALTERSBILDER UND IHRE AUSWIRKUNGEN

Wegen ihrer oft falschen und pauschalisierenden Annahmen über ältere Menschen können sich gesellschaftliche Altersbilder auf die Betreffenden äußerst negativ auswirken. Hier ein Beispiel aus dem Bereich der Gesundheit: Nimmt die Gesellschaft an, das Älterwerden gehe zwangsläufig mit gesundheitlichen Einbußen einher, können gesundheitliche Beschwerden sowohl von im Gesundheitswesen Beschäftigten als auch von älteren Menschen selbst als eine normale Begleiterscheinung angenommen und damit als behandelbare Krankheit nicht ernst genommen werden. Das kann eine angemessene Behandlung erschweren.

Negative gesellschaftliche Altersbilder beeinflussen auch das individuelle Gesundheitsverhalten: Haben ältere Menschen ein eher negatives Bild vom Älterwerden, sind sie seltener körperlich aktiv als Menschen mit einem positiven Altersbild. Wer sich zu alt fühlt, um sich sportlich zu betätigen, der wird wegen Bewegungsmangel möglicherweise tatsächlich gesundheitliche Einbußen erfahren. Und damit erfüllt sich im Sinne einer selbsterfüllenden Prophezeiung wiederum das negative Altersbild. In einer Langzeitstudie über 23 Jahre zeigte sich, dass Menschen mit einem positiven Altersbild mehrere Jahre länger lebten als diejenigen mit einem negativen Altersbild. Menschen mit negativen Altersstereotypen wiesen auch eher Herz-Kreislauf-Erkrankungen und schlechte Gedächtnisleistungen auf als solche mit positiven Altersbildern.

Altersbilder in den Medien

Auch die Medien prägen ganz aktiv sowohl das individuelle als auch das gesellschaftliche Altersbild. Meist wird ein schematisiertes Altersbild gezeigt, wobei das »ewig junge Alter«, ein idealisiertes Bild, und das »hinfällige Alter«, ein negativ besetztes Bild, vorherrschen. Altersbilder beziehungsweise Bilder des Alterns in den Medien beeinflussen, wie wir uns als ältere Menschen fühlen – also unser Selbstbild und auch unseren Selbstwert. Ebenso bestimmt es unser Fremdbild, also wie die Rolle Älterer in der Gesellschaft gesehen wird.

Besonders die Werbung hat einen extrem starken Einfluss. Da gibt es einmal die altersexklusive Werbung für altersspezifische Produkte, vor allem für Medizinprodukte oder medizinische Hilfsmittel für das »hinfällige Alter«.

In dieser Werbung finden sich zumeist optisch ältere Menschen, für die es eine unendliche Fülle von Medikamenten, Salben und Zäpfchen zu geben scheint, oder es geht um Hilfsmittel für bessere Mobilität, angeboten in Form von Treppenliften, Rollatoren oder Rollstühlen. Besonders Letztere werden meist von weiblichen Werbeträgerinnen beworben, fast immer sind es freundliche und warmherzig wirkende ältere grauhaarige Damen, Typ Oma. Bei diesem Typ Werbung entsteht leicht der Eindruck, dass all diese Hilfsmittel im Alter unverzichtbar sind.

Dann gibt es die alterskontrastive Werbung: Diese richtet sich eigentlich an jüngere Altersgruppen und zeigt den älteren Menschen, meistens Frauen, als Kontrast zur Jugend. Die Frauen verkörpern gerne den Typ »verrückte Alte« mit lila Haaren und grell geschminkt, der Motorrad fährt oder einen bestimmten Tabak raucht. Hier stellt sich die Frage, ob durch sie tatsächlich die unkonventionelle, ihre Freiheit im Alter lebende Frau dargestellt werden soll.

Und schließlich gibt es noch die Zielgruppe der älteren Konsumentinnen für das »ewig junge Alter«: In dieser Art von Werbung wird das weibliche Alter romantisch ästhetisiert. Hier sind die Werbeträgerinnen attraktive, jugendlich wirkende ältere Frauen, die vom Stereotyp der Rentnerin weit entfernt sind und meistens Kosmetika bewerben. Immerhin sind die Darstellenden im Alter der Zielgruppe, was lebensnaher wirkt, als wenn Kosmetikprodukte gegen Falten, schlaffe Haut oder Tränensäcke von jungen Models beworben werden. Bei Letzterem ärgerte mich schon lange die Unglaubwürdigkeit der Werbung, die durch die jungen Models zustande kam, die ein Produkt für ältere Frauen bewarben.

Ich hatte keine Lust mehr, mich ständig mit jungen, strahlenden Heldinnen zu identifizieren. Offensichtlich erging es vielen Frauen wie mir, und der Absatz der beworbenen Produkte stagnierte, denn die Kosmetikbranche hat inzwischen reagiert. Hier ist also bereits ein Wandel eingetreten. Seitdem Kosmetika öfter

Es tritt der Mensch in jedes Alter als Novize ein.

Nicolas Chamfort

Übung

Meine Wahrnehmung von älteren Frauen

Sehen Sie sich ältere Frauen in Ihrer Umgebung oder auf der Straße an. Beobachten Sie, wie Sie über diese Frauen denken, welche Eigenschaften, Fähigkeiten Sie ihnen zuschreiben. Stellen Sie fest, dass Ihre Bewertungen diskriminierend sind, ersetzen Sie diese Bewertung durch eine positive oder zumindest neutrale. Erkennen Sie die Schönheit älterer und alter Gesichter!

Falls Sie Zeit und Lust haben, lesen Sie auch in den Gesichtern, und erfinden Sie für die jeweilige Frau eine Geschichte. Beispiel: Sie bemerken auf der Straße eine ältere Frau, die müde und angespannt aussieht. Ihre kurze Geschichte könnte lauten: »Diese Frau hat gerade eines ihrer Kinder/Enkel im Krankenhaus besucht und ist jetzt besorgt über deren Krankheitsverlauf.« Auch wenn das nur eine Fiktion ist, ist es ein Versuch, mehr in dieser Frau zu sehen als nur das Alter. Statt zu denken: »Sie sieht alt aus«, denken Sie: »Sie sieht besorgt aus«. Damit geben Sie einer älteren oder alten Frau nicht nur das Attribut »alt«, sondern noch ein den augenblicklichen Zustand beschreibendes. Auch junge Menschen kennzeichnen wir nicht ständig mit »jung«, sondern mit den jeweiligen Zustand oder die jeweilige Handlung beschreibenden Attributen: frech, witzig, müde, albern, klug, dumm usw. Wehren Sie sich dagegen, nur als alt angesehen und bezeichnet zu werden. Wir verlieren doch beim Älter- und Altwerden nicht *alle* unsere Fähigkeiten und Eigenschaften! Wir bleiben die Gleichen und sind doch nicht dieselben.

von gut aussehenden älteren Models mit perfekt zu ihnen passendem Grauschopf beworben werden, höre ich immer öfter: »Grau ist das neue Blond!« Wodurch sich die starke zukunftsprägende Wirkung der Werbung einmal mehr zeigt.

Die Zielgruppe der Älteren wurde längst auch schon von der Reisebranche ins Visier genommen, da sie eine finanziell (noch) hochpotente Gruppe darstellt. Aktive, vor Energie strotzende, strahlende Senioren beiderlei Geschlechts, gern paarweise, mit silbrig glänzendem Haar, befinden sich entweder im exotischen Ausland, auf einer Städtereise oder – ganz besonders gern – auf einer Kreuzfahrt. Sie strahlen uns an, ewig jung, fit, gesund und allesamt schön.

Der Imagewandel von älteren Frauen und Männern vollzog sich auch in den Werbekampagnen von großen Firmen, wie etwa IBM oder Hoechst, die ältere Menschen als Werbeträger entdeckt haben. Hier werben aktive und kompetent dargestellte ältere Frauen und Männer als positive Imagefiguren für einen Konzern oder eine ganze Branche. Bleibt die Frage offen, wie die genannten Firmen es mit der Beschäftigung älterer Arbeitnehmer halten.

Die Werbung verspricht uns auch im Alter eine heile Welt, in der es keine Krankheit, Altersarmut und Einsamkeit zu geben scheint. Natürlich ist Werbung nicht dazu da, negative Bilder zu zeigen, denn dann würden sich die von ihr beworbenen Produkte nicht verkaufen. Auch die Werbung für junge Menschen bildet schließlich nicht die Realität ab. Ein wenig mehr Realitätsnähe in der Werbung wäre jedoch durchaus angebracht. Es fehlt das Bild des normalen Älterwerdens, denn die Wirklichkeit liegt wohl irgendwo in der Mitte zwischen der omahaften älteren Frau, der verrückten Alten und der romantisch ästhetisierten Älteren. Und tatsächlich gibt es – ebenfalls in der Kosmetikbranche – bereits Ansätze, authentische Bilder des Alterns zu zeigen, wie in der Dove Pro Age- oder Nivea Vital-Werbung.

Ältere Frauen: Wie werden sie wahrgenommen?

Möchten Sie einmal prüfen, wie Sie selbst ältere Menschen wahrnehmen und bewerten? Auch außerhalb der Werbung lohnt sich die Beobachtung älterer Menschen. Dazu schlage ich Ihnen die Übung vor, die Sie auf nebenstehender Seite 24 finden.

Altersbilder von Männern und Frauen

Männer und Frauen altern unterschiedlich, und ihr Altern wird auch unterschiedlich wahrgenommen. Dies hat sowohl biologische als auch gesellschaftliche Ursachen. Da die Frau in den Wechseljahren einen schnellen Abfall ihrer Geschlechtshormone erlebt, erfährt sie auch ihren Alter(ung)sprozess mehr oder weniger schnell, manchmal sogar plötzlich. Sie kann dies als Chance nutzen, sich mit dem eigenen Altern und dem Alter im Allgemeinen auseinanderzusetzen. Beim Mann gibt es keinen rapiden Abfall des Hormons Testosteron, es sinkt langsam und kontinuierlich. Daher ist er vom Alter(ung)sprozess nicht so abrupt betroffen und muss sich auch nicht so schnell damit befassen. Einem Mann ist es eher möglich, das Altern und das Alter zu verdrängen. Zu den bekannten Verdrängungsmechanismen, die ich hier stark überzeichne, gehören unter anderem sowohl Extremsport als auch die vermeintliche Verjüngung durch eine Geliebte oder eine neue Ehefrau, beide wesentlich jünger als er selbst.

Auch auf gesellschaftlicher Ebene sind Unterschiede zu beobachten. Die Frauenemanzipation hat viel erreicht, doch vor dem Alter scheint sie kapituliert zu haben. Ein älter werdender Mann wird immer noch anders wahrgenommen als die älter werdende Frau: Während der älter werdende Mann meistens eine Aufwertung erfährt, ist es bei der Frau genau umgekehrt. Der Mann wird mit zunehmenden

Jahren reifer und attraktiver, er ist »in den besten Jahren«, die Frau wird einfach alt, sie hat sich höchstens »gut gehalten«. So das Klischee.

Die Realität zeigt bei einem Sommerspaziergang durch deutsche Städte ein anderes Bild. Es gibt zahlreiche Beispiele dafür, dass nicht jeder Mann im Alter attraktiv wird, und im Gegenzug dazu gibt es viele attraktive reife Frauen. Doch einige Frauen stellen fest, dass sie unsichtbar werden. Unsichtbar für wen? Manche beklagen, sie hätten das Gefühl, nicht nur für Männer, sondern für alle unsichtbar zu werden. Eine Frau formulierte es so: »Wenn ich durch die Straßen gehe, habe ich das Gefühl, ich werde überhaupt nicht wahrgenommen. Es kommt mir vor, als würden die Leute, besonders Männer, aber auch junge Menschen, über mich hinweg- oder durch mich hindurchsehen. Nur Frauen in meinem Alter oder Ältere schauen mich interessiert an.« Das mag für Frauen, die vormals ihren Selbstwert aus ihrer Schönheit bezogen haben, äußerst schmerzhaft sein. Sie können lernen, sich von ihrem alten Selbstbild zu verabschieden und ein neues, stabiles Selbstbild aufzubauen, das auf anderen Füßen steht. Sie können aufhören, sich mit den Augen eines Mannes zu sehen, und stattdessen lernen, sich mit eigenen Augen zu betrachten (siehe auch Seite 99).

Kürzlich meinte eine Frau: »Seit ich von Männern nicht mehr beachtet werde, fühle ich mich freier, unabhängiger, und das spiegelt sich wohl in meinem Auftreten und Handeln wider. Diese gelebte Freiheit scheint wiederum auf viele Männer anziehend zu wirken. So habe ich mich durch das Unsichtbarwerden von alten Mustern und Abhängigkeiten befreien können, und durch ebendiese Befreiung bin ich plötzlich wieder sichtbar geworden. Welch ein Paradox!« Das ist sicher kein Modell für alle älteren Frauen – das wäre wohl zu einfach.

Die Journalistin und Autorin Bascha Mika erwähnt in ihrem Buch »Mutprobe« die Essayistin Susan Sontag, die bereits 1972 in »The Double Standard of Aging« schrieb: »Älterwerden ist ein weibliches Phänomen, denn sobald Frauen nicht mehr jung sind, gelten sie als alt. Mit zunehmenden Jahren wird ihnen immer mehr von ihrer Persönlichkeit abgesprochen, sie werden zum Mängelexemplar – während den männlichen Wesen vergönnt ist, hinzuzugewinnen. Männer erreichen ein Alter, Frauen werden einfach alt. Dieses gesellschaftliche Muster hindert Frauen daran, ihre eigenen Bilder vom Älterwerden zu entwerfen.« Diese Feststellung aus den 1970er-Jahren mag extrem klingen und heute etwas an Gültigkeit eingebüßt haben. Die beiden oben genannten Beispiele von Kursteilnehmerinnen zeigen jedoch, dass die Wahrnehmung des eigenen Älterwerdens sehr individuell ist und auch nicht immer gleich bleiben muss – in dem Maße, wie wir uns verändern, verändert sich auch unsere Wahrnehmung.

Der Wandel

Wir Frauen um die sechzig sind Kinder der 68er-Bewegung, wir haben bereits in unserer

Jugend alte Hüte über Bord geworfen. Warum sollten wir in unseren späteren Jahren damit aufhören, neue, unkonventionelle Wege zu beschreiten, wagemutig und neugierig zu sein? Wer, wenn nicht wir, kann eigene Bilder vom Älterwerden entwerfen?

Und wir sind bereits dabei, unsere eigenen Bilder vom Älterwerden zu entwerfen. Wir sind bunter geworden – innen wie außen! Wie ich tragen viele Frauen jetzt lieber helle Farben, manchmal kräftige, manchmal sanfte. Allerdings gibt es auch Frauen, die sehr gut Schwarz tragen können, da es wunderbar zu ihrem silbergrauen Haar kontrastiert. Ihre innere Buntheit bezieht die Frau um die sechzig durch die Vielfältigkeit ihrer Interessen und der (neuen) Rollen, denen sie sich jetzt widmen kann und will. Sie ist nicht nur bunter und sichtbarer geworden, sondern auch hörbarer, denn sie erhebt ihre Stimme lauter als die älteren Frauen früherer Generationen. Sie wird anders wahrgenommen als noch ihre Mutter und Großmütter. Durch ihre Entwicklung und die damit verbundenen Veränderungen hat sie längst schon begonnen, aus der Unsichtbarkeit und Lautlosigkeit herauszutreten. Da sie zur Babyboomer-Generation gehört, ist sie auch zahlenmäßig stark vertreten und kann somit Vorbildfunktion übernehmen für kommende Generationen.

Der Aufklärer Nicolas Chamfort sagt: »Es tritt der Mensch in jedes Alter als Novize ein«, und auch wir Frauen um die sechzig treten jetzt als Neulinge in die vor uns liegende Lebensphase ein. Wir fragen uns: Wie kann ich mein Leben in der Zukunft positiv gestalten? Wie gehe ich mit dem endgültigen Abschied meiner beruflichen Phase um? Wie mit den veränderten Aufgaben in Partnerschaft und Familie? Wie bewältige ich die in dieser Zeit anstehenden körperlichen und seelischen Veränderungen? Nach der Familienphase und/oder dem Berufsleben wollen wir uns neu orientieren, neue Möglichkeiten und Herausforderungen finden.

Eine Kursteilnehmerin meinte: »Wenn ich die Gene meiner Eltern und Großeltern habe und so alt werde wie sie, dann habe ich noch dreißig Jahre zu leben. Wie kann ich diese Zeit gut füllen, gut leben?« Die Frage ist berechtigt, denn im Alter um die sechzig haben wir noch eine lange Lebensspanne vor uns, die wir mit Freude und Lust leben wollen und der wir neugierig und erwartungsvoll entgegensehen.

ICH WÜNSCHE DIR ZEIT

Ich wünsche dir nicht alle möglichen Gaben.
Ich wünsche dir nur, was die meisten nicht haben:
Ich wünsche dir Zeit, dich zu freun und zu lachen,
und wenn du sie nützt, kannst du etwas draus machen.

Ich wünsche dir Zeit für dein Tun und dein Denken,
nicht nur für dich selbst, sondern auch zum Verschenken.
Ich wünsche dir Zeit – nicht zum Hasten und Rennen,
sondern die Zeit zum Zufriedenseinkönnen.

Ich wünsche dir Zeit – nicht nur so zum Vertreiben.
Ich wünsche, sie möge dir übrig bleiben
als Zeit für das Staunen und Zeit für Vertraun,
anstatt nach der Zeit auf der Uhr nur zu schaun.

Ich wünsche dir Zeit, nach den Sternen zu greifen,
und Zeit, um zu wachsen, das heißt, um zu reifen.
Ich wünsche dir Zeit, neu zu hoffen, zu lieben.
Es hat keinen Sinn, diese Zeit zu verschieben.

Ich wünsche dir Zeit, zu dir selber zu finden,
jeden Tag, jede Stunde als Glück zu empfinden.
Ich wünsche dir Zeit, auch um Schuld zu vergeben.
Ich wünsche dir: Zeit zu haben zum Leben!

Elli Michler

»DIR ZUGEDACHT«

Zeit haben – Zeit nehmen

Die Beendigung der Erwerbstätigkeit oder Familienphase bietet die Chance, reich zu werden, reich an Zeit. Viele von uns leben jedoch die Unruhe und Hektik, die wir aus dem Berufsleben oder der aktiven Familienphase kennen, auch danach noch länger weiter. Wir stürzen uns meistens überschnell in Aktivitäten und machen uns unnötig Stress, gewohnt an diesen schnellen Trott, müssen wir erst wieder langsam lernen abzuschalten.

Wir setzen Ruhe mit Langeweile gleich oder mit Nicht-mehr-Gebraucht-Werden und haben Angst, in ein Vakuum, in ein Loch zu fallen. Oder wir haben ein Nachholbedürfnis, konnten wir doch jahrelang nicht das tun, wonach wir uns sehnten. Warum nicht gelassen abwarten, ruhig und voller Vertrauen, was sich als treffend und passend für diese Lebensphase finden wird? Hier könnte auch erst einmal Entschleunigung angesagt sein, bis wir unseren Zeitreichtum schätzen lernen und auch nutzen können.

Das Leben ist endlich

Unsere Wahrnehmung von Zeit ändert sich im Lauf des Lebens. Als Kind können wir den nächsten Geburtstag, das nächste Weihnachtsfest oder die Einschulung kaum erwarten. Die Zeit erscheint uns unendlich lang, und wir hoffen, sie möge schnell vergehen. Auch als junge Frau hatten wir noch das unbeschreibliche Hochgefühl, »alle Zeit der Welt« zu haben. Wir glaubten, uns stünde unermesslich viel Zeit zur Verfügung, um unsere Vorhaben und Pläne umzusetzen. Da wir dazu neigen, alles, was wir im Überfluss haben, nicht besonders zu schätzen, machten wir uns in der Jugend keine Gedanken über die Zeit. Unser Blick war in die Zukunft gerichtet.

Meist so um die vierzig herum stellten wir uns vielleicht zum ersten Mal die Frage: »Was habe ich schon erreicht, und wie viel Zeit steht mir zur Verfügung, um die noch nicht erreichten Vorhaben auszuführen?«

Um die sechzig machen wir eine Bestandsaufnahme und stellen fest, nicht alles wurde in die Tat umgesetzt, nicht alle Pläne wurden realisiert. Das Leben war einfach dazwischengekommen. Wir bemerken, die Jahre, die vor uns liegen, werden weniger sein als die, die wir bereits verbracht haben, und wir blicken häufiger zurück. Manche reagieren darauf mit Gelassenheit, andere werden vielleicht ein wenig wehmütig und nehmen sich vor, mit der zur Verfügung stehenden Zeit bewusster umzugehen. Es folgt die Erkenntnis, die verbliebene Zeit bestmöglich zu nutzen.

Das jugendliche Gefühl, »alle Zeit der Welt« zu haben, wird nun ersetzt durch das Wissen, die Zeit ist endlich, aber dafür kann das Er-Leben wesentlich tiefer sein. Da wir nicht mehr so viel Zeit haben, lernen wir sie zu schätzen, Zeit ist jetzt kostbar.

Einen neuen Rhythmus finden

Und tatsächlich, wenn wir die Berufs- oder Familienphase hinter uns haben, entsteht oft ein Vakuum, und unweigerlich drängt sich die Frage auf, womit, wie und mit wem wir jetzt unsere kostbare Zeit verbringen wollen. Das Gewohnte, wie der tägliche Gang zur Arbeit und die Versorgung der Kinder, ist weggefallen und Neues noch nicht entstanden.

Da können lieb gewordene kleine Rituale und kleine Gewohnheiten, wie feste Zeiten für Mahlzeiten, die Tasse Kaffee nach dem Mittagessen oder am Nachmittag, der tägliche Spaziergang mit dem Partner oder einer Freundin, Joggen oder der Besuch des Fitnessstudios und dergleichen, helfen, eine Struktur zu geben. Auch die großen Rituale, wie Feste, seien sie religiöser, seien sie weltlicher Art, tragen dazu bei, Bezugspunkte im Leben zu setzen.

Nehmen Sie sich Zeit, eine neue, eigene Zeitstruktur zu entwickeln, einen eigenen Rhythmus zu finden. Auch »ungünstige« Gewohnheiten könnten unter dem Aspekt, dass sie eine zeitliche Struktur geben, noch für eine Weile beibehalten werden. Wir alle kennen unsere ungünstigen Gewohnheiten, die wir uns

Gedanken wollen oft,
wie Kinder und Hunde,
dass man im Freien mit ihnen
spazieren geht.

Christian Morgenstern

angewöhnt haben, weil sie uns einmal nützlich waren, wie etwa bei Stress oder Langeweile zu viel zu essen oder zu rauchen.

Später erwiesen sie sich als eher schädlich, doch dann sind sie bereits zur Gewohnheit geworden. Normalerweise ist der Zeitpunkt, eine ungünstige Gewohnheit abzulegen, immer jetzt. Doch in dieser Phase der Neustrukturierung könnten wir uns damit überfordern, und wir sollten einen späteren Zeitpunkt dafür wählen. Dabei sollten wir die Zeitqualität beachten, das heißt, eine gute, günstige Zeit für ein Vorhaben oder eine Tätigkeit finden. Schon in der Bibel wird von der Zeitqualität gesprochen. »Alles hat seine Zeit, alles auf dieser Welt hat seine ihm gesetzte Frist:

Geboren werden hat seine Zeit
wie auch das Sterben.
Pflanzen hat seine Zeit
wie auch das Ausreißen des Gepflanzten.
Töten hat seine Zeit wie auch das Heilen.
Niederreißen hat seine Zeit
wie auch das Aufbauen.
Weinen hat seine Zeit wie auch das Lachen.
Klagen hat seine Zeit wie auch das Tanzen.
Steine zerstreuen hat seine Zeit
wie auch das Sammeln von Steinen.
Umarmen hat seine Zeit
wie auch das Loslassen.
Suchen hat seine Zeit wie auch das Verlieren.
Behalten hat seine Zeit
wie auch das Wegwerfen.
Zerreißen hat seine Zeit wie auch das Flicken.
Schweigen hat seine Zeit wie auch das Reden.

Lieben hat seine Zeit wie auch das Hassen.
Krieg hat seine Zeit wie auch der Frieden.«
(Prediger 3,1–8)

Vielleicht tut ein wenig Gelassenheit not, abwarten können, bis der richtige Zeitpunkt gekommen ist. Manche bezeichnen diese Übergangszeit als »Karenzzeit«, sich Zeit lassen für das Finden neuer Strukturen und Rhythmen. Viele Frauen um die sechzig sind erst nach dieser Auszeit, diesem Sich-Herausnehmen aus der Zeit, bereit, sich Neuem, Unbekanntem zu öffnen.

Was ist Zeit?

Können wir Zeit sehen, hören, fühlen, riechen oder gar schmecken? Wir sprechen von Lebenszeit und sehen an allem, was lebt, die Spuren, die sie hinterlässt.

Haben wir Kinder längere Zeit nicht gesehen, rufen wir aus: »Bist du groß geworden, wie doch die Zeit vergeht!« Und bei einem Blick in den Spiegel entdecken wir die Spuren der Zeit an uns selbst. Mit Uhren messen wir die Zeit, und an ihrem Ticken hören wir ihre Vergänglichkeit. Wir können den Duft einer bestimmten Jahreszeit riechen, denn Bäume und Gräser riechen je nach Jahreszeit unterschiedlich, und je nach Jahreszeit blühen andere Blumen. Geübte Menschen können an Tierlauten hören, welche Tages- oder Jahreszeit gerade ist, oder wir hören am Knirschen unserer Schritte im Schnee, dass es Winter ist. Wir erschmecken eine Jahreszeit an den Früchten, die in ihr reifen. Wir fühlen Wettererscheinungen wie Sonne, Wind, Regen und Schnee auf unserer Haut, und auch diese lassen uns eine Jahreszeit erahnen. Gleiches gilt für Tageszeiten: Wir hören das Gezwitscher der Vögel und wissen, es ist früher Morgen. Wir fühlen die Sonne mittags stärker auf unserer Haut, und der Tag duftet morgens anders als abends. Diese Sinneswahrnehmungen lassen uns also wissen, welche Zeit gerade ist. Die Zeit selbst ist nicht nur lautlos, sondern auch farb-, geruch- und geschmacklos. Ihre Auswirkungen auf Mensch und Natur jedoch nehmen wir sinnlich wahr. Zeit ist Wandel. Zeit ist Leben.

TREFFEND GEFRAGT

Welche Assoziationen weckt der Gedanke an Zeit bei mir?

Haben Sie schon einmal darüber nachgedacht, welche der folgenden Formulierungen Ihnen am geläufigsten sind, welche davon Sie am meisten verwenden? »Ich habe (keine) Zeit«, »Die Zeit vergeht (nicht)«, »Ich nehme mir (keine) Zeit«, »Ich gewinne/verliere Zeit«, »Ich schenke/stehle jemandem Zeit«, »Die Zeit läuft mir davon«. In diesen Formulierungen drücken Sie nicht nur aus, wie Sie Zeit wahrnehmen und wie Sie mit ihr umgehen, (zu) wenig oder (zu) viel Zeit, sondern Sie bewerten sie gleichzeitig.

Die Zeit als Feind

Sollten Sie festgestellt haben, dass Sie häufig die negativen Formulierungen benutzen, neigen Sie dazu, die Zeit eher als Feind wahrzunehmen. Einen solchen Blick auf die Zeit hatten schon die alten Griechen. In der griechischen Mythologie heißt der Urgott der Zeit Chronos, er ist ein grausamer Gott. Er verschlingt nicht nur seinen Vater, sondern frisst auch seine Kinder auf aus Angst, dass diese ihm die Herrschaft streitig machen könnten. Nur Zeus überlebt. Die alles verschlingende, uns auffressende Zeit, die Zeit als Feind.

Auch wir kennen das, die Zeit als Feind. Wenn wir zum Beispiel beim allzu kritischen Blick in den Spiegel jede neue Falte oder unser ergrautes Haar mit Missfallen registrieren. Wir könnten uns freuen über das, was wir immer schon als schön an uns empfunden haben und sicher auch jetzt noch schön ist, doch das Augenmerk fällt genau auf das, worin die Zeit ihre Spuren hinterlassen hat. Wechseln wir doch einmal unseren Blickwinkel: Statt des kritischen Blickes werfen wir einen liebevollen Blick auf uns, auf die Spuren, die dieses wertvolle, kostbare und vor allem einzigartige Leben hinterlassen hat. Ein liebevoller Blick trägt dazu bei, die Zeitspuren in einem anderen, milden Licht erscheinen zu lassen und die Schönheit des älter werdenden Gesichts zu erkennen.

Fast jede von uns hat auch schon Sätze geäußert wie: »Ich bin so im Stress« oder »Jetzt habe ich aber gar keine Zeit. Lass uns das spä-

Geschichten aus dem Leben

»Die Zeit war für mich schon immer ein Thema. Immer hatte ich das Gefühl, zu wenig davon zu haben und sie auch noch ›falsch‹ zu verbringen.«

Frau M., 59, erzählt weiter: »Zwischen Ehe, Kindererziehung und Beruf hin- und hergerissen, reagierte mein Körper mit Schlafstörungen und Rückenschmerzen. Einmal fragte mich ein Arzt, ob ich denn eine Nachtigall oder Lerche sei, und ich wusste es nicht. Jeden Tag klingelte der Wecker um sechs, am Samstag um sieben Uhr wegen der anstehenden Erledigungen – und selbst am Sonntag wachte ich früh auf.

Als ich auf die sechzig zuging und beschloss, vorzeitig in Rente zu gehen, freute ich mich auf die vor mir liegende Zeit. Aber mit der Freude schwang auch ein wenig Angst mit: Würde ich etwas mit dieser neuen Zeitfülle anzufangen wissen? Meine Freundinnen sprachen davon, dass ich selbst dem Tag dann Struktur geben müsse. Doch das Wort Struktur hatte für mich einen harten Klang, es klang nach Arbeit.

Dann, in einem Kurs, empfahl die Referentin, den eigenen Rhythmus zu finden. Da machte es klick in meinem Kopf, als würde ein Schalter umgestellt: Rhythmus, das klang nach Musik, Tanz und Freude. Und ich fing an, meinem eigenen Rhythmus nachzuspüren. Dieser war im Sommer anders als im Winter. Im Sommer wachte ich früh auf, machte mir einen Kaffee, setzte mich auf die Terrasse und genoss die reine Luft. An heißen Tagen legte ich mich nachmittags ein Stündchen hin. Im Winter jedoch schlief ich länger, manchmal bis acht Uhr, dafür brauchte ich keinen Mittagsschlaf. Ich freute mich, dass ich diese beiden so unterschiedlichen Rhythmen, nach denen sich mein Körper gesehnt hatte, nun leben konnte.

Schließlich erinnerte ich mich an die Übung ›Zeittorte‹. Schnell erkannte ich, was in meinem jetzigen Leben die Zeitfresser waren, vor allem Internet und Fernsehen. Statt digital zu kommunizieren, entschied ich mich, mich im realen Leben zu verabreden, und statt fernzusehen, wollte ich öfter lesen. Außerdem versuchte ich mit meinem Mann mehr Ausflüge, Spaziergänge, Museumsbesuche zu unternehmen. Anfangs war die Umstellung nicht leicht, aber nach einiger Zeit klappte es. Und zur Zeit habe ich jetzt ein entspanntes Verhältnis.«

ter erledigen!« Wie schon erwähnt, verdeutlichen diese Sätze unseren Umgang mit der Zeit. Die Zeit als Feind! Wir empfinden die Hektik des Alltags und wissen oft nicht, wie wir uns aus ihr lösen können. Eine Kursteilnehmerin äußerte sich wie folgt über ihren stressigen Alltag: »Es ist tröstlich zu erfahren, dass nicht nur ich ein gehetztes Leben habe.« Der österreichische Schriftsteller Ernst Ferstl meint dazu: »Die modernste Form menschlicher Armut ist, keine Zeit zu haben.«

Frauen hetzen durch ihr Leben und besuchen Zeitmanagement- oder Life-Balance-Seminare, um all ihre Aufgaben und ihre von außen oder auch selbst auferlegten Pflichten bewältigen zu lernen. Könnte es sein, dass auch Sie sich in einer der seltenen stillen Stunden als arm empfunden haben wegen der immer zu knappen Zeit? Und obwohl wir alle über die Folgen von Stress informiert sind, können oder wollen wir oft wenig ändern, da Hetze und Hektik den anderen die vermeintliche eigene Wichtigkeit zeigen und uns ein Gefühl des Gebrauchtwerdens vermitteln können. Damit nehmen wir die Folgen von Stress billigend in Kauf, wie beispielsweise Herz-Kreislauf-Erkrankungen, Gewichtszunahme, Schlafstörungen oder Burn-out.

Zu viel Zeit?

Oder wir hören uns sagen: »Die Zeit vergeht so langsam. Ich habe mich so gelangweilt.« Nicht wenige unter uns spüren nach der Erwerbstätigkeit oder Familienphase Langeweile, hatten wir doch neben unseren Pflichten selbst unsere Freizeit ganz und gar durchstrukturiert, die,

*Es ist gut,
wenn uns die verrinnende Zeit
nicht als etwas erscheint, das uns
verbraucht oder zerstört,
sondern als etwas,
das uns vollendet.*

Antoine de Saint-Exupéry

statt Erholung zu bringen, ebenfalls wieder zu Stress führte. Die Zeit war immer knapp. Und plötzlich haben wir sehr viel davon, ja, das ganze restliche Leben scheint aus freier Zeit, aus Sonntagen zu bestehen. Während des Arbeitslebens war der Sonntag kostbar, hatte er sich doch deutlich vom Alltagsleben abgehoben. Die meisten freuten sich sehr auf ihn, und er schien meistens viel zu kurz zu sein. Man schätzte ihn umso mehr, da man wusste, morgen nahte wieder der Alltag mit all seinen Aufgaben und Pflichten. Das wussten auch diejenigen, die den Sonntag fürchteten und sich wiederum auf den Montag freuten.

Und nun scheint das ganze restliche Leben aus Sonntagen zu bestehen. Diese Sonntage, diese Zeit will gefüllt werden. Jetzt, da wir reich an Zeit sind, wissen wir nichts mit ihr anzufangen. Einige überlegen sogar, wie sie ihre freie Zeit totschlagen könnten. Wenn wir bedenken, dass Zeit Leben ist, wird uns das Erschreckende dieser Redensart erst bewusst: Die Zeit totschlagen heißt das Leben totschlagen! Auch aus der Langeweile können Krankheiten entstehen, nicht zuletzt viele Suchtkrankheiten. Sucht kommt von »suchen«. Diese Menschen suchen also etwas, und was sie finden, ist eine Sucht, eine Kompensation.

Edelsteinmomente sammeln

Doch ob wir nun eher Stress oder eher Langeweile empfinden – die Zeit ist immer die gleiche. Es ist die Art, wie wir die Zeit verbringen, die unsere Wahrnehmung von ihr bestimmt.

Manchmal vergeht sie zu schnell, manchmal zu langsam, selten ist sie genau richtig. Erleben wir schöne, glückliche Momente, scheint sie wie im Flug zu vergehen. Sind wir hingegen traurig oder unglücklich oder gehen einer ungeliebten Beschäftigung nach, scheint sie sich ins Unendliche zu dehnen. Und es ist ein Paradoxon, dass die Zeit in der Erinnerung genau umgekehrt verläuft: Erinnern wir uns an Zeiten, in denen wir uns langweilten, vergeht sie in der Erinnerung schnell, eben weil sie nicht angefüllt war. Erinnern wir uns jedoch an Zeiten des Glücks und schöner Erlebnisse, so ist die erinnerte Zeit länger, weil es eine erfüllte Zeit war.

Wir könnten uns also entscheiden, unsere Zeit zu füllen mit wundervollen Erlebnissen, damit wir später in guten Erinnerungen schwelgen können und die erinnerte Zeit sich dehnt und lang erscheint. Der Philosoph Wilhelm Schmid nennt solch ein Leben ein »Edelsteinleben«, welches gefördert wird durch das Bewusstsein, dass unsere Zeit endlich ist. Edelsteine gibt es selten, und wir sollten sie sammeln, sodass erst Edelsteinmomente, dann Edelsteintage entstehen und im Rückblick das Leben als ein »Edelsteinleben« erstrahlt. Wären wir uns der Endlichkeit des Lebens nicht bewusst, lebten wir ein »Kieselsteinleben«, in dem ein grauer Moment sich an den anderen reihte, weil wir Wichtiges und Schönes immer auf später verschieben würden. In diesem Sinn versteht sich die Mehrdeutigkeit des Ausdrucks »endlich leben«.

Die Zeit als Freund

Die Zeit als Freund erleben. Und auch hier gibt es eine Entsprechung in der griechischen Mythologie, denn die Geschichte mit Chronos geht weiter: Zeus überlebt, und sein jüngster Sohn Kairos, der Enkel von Chronos, wird der Gott des rechten Augenblicks. Bei ihm gibt es weder ein Zuwenig noch ein Zuviel, sondern immer die richtige, die angenehme, erfüllte Zeit. Die richtige Zeit kann immer nur die Gegenwart sein. Was wir als Gegenwart bezeichnen, hat ein Zeitfenster von dreißig Millisekunden bis zu drei Sekunden. Wenn wir diesen Moment verpassen, haben wir in dieser Zeit unser Leben verpasst. Es gibt jedoch Methoden, wie wir die Gegenwart »verlängern« können, wie in der Meditation, bei der Achtsamkeit, im Flow-Erleben und in der Trance, wie zum Beispiel während einer Hypnose. Machen Sie dazu die Übung auf Seite 37.

Zauber der Achtsamkeit

Wie fühlten Sie sich dabei? Fühlten Sie sich wohl, entspannt oder ehcr gelangweilt, ungeduldig oder gereizt? Kam Ihnen die Zeit lang vor? Wahrscheinlich sind Sie es nicht gewohnt, einfach so dazusitzen, nichts zu tun, außer zu sehen, zu hören, zu riechen und zu fühlen. Diese Übung gleicht einer Meditation, je öfter Sie üben, desto ruhiger kann Ihr Geist werden. Die Zeit scheint stillzustehen, es ist, als erahnte man die Ewigkeit. Ebenso kann ein Gefühl von Einssein mit allem, was Sie umgibt, entstehen. Sie können die Zeit um sich herum vergessen und nehmen sie doch gleichzeitig durch das tiefe Eintauchen in die Gegenwart umso bewusster wahr.

Dieses Eintauchen in die Gegenwart tut besonders gut, wenn Sie sich Zeiten wählen, die Sie selten oder schon lange nicht mehr bewusst genossen haben. Wann haben Sie das letzte Mal einen Sonnenaufgang erlebt? Stehen Sie doch einmal frühmorgens auf, gehen Sie hinaus, und staunen Sie über das grandiose Farbspektrum, das ein Sonnenaufgang bietet. Wieder staunen können! Begrüßen Sie den Tag, freuen Sie sich über die Möglichkeiten, die er bieten wird. Freuen Sie sich, dass Sie diesen Tag erleben dürfen. Am Abend können Sie den Tag Revue passieren lassen, sich an das Schöne erinnern, es vielleicht sogar aufschreiben. Gab es eine nicht so angenehme Situation, dann schauen Sie gelassen auf sie zurück, und fragen Sie sich: Hat mich diese Situation etwas gelehrt, was könnte ich aus ihr lernen? Seien Sie auch für solche Situationen dankbar.

Achtsamkeitsübungen können immer und überall gemacht werden, Sie können achtsam spazieren gehen, achtsam essen, achtsam kommunizieren, achtsam sein im Umgang mit anderen Menschen, ja, Sie können selbst bei der Hausarbeit achtsam sein. Achtsam sein heißt nichts anderes, als ganz aufmerksam und bewusst und mit allen Sinnen Ihre Umgebung wahrzunehmen und ganz aufmerksam und bewusst bei dem zu sein, was Sie gerade tun. Wenn Sie achtsam durch Ihr Leben gehen, bekommt Ihr Leben eine andere Qualität.

Zeitlos im Hier und Jetzt

Die auf Seite 38 folgende Übung, bei der Sie eine bestimmte Zeit ohne »Zeitmesser« verbringen, kann Ihnen zu einem gänzlich ungewohnten Zeiterleben verhelfen.

Rhythmus der Natur

Wieder mehr mit und nach den Rhythmen der Natur leben. Auch ein Haustier, besonders ein Hund, kann helfen, sich mehr den Rhythmen der Natur anzupassen. Schaffen Sie sich einen Hund an, wenn Sie Hunde mögen. Da Sie mit ihm regelmäßig hinausgehen müssen, erleben Sie jede Witterung, jede Tages- und Jahreszeit sehr intensiv, ganz gleich, ob Sie sie als angenehm empfinden oder aber nicht. Wie oft zu beobachten, erleichtert ein Hund die Kontaktaufnahme zu anderen Hundebesitzern und manchmal auch zu Nicht-Hundebesitzern, was ganz besonders für Alleinstehende wichtig sein oder werden kann. Die Liebe und Sorge für ein anderes Lebewesen, der häufige Aufenthalt an

Tiefes Eintauchen in die Gegenwart und bewusstes Wahrnehmen

Nehmen Sie sich für diese Achtsamkeitsübung etwa dreißig Minuten Zeit. Setzen Sie sich in den Garten oder in einen Park, und nehmen Sie Ihre Umgebung mit allen Sinnen wahr. *Betrachten* Sie die spielenden Kinder, die vorübergehenden Menschen, die herumtollenden Hunde, die Vögel, die Schattierungen des Grases, die Blätter an den Bäumen. Alles, was Sie umgibt. Lassen Sie alle Gedanken los, und schauen Sie nur. Dann konzentrieren Sie sich auf das *Hören*. Schließen Sie Ihre Augen, und lauschen Sie dem Lachen der Kinder, dem Gezwitscher der Vögel, dem Bellen der Hunde, den Gesprächen der Vorübergehenden, ohne zu versuchen, diese Gespräche zu verstehen. Anschließend konzentrieren Sie sich ganz auf die Sie umgebenden *Düfte*. Dabei können Sie die Augen entweder geschlossen halten oder öffnen, ganz wie Sie möchten – Hauptsache, Sie fühlen sich wohl. Wie riechen die Menschen, die Hunde, wie die Bäume, das Gras, oder wie riecht Wasser?

Sie können die Übung beenden, wann immer Sie wollen, wann immer Sie spüren: Jetzt ist es genug. Anschließend brauchen Sie vielleicht eine Weile, bis Sie aufstehen und weitergehen wollen. Atmen Sie ein paarmal tief durch, und strecken Sie sich, schütteln Sie Ihre Arme und Hände, bis Sie merken, dass Sie wieder ganz und gar in Ihrem Körper angekommen sind.

der frischen Luft und die vermehrten Sozialkontakte wirken sich sowohl auf das physische wie auch psychische Wohl des Hundebesitzers positiv aus.

Eine meiner alleinstehenden Kursteilnehmerinnen schaffte sich ganz spontan einen kleinen Hund an. Später berichtete sie begeistert von ihren zwischenmenschlichen Erfahrungen durch den Hund und den durch ihn entwickelten gesünderen Lebensstil: »Ich führe ihn regelmäßig an der Isar aus und kenne bereits viele andere Hundebesitzer. Ich weiß, zu welcher Tageszeit sie dort spazieren gehen, und verabrede mich manchmal sogar mit ihnen. Jeden Tag freue ich mich auf diese Treffen.«

Wohltuend ist auch ein Garten und die damit verbundene Gartenarbeit. Sie halten sich im Freien auf, haben Bewegung und frische Luft und erleben den zyklischen Kreislauf der Natur sozusagen hautnah. Das sagt auch ein weiteres chinesisches Sprichwort: »Willst du ein Leben lang glücklich sein, dann leg dir ei-

Übung

Ein Tag ohne Uhr

Das bedeutet auch, nicht auf die Handyuhr zu schauen. Woran merken Sie in diesem Fall, wie die Zeit vergeht? Sind Sie im Freien, können Sie beobachten, wie tief die Sonne steht. Wenn Sie nicht im Freien sind, woran merken Sie dann, wie spät es ist? Sind es die Signale Ihres Körpers, wie Hunger oder Müdigkeit? Lauschen Sie den Glocken eines Kirchturms, um wenigstens einen kleinen Anhaltspunkt zu haben? Oder wollen Sie jemanden nach der Zeit fragen? Macht es Sie unruhig, nicht genau zu wissen, wie spät es ist?

Sie könnten es auch als Befreiung empfinden, einen Tag lang nicht die genaue Uhrzeit

zu kennen, sondern »zeitlos« zu sein und sich nach einer inneren Uhr zu richten. Es lohnt sich, die eigenen Gefühle und Zustände dabei zu beobachten. Sie können solch eine Übung auch während eines kürzeren Zeitraums machen. Die Philosophin Rebekka Reinhard jedoch empfiehlt diese Übung sogar für die Dauer eines ganzen Wochenendes. Sie nennt diese Übung »Chronos-Entzug« und schlägt vor, gleichzeitig auf Handy und den Laptop zu verzichten.

Es gibt übrigens auch Uhren ohne Ziffern. In der Mitte des Ziffernblatts steht »jetzt«, sodass die Zeiger immer auf »jetzt« zeigen. Jedes Mal, wenn Sie auf die Uhr schauen, werden Sie daran erinnert, in der Gegenwart, im Augenblick zu leben, denn, wie ein chinesisches Sprichwort sagt: »Der Same des Glücks ist der Augenblick.«

nen Garten an.« Eine Frau in meiner Beratung entschloss sich, eine Parzelle in einem städtischen Garten zu mieten, und ist heute glückliche Gärtnerin: »Ich liebe es, meine Hände in der Erde zu spüren. Zu sehen, wie etwas wächst und gedeiht, gibt mir das Gefühl, eingebunden zu sein in den Kreislauf der Natur, das ich im Einerlei des Alltags in der Großstadt schon fast verloren hatte.«

Die Beschäftigung mit den Rhythmen der Natur, den verschiedenen Tages- oder Jahreszeiten mag ungewohnt sein, aber sie kann unser Erleben intensivieren und bereichern.

TREFFEND GEFRAGT

Welches ist für mich die schönste Zeit des Tages?

Sie können diese bestimmte Tageszeit einmal ganz bewusst erleben: Machen Sie etwas Besonderes, oder zelebrieren Sie ein zu dieser Tageszeit lieb gewordenes Ritual achtsamer als sonst.

Für mich ist es besonders reizvoll, bei schönem Wetter den frühen Morgen draußen zu verbringen. Der Morgen duftet ganz frisch, unverbraucht, in ihm liegen noch alle Erwartungen des kommenden Tages. Entweder setze ich mich ins Gärtchen und trinke genussvoll meinen Kaffee: Noch ist es ganz ruhig, außer dem Gezwitscher der Vögel ist nichts zu hören, das Haus ist noch nicht erwacht. Oder ich gehe in den Englischen Garten, bestaune den glitzernden Tau auf dem Gras und den Bäumen, atme tief die kühle Luft ein. Ich genieße die Unberührtheit des Parks: Außer Joggern und Hundebesitzern mit ihren Hunden sind in dem sonst gut besuchten Park noch nicht viele Menschen da. Dann habe ich das Gefühl, der Park gehört mir fast ganz allein.

TREFFEND GEFRAGT

Gibt es eine Jahreszeit, die ich nicht mag?

Welche Jahreszeit ist es? Halten Sie sich gerade in dieser Jahreszeit mehr im Freien auf, und beobachten Sie, wie Sie sich dabei fühlen. Welche Besonderheiten, welche Schönheiten bietet eine ungeliebte Jahreszeit? Könnten Sie sich mit ihr anfreunden und nicht sagen: »Es ist zu kalt, zu heiß, zu nass, zu windig, zu ...«? Es ist, wie es ist! Akzeptieren Sie diesen Ist-Zustand, und gewinnen Sie ihm etwas Schönes ab.

Biorhythmus

Alles auf der Welt unterliegt bestimmten Rhythmen, auch wir Menschen. Gerade die Lebensphase um die sechzig bietet reichlich Möglichkeiten, einen veränderten Blick sowohl auf die Rhythmen der Natur als auch auf unseren eigenen Biorhythmus zu werfen. Wir alle kennen ihn oder haben zumindest von ihm gehört, aber nur wenige konnten oder wollten sich nach ihm richten, denn in unserem Alltag gab es vielleicht nicht oft Gelegenheit dazu. Wir mussten uns den von Beruf oder Familie vorgegebenen Rhythmen anpassen.

Die Chronobiologie ist die Wissenschaft, die sich mit den biologischen Rhythmen beschäftigt, deren bekannteste unser Schlaf-Wach-Rhythmus und der Fruchtbarkeitszyklus der Frau sind.

Durch ihren monatlichen Zyklus sind Frauen stärker in zeitliche Rhythmen eingebunden als Männer. Während einer Schwangerschaft erleben sie neun Monate lang entstehendes Leben in ihrem Körper. Sie sind mehr mit der Endlichkeit des Lebens konfrontiert. Trotz des hohen Standards der medizinischen Wissenschaft und der daraus resultierenden guten medizinischen Versorgung ist jede Geburt immer noch eine mögliche Konfrontation mit dem Tod. In dieser Zeit der Erwartung, in der Frauen »guter Hoffnung« sind, erleben sie die Zeit und das Entstehen ganz intensiv.

Nun können wir uns fragen, was es uns nützt, die biologischen Rhythmen und auch unseren Biorhythmus besser zu kennen. Wir sollten diese Rhythmen beachten, damit wir uns wohler und gesünder fühlen. Leben wir nämlich mit und nicht gegen unsere innere Uhr, unseren inneren Rhythmus, tragen wir ganz entscheidend zu unserem Wohlbefinden und damit zu unserer Gesundheit bei. Leben wir nicht gemäß dem eigenen Rhythmus, können unter anderem Schlafstörungen, ungesundes Essverhalten oder auch Depressionen die Folge sein.

Willst du ein Leben lang glücklich sein, dann leg dir einen Garten an.

Chinesisches Sprichwort

Der eigene Rhythmus

Wir haben jetzt die Zeit, nach unseren körperlichen und seelischen Bedürfnissen zu leben. Doch manchmal ist es nach Jahren der Pflicht und der Anpassung an vorgegebene zeitliche Strukturen gar nicht so leicht, diese Bedürfnisse wahrzunehmen. Und selbst wenn wir unsere Bedürfnisse spüren, fragen wir uns: Darf ich mich zu einem Nickerchen hinlegen, wenn mein Körper mir Müdigkeit signalisiert, oder spazieren gehen oder auf der Terrasse sitzen, wenn ich mich nach Luft und Licht sehne? Wir dürfen nicht nur, wir sollen sogar! Da die Taktgeber des inneren Rhythmus durch das Tageslicht gestärkt werden, ist es wichtig, jeden Tag nach draußen zu gehen.

Wir haben Jahre damit verbracht, uns von außen auferlegten zeitlichen Rhythmen anzupassen, jetzt ist es an der Zeit, den eigenen Rhythmus zu leben. Hat unser Schlafrhythmus sich geändert, gehen wir zu der Zeit ins Bett, die unser Körper von uns fordert. Sind wir abends noch hellwach, bleiben wir länger auf, wir müssen am nächsten Tag nicht früh aufstehen. Oder doch? Dann halten wir eben mittags ein Nickerchen, das sogenannte Powernap, zehn bis zwanzig Minuten reichen aus, und wir fühlen uns erfrischt. Erinnern wir uns daran, dass die Bewohner der Mittelmeerländer mittags Siesta machen, um ihr Mittagessen geruhsam einzunehmen und danach vielleicht ein wenig zu ruhen. Dies ist ein gelungenes Beispiel von Anpassung sowohl an den Biorhythmus als auch an die klimatischen Verhältnisse.

Vom Luxus des Müßiggangs

Oder gehören Sie zu den Frauen, die ein Gefühl von Verbotenem empfinden, wenn sie ihrem Bedürfnis nach Ruhe nachgeben, die sich fragen, ob sie überhaupt faul sein dürfen? Sie geben sich nicht die Erlaubnis, faul sein zu dürfen, sie haben sogar Schuldgefühle, wenn sie nur daran denken.

Die meisten von uns sind so erzogen worden, dass nur Fleiß und Arbeit zählen, und empfinden Faulheit fast als Sünde. Früher zählte die Faulheit zu den sieben Hauptlastern; besonders im Protestantismus und ganz besonders im Calvinismus galten Fleiß und Arbeit als Zeichen eines gottgefälligen Lebens. Damals entstand auch der Spruch: »Müßiggang ist aller Laster Anfang.« Dabei lässt sich Faulheit wertneutral definieren als »mangelnder Wille eines Menschen, aktiv zu sein«.

Und wir sollten nicht vergessen, dass kreative Prozesse der Faulheit und der Muße bedürfen, um zu entstehen und zu wachsen. Man spricht auch von »schöpferischer Muße«. Was wurde nicht alles erfunden, um uns die Arbeit abzunehmen oder wenigstens zu erleichtern: der Buchdruck, das Auto, der Taschenrechner, der Computer und vieles mehr. Damit wir mehr Zeit für schöpferische Muße haben? Bekannt ist, dass durch die neuesten technischen Errungenschaften wie PC, Handy, Smartphone und dergleichen die Arbeit und auch der Stress durch die daraus resultierende immerwährend erwartete Erreichbarkeit eher noch zugenommen haben.

DIE SCHÖPFERISCHE MUSSE

Die ursprüngliche Definition von Muße war »Gelegenheit«, »Möglichkeit«, heute ist sie »die Zeit, die eine Person nach eigenem Wunsch nutzen kann«. Synonyme sind Nichtstun, Dolcefarniente, aber auch Beschaulichkeit, Ruhe, Stille, Langsamkeit. In der Antike galt Muße noch als Ideal: Der einflussreiche Philosoph Sokrates beschrieb die Muße als die »Schwester der Freiheit«. Und Aristoteles meinte sogar, dass Arbeit und Tugend sich ausschließen, zu seiner Zeit überließ man daher die Arbeit den Sklaven. Der Luxus, faul sein zu dürfen, ganz nach ihrer Muße leben zu können, stand nur den Aristokraten zu. Sie waren frei, ihre Zeit nach Gutdünken zu gestalten. Das Umdenken kam erst in der Neuzeit, als Fortschrittsglaube und Industrialisierung den Faulenzer schließlich zum ungeliebten Parasiten machte.

Wenn Faulheit bedeutet »mangelnder Wille eines Menschen, aktiv zu sein« und Muße »die Zeit, die eine Person nach eigenem Wunsch nutzen kann«, wünsche ich Ihnen den Willen zur Faulheit, um die Ihnen zur Verfügung stehende Zeit nach eigenem Wunsch des Öfteren zum Nichtstun, zum Dolcefarniente, auch zum Tagträumen zu nutzen.

Übung

Mandalas malen

Eine gute Übung zur Entschleunigung ist für viele ein Mandala auszumalen. Im Buchhandel gibt es entsprechende Zeichenbücher und -blöcke, in denen Sie Mandalas vielfarbig ausmalen können: mit Buntstiften, Wasserfarben oder mit was auch immer Sie möchten. Vielleicht erleben Sie dabei ein Flow-Gefühl, gehen ganz in der Tätigkeit auf und vergessen dabei Zeit und Raum – wie die Kinder beim Spielen.

Es kann aber auch sein, dass Sie dabei an unangenehme Erlebnisse aus Ihrer Schulzeit erinnert werden, bei denen es hauptsächlich darum ging, möglichst »schön« zu malen: Sie setzen sich unter Druck und werden unruhig. Ist dies bei Ihnen der Fall, sollten Sie versuchen, nicht an das Ergebnis zu denken, sondern sich ganz dem Prozess des Malens zu überlassen. Welche Gefühle erleben Sie während des Malens? Wie ist Ihr Zeitempfinden bei dieser Übung?

Stellen Sie fest, dass Ihnen diese Übung nicht gefällt – und auch nicht guttut –, wenden Sie sich lieber einer anderen Tätigkeit zu, bei der Sie ein Flow-Gefühl erleben können. Welche könnte das sein?

Tagträume sind bildhafte, mit Träumen vergleichbare Fantasievorstellungen, die bei wachem Bewusstsein erlebt werden. Die Aufmerksamkeit wendet sich dabei nach innen. Lange wurden sie als Versuch angesehen, der Realität zu entfliehen. Heute wissen wir, dass sie an unsere tiefsten Wünsche und Sehnsüchte rühren und wir durch sie unseren innersten Kern erfahren können.

Wenn wir tagträumen, sind wir ganz bei uns. Tagträume können uns beruhigen, trösten und erfreuen. Damit sorgen sie für unsere emotionale Balance und unterstützen uns bei der Bewältigung des Alltags.

Nicht nur Tagträume können uns ein anderes Zeitgefühl geben, uns entschleunigen. Das gelingt auch durch künstlerische Aktivitäten, wie malen, zeichnen, musizieren oder Musik hören, alles, was uns in einen Flow bringt. Flow wird definiert als das als beglückend erlebte Gefühl eines mentalen Zustands völliger Vertiefung, des restlosen Aufgehens in einer Tätigkeit. So wie Kinder beim Spielen, die dabei Zeit und Raum vergessen.

Oftmals empfehle ich Frauen in meiner Beratung, Mandalas auszumalen, zur Entschleunigung, um »herunterzukommen« (siehe dazu auch nebenstehende Übung auf Seite 42). Manche kommen dabei in den Flow-Zustand, manche sprechen nicht darauf an oder werden sogar eher unruhig. Falls Sie es ausprobieren möchten, besorgen Sie sich in einer Buchhandlung einen entsprechenden Vorlagenblock beziehungsweise ein Malbuch für Erwachsene.

TREFFEND GEFRAGT

Wann gönne ich mir Zeit für die Muße?

Zuallererst sollten Sie sich von Ihren Schuldgefühlen und Ihrem schlechten Gewissen befreien. Sie dürfen faul sein, Sie dürfen sich der Muße hingeben, Sie dürfen tagträumen! Seien Sie in diesem Sinne aristokratisch, schenken Sie sich Zeit, und erleben Sie die aufbauende Kraft der Ruhe.

Womit will ich meine Zeit verbringen?

Haben Sie öfter das Gefühl, dass sich Ihr Umgang mit der Zeit für Sie nicht richtig anfühlt, dass Sie Zeit vergeuden, verschwenden oder totschlagen? Wenn Sie genau wissen wollen, mit wem, womit und wie lange Sie damit Ihre Zeit verbringen, und einen klaren Überblick haben wollen, was die Zeitfresser in Ihrem Leben sind, dann versuchen Sie die Übung »Zeittorte«, die Sie auf der folgenden Seite finden.

Mit wem will ich meine Zeit verbringen?

Es kann sein, dass Sie bei dieser Frage herausfinden, dass Sie lieber mehr mit anderen Menschen zusammen sein und Dinge unternehmen möchten als mit denen, mit denen Sie bisher Ihre Zeit verbrachten. Der Grund kann vielfäl-

Übung

Zeittorte

Malen Sie eine Zeittorte (Muster und Beispiel finden Sie aber auch im Übungsheft). Das ist ein Kreis, den Sie wie eine Torte unterteilen in einzelne Segmente, also wie Torten- beziehungsweise Kuchenstücke. In diese Segmente tragen Sie dann ein, was Sie an einem durchschnittlichen Tag tun. Je nach Dauer der Tätigkeit sind die Kuchenstücke schmaler oder breiter. Sie sehen dann auf einen Blick, womit, wie lange und mit wem Sie täglich Ihre Zeit verbringen. Wie bewerten Sie die verschiedenen Zeiten? Welche Zeit ist Ihnen besonders wertvoll, welche können Sie genießen? Welche Zeit verschwenden Sie mit Unwichtigem?

Sie wollen Ihre Zeit künftig anders verbringen und überlegen sich: Was würde ich stattdessen lieber tun? Was ist für mich wirklich wichtig und warum? Die Beantwortung dieser Fragen kann Entscheidungen erforderlich machen. Wenn Ihnen gleich mehrere Dinge einfallen, die Sie lieber tun würden, kann es bedeuten, Prioritäten setzen, eine Wertigkeit Ihrer Tätigkeiten erstellen zu müssen: Was ist das Wichtigste, was kommt an zweiter Stelle, was an dritter? Wie viel Zeit will ich jeweils dafür aufbringen?

Wenn Sie sich entscheiden, das eine zu lassen und dafür mehr vom anderen zu tun, kann es manchmal schwerfallen, diesen neuen Entschluss gleich in die Tat umzusetzen. Es braucht auch hier seine Zeit, das Gewohnte loszulassen und Neues aufzunehmen. Geben Sie sich diese Zeit, seien Sie geduldig mit sich.

tiger Art sein: Sie fühlen sich von Freunden ausgenutzt, die Beziehung kommt Ihnen zu einseitig vor, oder Sie haben einfach das Gefühl, Sie fühlen sich in deren Nähe nicht mehr wohl. Gründe gibt es viele, eine Bekanntschaft oder Freundschaft zu reduzieren oder gar zu beenden. Es macht traurig zu sehen, wie alte Paare oder Freunde sich manchmal das Leben schwermachen, statt die kostbare Zeit zur gegenseitigen Bereicherung zu nutzen. Im Alter um die sechzig wollen wir unbefriedigende Be-

ziehungen nicht mehr leben. Menschen, die negativ sind, kritisieren, nörgeln oder streiten, müssen wir nicht mehr um uns haben.

Vielleicht entdecken Sie auch, dass Sie mehr Zeit für sich allein haben, mehr allein sein wollen. All-ein-sein bedeutet ursprünglich, mit allem eins zu sein und nicht zwangsläufig, sich einsam zu fühlen. Sicher haben viele von Ihnen schon die Erfahrung gemacht, dass man sich auch zu zweit oder in einer Gruppe einsam fühlen kann. Gehen Sie einmal allein spazieren, und Sie werden merken, dass Sie Ihre Umgebung viel intensiver wahrnehmen als zu zweit, da wir uns bei einem Spaziergang zu zweit eher auf das Gespräch konzentrieren. Nicht nur die Wahrnehmung der Umgebung ist intensiver, auch Ihre Gedanken können besser umherschweifen, und unter Umständen entwickeln Sie sogar sehr kreative Ideen. Schon Christian Morgenstern wusste: »Gedanken wollen oft, wie Kinder und Hunde, dass man im Freien mit ihnen spazieren geht.« Probieren Sie es aus, und nehmen Sie sich die Auszeit für sich allein, wenn Ihnen danach ist.

Mit und in der Zeit leben

Wenn wir uns um die sechzig Gedanken über die Zeit machen, dann nur, wenn diese Gedanken dazu beitragen, die Zeit intensiver zu erleben und sie besser zu nutzen, was auch immer besser heißen mag. Für die eine mag es Entschleunigung, mehr Muße und Entspannung, auch das Beibehalten des Ist-Zustands bedeuten, weil sie feststellt, dass alles gut ist, so wie es ist. Für die andere kann es mehr Aktion, Bewegung, Veränderung bedeuten. Es ist jedoch unnötig, sich Gedanken über die Zeit zu machen, wenn diese Gedanken schaden, Ängste erzeugen oder unproduktiv sind. Wobei unproduktiv bedeutet, dass die Gedanken sich ständig im Kreis drehen und zu keiner wie immer gearteten Einsicht führen. Wir können nicht auf Dauer gegen die Zeit leben, nur in ihr und mit ihr. Und das so gut wie möglich. Die Zeit als Freund erleben. Auch und gerade in den späteren Jahren. Dazu ein Zitat von Antoine de Saint-Exupéry: »Es ist gut, wenn uns die verrinnende Zeit nicht als etwas erscheint, das uns verbraucht oder zerstört, sondern als etwas, das uns vollendet.«

Auch der Blick zurück in die eigene Vergangenheit kann wie eine Reise in der Zeit sein. Eine Reise, die eventuell zu verschütteten Talenten und Ressourcen führt, die wertvoll für unsere dritte Lebensphase sein können.

Ein jegliches hat seine Zeit, und alles Vorhaben unter dem Himmel hat seine Stunde.

Prediger 3,1–8

GEBET DES ÄLTER WERDENDEN MENSCHEN

O Herr, du weißt besser als ich,
dass ich von Tag zu Tag älter
und eines Tages alt sein werde.
Bewahre mich vor der Einbildung,
bei jeder Gelegenheit und zu jedem
Thema etwas sagen zu müssen.
Erlöse mich von der großen
Leidenschaft, die Angelegenheiten
anderer ordnen zu wollen.
Lehre mich, nachdenklich,
aber nicht grüblerisch,
hilfreich, aber nicht
beherrschend zu sein.
Bei meiner ungeheuren Ansammlung
von Weisheit erscheint es mir ja
schade, sie nicht weiterzugeben –
aber du verstehst, o Herr,
dass ich mir ein paar Freunde
erhalten möchte.
Bewahre mich vor der Aufzählung
endloser Einzelheiten,
und verleihe mir Schwingen, zur
Pointe zu gelangen.
Lehre mich schweigen über meine

Krankheiten und Beschwerden.
Sie nehmen zu – und die Lust,
sie zu beschreiben,
wächst von Jahr zu Jahr.
Ich wage nicht, die Gnade zu erflehen,
mir Krankheitsschilderungen
anderer mit Freude anzuhören,
aber lehre mich, sie geduldig
zu ertragen.
Lehre mich die wunderbare Weisheit,
dass ich mich irren kann.
Erhalte mich so liebenswert
wie möglich.
Ich möchte keine Heilige sein –
mit ihnen lebt es sich so schwer –,
aber ein alter Griesgram ist das
Krönungswerk des Teufels.
Lehre mich, an anderen Menschen
unerwartete Talente zu entdecken,
und verleihe mir, o Herr, die schöne
Gabe, sie auch zu erwähnen.

Theresa von Ávila

(1515–1582) ZUGESCHRIEBEN

Gesundheit und Wohlbefinden

Wie heißt es doch so schön: »Ohne Gesundheit ist alles nichts.« Wir alle wünschen uns, möglichst lang gesund zu sein und uns wohlzufühlen. Eine gute Gesundheit hilft uns, unsere Pläne und Wünsche leichter in die Realität umzusetzen und im Alter länger selbstständig zu bleiben. Deshalb möchte ich Ihnen in diesem Kapitel sowohl theoretische Informationen als auch praktische Übungen vermitteln, die Ihnen helfen, Ihre Gesundheit und Ihr Wohlbefinden zu stärken für all das, was in Ihrem Leben auf Sie zukommt und Sie noch vorhaben.

Vorstellungen und Bilder von Gesundheit

Wenn Sie möchten, beantworten Sie gleich jetzt die nachstehende Frage. Ziehen Sie sich für ungefähr zehn bis 15 Minuten zurück, und nehmen Sie ein Blatt Papier oder besser ein Heft zur Hand, in das Sie die Antwort auf diese oder alle folgenden Fragen eintragen.

TREFFEND GEFRAGT

Wofür lohnt es sich, gesund zu bleiben oder zu werden?

Die Antworten in der Beratung oder in den Kursen fallen naturgemäß äußerst unterschiedlich aus. Das Spektrum reicht von ganz allgemein, wie der Freude, Lebensqualität, Sicherheit, Lust, Attraktivität, Weisheit, bis hin zu ganz konkreten Antworten, wie »Ich möchte meine Enkel älter werden sehen«, »… eine Weltreise machen«, »… gemeinsam mit meinem Mann während eines Auslandsaufenthalts eine neue Sprache erlernen«, »… noch den Berg X besteigen« und Ähnlichem. All diese Wünsche prägen sich als Vorstellungen und Bilder tief in unserem Unterbewusstsein ein, das uns dabei unterstützt, selbst aktiv an der Wunscherfüllung mitzuwirken.

Genauso können Sie sich so oft wie möglich positive Bilder Ihres Gesundheitszustands in der Zukunft machen, natürlich Ihren Möglichkeiten entsprechend. Malen Sie sich aus, wie wohl Sie sich fühlen werden, wie gut es Ihnen gehen wird. Reisen Sie in Ihrer Vorstellung so weit in die Zukunft, wie es Ihnen gefällt: zehn, zwanzig oder gar dreißig Jahre. Sie können von dieser »gesunden« Zukunft abends vor dem Einschlafen träumen oder während des Tages in Tagträumen. Auch diese Vorstellungen prägen sich in Ihrem Unterbewusstsein als positive Erwartungen ein und können Sie dabei unterstützen, ein gesundheitsbewusstes Leben zu führen. So wie umgekehrt negative Erwartungen bewirken können, dass wir passiv werden und sich dann genau das Negative manifestiert. Ein chinesisches Sprichwort sagt: »Wenn du denkst, es ist eine Last, so wird es eine Last. Wenn du denkst, es ist eine Lust, so wird es eine Lust.« Unsere Erwartungshaltung kann also darüber entscheiden, ob wir das Alter als Lust oder als Last erleben.

Was ist Gesundheit?

Mit der Gesundheit verhält es sich ähnlich wie mit der Zeit. Ihren Wert erkennen wir erst, wenn sie knapp ist oder wird. Gesundheit nehmen wir meist nicht wahr, wir nehmen sie als selbstverständlich an und schätzen sie dann, wenn wir sie verloren haben. Erst nach einer durchgestandenen Krankheit wissen wir, was Gesundheit für uns bedeutet und wie sie sich anfühlt. Daher kann es durchaus aufschluss-

reich sein, wenn Sie einmal im gesunden Zustand die nachfolgenden Fragen beantworten und die Antwort in Ihr Heft eintragen. Nehmen Sie sich auch hier wieder extra zehn bis 15 Minuten Zeit.

TREFFEND GEFRAGT

Wie fühlt sich für mich Gesundheit an? Was bedeutet Gesundheit für mich?

Eine Kursteilnehmerin antwortete auf diese Frage: »Wenn ich gesund bin, fühle ich mich vital und voller Energie«, eine andere: »... fühlt sich mein Körper leicht und gleichzeitig kraftvoll an« oder »... habe ich das Gefühl, ich könnte Bäume ausreißen«.

Vielleicht nehmen Sie zum ersten Mal bewusst wahr, dass diese Vitalität, Energie, Leichtigkeit und Kraft es sind, die es Ihnen ermöglichen, wunderbare Reisen zu unternehmen, ausdauernd zu wandern, stundenlang mit den Enkeln herumzutollen und vieles andere mehr zu unternehmen.

Nachdem Sie nun definiert haben, was Gesundheit für Sie bedeutet, wollen wir uns auf der nächsten Seite zwei weitere Definitionen von Gesundheit anschauen.

GESUNDHEIT UND WOHLBEFINDEN

SALUTOGENESE

Die Salutogenese (lat. *salus* = Gesundheit, Heil, Glück und griech. *genesis* = Entstehung) befasst sich mit Gesundheitsentstehung und -förderung. Der israelisch-amerikanische Medizinsoziologe Aaron Antonovsky stellte sich in den Siebzigerjahren die Frage, wodurch und wie Menschen immer wieder gesund werden.

Als zentralen Faktor für unsere Gesundheit fand er eine bestimmte Grundeinstellung, den »sense of coherence«, was so viel heißt wie Kohärenzgefühl, das Gefühl einer inneren Stimmigkeit, das dazu führt, dass Menschen unter gleichen Bedingungen eher gesund bleiben oder werden als andere. Dieses Stimmigkeitsgefühl setzt sich aus drei Komponenten zusammen: dem Gefühl der Verstehbarkeit, ausgedrückt etwa durch einen Satz wie »Ich kann die Welt grundsätzlich verstehen«, dem Gefühl der Handhabbarkeit, wie etwa im Satz »Ich kann Schwierigkeiten überwinden«, und dem Gefühl der Sinnhaftigkeit des eigenen Lebens, wie etwa »Ich empfinde mein Leben als sinnvoll«.

〜〜〜〜〜

Die Salutogenese orientiert sich an attraktiven Gesundheitszielen, für die wir möglichst viele Ressourcen bereitstellen. Weiter oben habe ich Sie mit der Frage »*Wofür lohnt es sich, gesund zu bleiben oder zu werden?*« auf Schatzsuche

nach diesen attraktiven Gesundheitszielen geschickt, die Aaron Antonovsky innere Attraktoren nannte.

Antonovsky vertrat die Meinung, das Stimmigkeitsgefühl entwickle sich im ersten Jahrzehnt des Erwachsenenlebens und bleibe dann für den Rest des Lebens stabil. Die neuesten neurologischen Forschungen ergeben jedoch, dass es sich zu jedem Zeitpunkt des Lebens stärken lässt, unter anderem indem wir immer wieder auf Schatzsuche nach unseren inneren Attraktoren gehen, eine positive Grundeinstellung dem Leben gegenüber einnehmen und somit schließlich unsere Lebensenergie und Lebensfreude stärken.

〜〜〜〜〜

DEFINITION VON GESUNDHEIT

Auch von der WHO, der Weltgesundheitsorganisation, gibt es eine sehr präzise Definition von Gesundheit: Gesundheit ist ein Zustand des vollständigen körperlichen, geistigen/seelischen und sozialen Wohlbefindens und nicht nur das Fehlen von Krankheit oder Gebrechen. Das englische »mental« beinhaltet hier sowohl den geistigen als auch den seelischen Aspekt, wobei ich unter geistig alles, was mit unserem Verstand zu tun hat, also das Denken, und unter seelisch die Psyche verstehe.

〜〜〜〜〜

Diese Definition der WHO ist sehr beeindruckend, bezieht sie doch die drei wichtigsten Bereiche unseres Lebens, Körper, Geist/Seele und soziales Umfeld, mit ein. Was mir etwas problematisch erscheint, ist das Wörtchen »vollständig«. Vollständiges Wohlbefinden in den drei Bereichen? Wer schafft das? Kann nicht hin und wieder in einem der drei genannten Bereiche eine Störung vorliegen? Sind wir dann gleich krank?

Was ist Krankheit?

Da Gesundheit so genau definiert wurde, erhebt sich die Frage: Was ist Krankheit? Eine einfache Definition könnte lauten: »Krankheit ist eine Störung des körperlichen, geistigen/seelischen und sozialen Wohlbefindens.« Klar, ganz einfach – und an die WHO-Definition angelehnt!

In den Kursen sammle ich gern Assoziationen zum Thema Krankheit. Was fällt Ihnen ein, wenn Sie das Wort Krankheit hören? Meistens kommen negative Assoziationen wie Schmerzen, Einschränkungen oder Abhängigkeit. Selten erwähnen Teilnehmerinnen auch den Krankheitsgewinn, wie etwa Ruhe, Umsorgtwerden, Rückzug im positiven Sinn, eine Chance, über den eigenen Lebensstil nachzudenken, um nach der Krankheit eventuell eine Veränderung desselben vorzunehmen.

Den positiven Aspekt von Krankheit erkennen wir am ehesten bei Krankheiten im Kindesalter. Wenn wir an eine Kinderkrankheit denken, erinnern wir uns meistens, wie schön es war, dass wir zu Hause bleiben durften und nicht zur Schule gehen mussten, die Mutter uns besonders liebevoll umsorgte und uns das Lieblingsgericht zubereitete und manchmal sogar die Geschwister sich ganz lieb um uns kümmerten.

In den Kursen haben wir dann Krankheit meist folgendermaßen definiert: »Krankheit ist eine Dysbalance mit der Chance zur Korrektur« oder »Krankheit ist ein Ungleichgewicht in der Einheit Mensch«. Dem möchte ich mich gern anschließen, doch vielleicht finden Sie zu Ihrer eigenen Definition von Krankheit.

Umwelt oder Gene?

Oft werde ich gefragt: Wie stark beeinflussen die Gene, wie stark der Lebensstil unsere Gesundheit? Die Ergebnisse mehrerer Studien deuten darauf hin, dass das Verhältnis vom Einfluss der Gene und dem Einfluss der Umwelt ungefähr 50:50 zu sein scheint. Erst das Zusammenspiel von mehreren Genen und Umwelteinflüssen trägt dazu bei, ob ein Gen an- oder ausgeschaltet wird.

EPIGENETIK – EIN FACHGEBIET DER BIOLOGIE

Sie ist die Lehre von den Zelleigenschaften und befasst sich mit der Frage, welche Faktoren die Aktivität eines Gens und damit die Entwicklung der Zelle zeitweilig festlegen. Man spricht dann von epigenetischer Prägung. Der Neurobiologe Joachim Bauer sagt dazu in seinem Buch »Das Gedächtnis des Körpers«: »Das Geheimnis der Gesundheit liegt, was die Mehrheit aller Krankheiten betrifft, nicht im Text der Gene, sondern in der Regulation ihrer Aktivität. Das Erbgut trägt neben dem Inhalt der Gene, der Abfolge der DNA-Bausteine, noch eine weitere Ebene von Informationen. Chemische Substanzen heften sich an einen bestimmten Baustein der Erbsubstanz und schalten die Aktivität eines Gens aus. Das Gen gibt es noch, aber es arbeitet nicht mehr.« Durch unseren Lebensstil sowie durch positive oder negative Erfahrungen programmieren wir die Zellen um und nehmen Weichenstellungen vor, die steuern, ob wir über einen längeren Zeitraum gesund bleiben oder krank werden.

Können wir diese Weichenstellungen von einer Generation zur nächsten vererben? Vererben wir also nicht nur unsere Gene, sondern auch die Umweltinformationen? Von epigenetischer Vererbung spricht man, wenn die Veränderungen bis in die dritte Generation nachweisbar sind, was bei Pflanzen und gezüchteten Tieren bereits beobachtet werden konnte. Und auch beim Menschen mehren sich die Hinweise, dass sich unsere Erfahrungen auf unser Erbgut auswirken und es so nachhaltig verändern, dass einige dieser Veränderungen an die folgende Generation weitergegeben werden. Die Zeit wird es zeigen, ob dies bis in die dritte Generation geschieht.

Natürlich haben wir in unserem Alter die Reproduktionsphase schon hinter uns, und daher mag es uns nicht mehr so wichtig erscheinen, ob wir durch einen positiven Lebensstil Gesundheit weitervererben. Aber wir können unsere Kinder und Enkel auf eine positive Lebensführung und die daraus resultierenden

Wenn du denkst,
es ist eine Last, so wird es eine Last.
Wenn du denkst, es ist eine Lust,
so wird es eine Lust.

Chinesisches Sprichwort

möglichen positiven Veränderungen für deren Nachkommen hinweisen. Wenn wir gesund leben, können wir entscheidend dazu beitragen, dass ein Krankheitsgen stummgeschaltet bleibt. Obwohl nicht alle Krankheitsgene ausgeschaltet werden können, so können wir Krankheiten doch immerhin hinauszögern oder ihren Verlauf abmildern.

Körperliches Wohlbefinden

Diesen Bereich unterteile ich gern in Bewegung/Entspannung, Ernährung sowie Schlaf. Meine Erfahrung ist, wenn wir vor allem in diesen drei Bereichen gut für uns sorgen, sind Wohlbefinden und Gesundheit fast eine ganz natürliche Folge.

Bewegung

Die meisten Frauen um die sechzig haben die für sie optimale Bewegungsform bereits gefunden: Sie gehen täglich spazieren, walken oder joggen, wandern oder machen Bergtouren, gehen ins Fitnessstudio, tanzen oder besuchen Zumba-Kurse, machen regelmäßig Yoga oder Gymnastik oder spielen Tennis oder Golf.

Eine Kursteilnehmerin bereitete sich in einem halben Jahr auf den Münchner Stadtlauf vor und lief 12,5 Kilometer, obwohl sie vorher noch nie gelaufen war. Eine andere berichtete, dass sie auch im Winter, sozusagen bei Wind und Wetter, regelmäßig in einem See badet.

Was immer wir auch tun: Es sollte in erster Linie Spaß machen. Haben wir Freude an der Sportart, die wir ausüben, dann verlängert sich

sogar die Lebenszeit! Aber Sport hat neben der Aussicht auf ein verlängertes Leben noch viele weitere positive Nebenwirkungen: Bewegung kann nicht nur Krankheiten vorbeugen oder ihr Ausbrechen verzögern, auch bestehende Krankheiten können abgemildert und in ihrem Verlauf verkürzt werden. Bewegung ist einer der Faktoren eines gesunden Lebensstils, die ein Krankheitsgen stummschalten können.

Außerdem kann Bewegung den biologischen Alterungsprozess aufhalten und das Immunsystem stärken, sie hilft gegen Depressionen, Angststörungen sowie Stress. Durch Bewegung vermehren sich die Stammzellen, sogar die Leistung von Nervenzellen wird angeregt. Der Dichter und Philosoph Friedrich Schiller sagte einst: »Es ist der Geist, der sich den Körper baut.« Vieles spricht dafür, dass es umgekehrt ebenso der Fall ist.

Heute weiß man: Ein träges Leben ist fast so ungesund wie Zigaretten rauchen. Schließlich haben wir genetisch immer noch die gleiche Ausstattung wie vor 10 000 Jahren, und die ist auf Bewegung programmiert. Steinzeitmenschen sollen bis zu vierzig Kilometer täglich gelaufen sein!

Bewegung gilt als Voraussetzung für das normale Funktionieren des Körpers, wobei sich die Frage stellt: Wie viel ist gesund? Ich denke, dass jede Frau ein inneres Wissen hat, das ihr intuitiv sagt, wie viel wovon gut ist. Ich jedenfalls merke sofort, wenn ich mich zu wenig bewege, ich werde müde, schlecht gelaunt und verstimmt.

Kennen Sie die Empfehlung, täglich 10 000 Schritte zu gehen? Am Anfang müssen Sie vielleicht einen Schrittzähler benutzen, doch bald schon bekommen Sie ein Gefühl dafür, wie lang eine 10 000-Schritte-Strecke ist. Vor allem aber sollte Bewegung Spaß machen, und das tut sie vor allem mit Gleichgesinnten, womit wir dann gleichzeitig zu unserem sozialen Wohlbefinden beitragen.

Was hindert Sie also noch daran, die Sportschuhe zu schnüren und raus ins Freie oder ins Fitnessstudio zu gehen? Vielleicht möchten Sie auch eine ganz neue Sportart ausprobieren? Die Devise lautet: Es ist nie zu spät anzufangen!

Stress

Da Stress unser Wohlbefinden stark beeinträchtigt und er zudem als Mitverursacher verschiedenster Krankheiten gilt, sollten wir ihm, zumindest theoretisch, einige Augenblicke widmen.

Was ist Stress?

Stress ist ein Zustand, bei dem wir sekundenschnell auf neue Anforderungen reagieren müssen. Unsere Vorfahren kämpften oder flüchteten, wenn sie Angst um ihr Leben hatten, was wir heute aus verständlichen Gründen nicht mehr tun können. Das bedeutet aber auch, dass die im Körper kreisenden Stresshormone vor dem nächsten Stressalarm nicht mehr abgebaut werden können. Wenn wir wissen, was sich bei Stress im Körper abspielt, sind wir vielleicht in Zukunft eher bereit, ihn gar

nicht erst entstehen zu lassen oder ihn so schnell wie möglich durch Bewegung oder Entspannung abzubauen.

WAS BEDEUTET STRESS FÜR DEN KÖRPER?

In der Nebennierenrinde werden Adrenalin, Noradrenalin und Cortisol ausgeschüttet. Das führt dazu, dass der Herzschlag und die Atmung schneller werden, der Blutdruck steigt, ebenso der Blutzucker, denn Muskeln und Gehirn brauchen rasch Energie. Die Muskeln spannen sich an, das Gehirn ist bereit für eine schnelle Entscheidung: fliehen oder kämpfen? Die Fähigkeit der Blutgerinnung ist verstärkt, denn eine Blutung würde den Menschen während eines Kampfes oder einer Flucht behindern. Andere Funktionen, die der Körper nicht unbedingt zum Überwinden der Gefahr braucht, werden auf Sparflamme geschaltet: die Verdauung, die Sexualfunktionen, das Immunsystem und auch die logische Denkfähigkeit.

Die häufigsten Auswirkungen von Stress sind Herz-Kreislauf-Erkrankungen, Kopf- und Rückenschmerzen, häufige Erkältungen, Verdauungsstörungen, bei chronischer Stressbelastung sind sogar das Diabetes- sowie das Krebsrisiko erhöht. Er kann Denkblockaden, mangelnde Konzentrationsfähigkeit und Vergesslichkeit bewirken, ebenso kann er auch Gereiztheit, Lustlosigkeit, Unsicherheit, Ängste, Niedergeschlagenheit sowie ein Überforderungsgefühl hervorrufen, er kann zu Unruhe, Antriebslosigkeit oder Schlafstörungen führen. Oft entsteht ein übermäßiges Verlangen nach Stimulanzien wie Kaffee, Alkohol, Zigaretten, oder er erzeugt Heißhunger, der zu ungesundem Essverhalten führt.

Bei *Eustress*, dem positiv und leistungssteigernd wahrgenommenen Stress, werden zusätzlich Glückshormone ausgeschüttet wie beim Verliebtsein. Doch sowohl beim Eustress als auch beim *Distress* befindet sich der Körper in einem andauernden Anspannungs- und Aktivierungszustand, wobei sich Distress wegen des empfundenen Überforderungsgefühls und des Mangels an schützenden Glückshormonen negativer auswirkt.

Stressbewältigung

Zur Stressbewältigung gibt es zwei Ansätze: Wir können Stress vermeiden oder Stress abbauen. Bei der *Stressvermeidung* sollten wir uns unserer Stressoren, der Stressauslöser, bewusst werden. Dies können äußere Stressoren sein, wie ständiger Lärm, zu viele Informationen in zu kurzer Zeit, Zeitnot, Verluste, Konflikte. Oder es sind innere Stressoren wie ein zu geringes Selbstwertgefühl, sich ständig Sorgen und Angst machen. Wir können versuchen, die Stresssituation zu verändern, indem wir zum Beispiel unseren Tagesablauf besser organisieren oder lernen, die Einstellung uns selbst gegenüber zu verändern, uns besser abzugrenzen, uns weniger Sorgen zu machen und positiver zu denken. Die Gedanken, die wir uns über ein Ereignis, eine Situation oder uns selbst machen, tragen entscheidend dazu bei, ob wir etwas als Stress empfinden oder nicht. Denn unsere Gedanken beeinflussen unsere Gefühle und diese wiederum unsere Verhaltensweisen. Erinnern Sie sich an den oben zitierten chinesischen Spruch?

Der *Stressabbau* kann erfolgen durch Entspannungsmethoden wie etwa autogenes Training, Progressive Muskelentspannung, durch

Gesund alt werden heißt: laufen, lernen, lachen und lieben!

Konstanze Schmidt

Übung

Bewusstes Atmen

Diese Übung können Sie überall, im Sitzen, im Liegen, ja sogar im Stehen machen. Je nachdem, wie viel Zeit Sie haben, können Sie diese Übung nur eine Minute, aber auch drei bis fünf Minuten machen.

Atmen Sie durch die Nase ein, und zählen Sie dabei gedanklich bis drei. Den Atem anhalten und bis drei zählen. Durch die Nase oder die leicht geöffneten Lippen ausatmen und bis sechs zählen. Kleine Atempause, dann von vorne beginnen.

Tiefes Einatmen ist aktivierend, tiefes Ausatmen ist loslassend, entspannend. Da Sie entspannen möchten, sollten Sie also etwas länger aus- als einatmen.

Wenn Sie das Zählen stört, können Sie sich beim Ein- und Ausatmen auch Wörter gedanklich vorsagen. Sagen Sie beim Einatmen zum Beispiel »ganz« und beim Ausatmen »ru-hiiig«. Wichtig ist dabei, dass das erste Wort kürzer ist als das zweite, damit die Ausatmungsphase ganz von allein länger wird als die Einatmungsphase. Machen Sie diese Art der Atementspannung regelmäßig, gewöhnt sich Ihr Körper daran und wird mit der Zeit immer schneller mit Entspannung reagieren.

Selbsthypnose, bewusstes Atmen oder durch Bewegung. Bewegung ist meiner Meinung nach das Mittel der Wahl, da die Stresshormone schneller abgebaut werden als bei der Entspannung. Dennoch sollten Sie selbst entscheiden, was Ihnen in diesem Moment wirklich guttut. Wenn Sie sich lieber auf die Couch legen und dabei Entspannungsübungen machen, ein gutes Buch lesen oder Musik hören wollen, dann wird Ihnen genau das auch guttun. Sowohl Bewegung als auch Entspannung können Ihnen helfen, abzuschalten und den Kopf von stressauslösenden Gedanken wieder frei zu bekommen.

Entspannung

Verschiedene Übungen können uns unterstützen, wieder in Balance zu kommen. Zuerst stelle ich Ihnen eine Blitzentspannung vor (siehe nebenstehende Übung »Bewusstes Atmen«).

Haben Sie mehr Zeit, können Sie statt der Blitzentspannung die folgende Übung auf Seite 57 aus der Selbsthypnose machen. Setzen oder legen Sie sich bequem hin. Störquellen wie Telefon oder Türklingel sollten ausgeschaltet sein. Nehmen Sie sich für diese Übung ungefähr dreißig Minuten Zeit. Der Vorteil dieser Übung besteht darin, dass Sie sich selbst Suggestionen geben können, was und wie Sie sich fühlen wollen. Je öfter Sie diese Übung machen, bei Bedarf täglich oder zwei- bis dreimal pro Woche, desto schneller reagieren Ihr Körper und Geist mit der gewünschten inneren Ruhe und Entspannung.

Übung

Entspannung durch Selbsthypnose

Richten Sie Ihre Aufmerksamkeit auf einen Gegenstand, eine Vase, eine Kerze oder eine Blume. Nehmen Sie diesen Gegenstand wahr, ohne dabei an etwas zu denken. Werden Ihre Augen müde, dann schließen Sie sie. Atmen Sie dabei tief und gleichmäßig. Jetzt stellen Sie sich vor, wie nacheinander Ihr Kiefer, Ihre Schultern, Arme und Hände entspannen, dann auch Ihr Rücken, Ihre Beine und Füße. Stellen Sie sich vor, wie nacheinander die Muskeln in den genannten Körperteilen ganz weich und locker werden wie bei einer Stoffpuppe. Der Körper folgt den Gedanken, und früher oder später spüren Sie die allmählich einsetzende Entspannung. Haben Sie etwas Geduld.

Dann wandern Sie in Gedanken zu einer schönen Landschaft. Eine Gegend, die Sie als beruhigend und wohltuend empfinden, das kann ein Strand, eine Wiese, ein Wald, ein See oder das Meer sein. Nehmen Sie jetzt diese Gegend oder diesen Ort mit allen Ihren Sinnen wahr: *Sehen* Sie Farben und Formen, *hören* Sie Klänge wie zum Beispiel Meeresrauschen oder Vogelgezwitscher. *Riechen* Sie den Duft, der Sie umgibt. *Fühlen* Sie Sonne oder Wind auf Ihrer Haut. Tauchen Sie so tief in diese Sinnesempfindungen ein wie nur möglich. Lassen Sie sich Zeit, bis Sie die Sinnesempfindungen wahrnehmen können.

Wenn Sie merken, dass Sie tiefer und tiefer entspannen, sagen Sie sich etwas Positives über Ihr erwünschtes Wohlbefinden wie: »Ich fühle mich vollkommen wohl!« oder: »Ich bin ganz ruhig und fühle mich sooo wohl!« Oder Sie geben sich eine Suggestion, die auf Ihr künftiges Empfinden und Verhalten gerichtet ist: »Wenn ich mich wieder einmal angespannt fühle, dann nehme ich einige tiefe Atemzüge und sage mir: ›Ganz ruhig!‹ Gleichzeitig erscheint vor meinem inneren Auge diese schöne Landschaft, und ich bemerke, wie ich sofort ruhiger bin.«

Überlassen Sie sich für einige weitere Minuten Ihren Träumen oder positiven Gedanken. Nach einer Weile beginnen Sie tief einzuatmen und sich zu strecken und zu räkeln, dann öffnen Sie die Augen. Bleiben Sie eine Weile sitzen oder liegen, bis Sie ganz wach sind. Nach dem Aufstehen gehen Sie einige Male energisch auftretend durch den Raum, schütteln dabei Arme und Hände kräftig. Wichtig ist, dass Sie sich genügend Zeit nehmen und sich nicht mit Erwartungen überfordern. Auch Entspannung kann geübt werden, und Körper und Geist brauchen ihre Zeit, um die Entspannungsreaktion zu lernen.

Übung

Rückzug in Ihren Ort der Stille

Schalten Sie das Telefon lautlos, und lassen Sie alles ruhen, womit Sie sich vorher beschäftigt haben. Sie können im Schneidersitz oder ganz normal sitzen oder auch bequem liegen. Die Hände ruhen locker auf den Oberschenkeln oder auf der Körpermitte. Mit einem eigenen Ritual können Sie den Beginn Ihres Rückzugs markieren, indem Sie eine Kerze anzünden, eine Klangschale zum Klingen bringen, ein bestimmtes Musikstück hören oder auch ein schönes Bild betrachten. Dann schließen Sie die Augen und lassen Ihre Gedanken kommen und auch wieder ziehen. Sie sollten nicht bewusst nachdenken und die vorüberziehenden Gedanken auch nicht bewerten. Ähnlich einem Kinobesucher, der beobachtet, wie eine Szene der nächsten folgt, folgen Sie als Beobachter Ihren Gedanken, die kommen und wieder losgelassen werden wollen. Atmen Sie ruhig und gleichmäßig in Ihrem eigenen Atemrhythmus, und genießen Sie die kontemplative Stimmung. Langsam kommen die Gedanken zur Ruhe oder entschwinden gänzlich, vielleicht fallen Sie sogar in eine Art Halbschlaf und sind beim Aufwachen überrascht über einen Traum oder Wachtraum, in dem Ihre Seele zu Ihnen gesprochen hat.

Sicher kennen Sie auch Orte der Stille in der Natur, in die Sie sich zurückziehen und entspannen können, wobei es ein wenig aufwendiger ist, sich dorthin zu begeben, als sich in ein Zimmer zurückzuziehen. Falls Sie den Weg dorthin in einer meditativen Haltung gehen, können Sie selbst zu so einem Ort der Stille werden. Hier ist tatsächlich der Weg das Ziel, bereits während des meditativen Gehens entstehen in Ihnen die erwünschte Ruhe und Stille. Danach sind Sie wieder ganz bei sich selbst: in Ihrer Mitte.

Ort der Stille

Wenn Sie wollen, können Sie sich einen Rückzugsort, einen Ort der Stille, in Ihrer Wohnung einrichten. In diesen Ruhe- oder Entspannungsraum ziehen Sie sich zurück, wenn Sie eine Auszeit vom Alltag brauchen. Im griechischen Tempel gab es einen unter dem Schutz der Götter stehenden Ort der Stille, das *temenos*, in den man sich zurückziehen konnte. Ihr Temenos kann ein behaglich eingerichteter Raum sein oder eine gemütlich gestaltete Ecke in einem ruhigen Zimmer. Die Dauer Ihres Rückzugs bestimmen Sie selbst (siehe dazu auch die Übung oben).

Wenn Sie merken, dass Ihnen Entspannungsmethoden guttun, können Sie diese so lange in Kursen – etwa an einer Volkshochschule – erlernen, bis Sie sie gut beherrschen. Dann können Sie gut alleine weiterüben.

Ernährung

Was gesunde Ernährung ist, darüber gibt es fast so viele unterschiedliche Ansichten, wie es Menschen gibt. Und tatsächlich zeigen neueste Forschungsergebnisse, dass es *die eine* gesunde Ernährung für alle nicht gibt. Die meisten Frauen um die sechzig haben längst herausgefunden, was gut für sie ist. Sie müssen nicht mehr jeden Hype um eine neue Ernährungsform mitmachen, sie wissen längst selbst, was ihnen bekommt oder zumindest nicht schadet. Eine Freundin sagte mir: »Ich weiß schon lange, was mir bekommt und was nicht, und danach richte ich mich. Ich richte mich also im wahrsten Sinne des Wortes nach meinem Bauchgefühl.« Viele Frauen machen das, und ich finde, da tun sie gut daran. Andere richten sich eher nach ihrer Figur, die sie so schlank wie möglich erhalten wollen.

TREFFEND GEFRAGT

Wie schlank muss ich sein, um mich zu mögen?

Wenn Sie sich diese Frage ehrlich beantworten, stellen Sie unter Umständen fest, dass Sie einem alten Schönheitsideal nachhängen. Müssen Sie wirklich noch so schlank sein wie mit dreißig? Wie sehr definieren Sie sich über eine schlanke Figur?

Allerdings gibt es Frauen, die ohne Diäten oder Einschränkungen im Essen schlank sind, weil sie von der Natur so »gedacht« sind, sie haben gute Gene, einen guten Stoffwechsel und können ihr Gewicht mühelos halten. Andere halten ihr Gewicht, indem sie auf einen Ausgleich achten: Haben sie einmal über die Stränge geschlagen, gibt es dafür am nächsten Tag etwas weniger. So hielten es auch unsere Vorfahren, allerdings gezwungenermaßen: Der Steinzeitmensch fand nicht regelmäßig Nahrung und musste daher über längere Zeit mit sehr wenig auskommen. Wenn Sie so Ihr Gewicht halten können, dann ist es gut. Es ist jedoch schade, wenn Sie auch über sechzig noch eine Diät nach der anderen versuchen, denn es gibt mittlerweile Belege dafür, dass im Alter ein leicht erhöhter Cholesterinwert und ein leicht erhöhtes Gewicht eher schützend als schädigend sind und dass ältere Menschen mit einem BMI von 27 beziehungsweise 28 am längsten leben und am wenigsten häufig krank sind.

Zum Trost für die nicht ganz so Schlanken: Nicht jede Schlanke ist fit, es gibt schlaffe Schlanke und fitte Dicke. Da unsere Lebenszeit begrenzt ist, sollten wir unser Essen genießen, statt uns mit mühsamem Verzicht zu quälen.

Seit über 15 Jahren gebe ich Kurse zum Thema Abnehmen. Ursprünglich dachte ich

Geschichten aus dem Leben

Frau A., 65, verrät uns: »Als ich jung war, habe ich mir überhaupt keine Gedanken um meine Gesundheit gemacht. Ich war einfach gesund – und dann wurde ich älter …

Und mein Arzt stellte Bluthochdruck fest. Er verschrieb ein blutdrucksenkendes Mittel, und bald war ich wieder im grünen Bereich. Nicht so jedoch viele meiner Bekannten. Je älter wir wurden, desto mehr häuften sich die Krankheiten. Als eine meiner Freundinnen an einem Herzinfarkt verstarb, traf mich das sehr. Herzinfarkt – dagegen kann man was machen, dachte ich, daran muss man doch heute nicht mehr sterben.

Ich besuchte ein Seminar, in dem es auch um Gesundheit ging. Dort erfuhr ich von der Salutogenese. Das ist so ein ganz anderer Ansatz als der, den ich kannte: bei Bedarf ein Mittelchen schlucken, und alles ist wieder gut. Bei der Salutogenese geht es um attraktive Gesundheitsziele, und zum ersten Mal fragte ich mich, wofür es sich für mich lohnte, gesund zu sein und zu bleiben. Ich stellte fest, dass ich noch viel erleben wollte. Während einer Übung träumte ich von weiten Reisen und einem aktiven Leben im Kreis meiner Familie und Freundinnen. Dass dies bei guter Gesundheit so viel leichter umzusetzen ist als im Krankenstand,

war mir schnell klar. Musste ich erst krank werden, um etwas für meine Gesundheit zu tun?

Ich entschloss mich, meine Ernährung zu verändern und mich mehr zu bewegen. Das sollte einfach und leicht in mein Leben zu integrieren sein. Ich redete auch möglichst wenig mit anderen darüber, denn ich befürchtete, mit ungebetenen Ratschlägen überschüttet zu werden. So änderte ich lediglich ein paar Kleinigkeiten, aß mehr Gemüse, Salat und Obst, weniger Fleisch, und reduzierte die Menge.

Anders war es mit der Bewegung, hier sprach ich viele meiner Bekannten an, denn ich wusste, zu zweit oder mehreren würde mir Sport mehr Freude machen und mir auch helfen, bei der Stange zu bleiben. Ich verabredete mich mit einer Freundin und deren Freundin zum Walken, und seit zwei Jahren walken wir regelmäßig dreimal jede Woche, auch bei schlechtem Wetter.

Seit ich so lebe, ist mein Blutdruck gesunken, und ich fühle mich endlich fit genug für die Reise nach Australien, von der ich so lange geträumt habe.«

dabei eher an eine jüngere Zielgruppe und bin jedes Mal überrascht, wenn ich auf Teilnehmerinnen eines höheren Lebensalters treffe, sechzig Jahre und älter. Meistens stelle ich fest, dass die Teilnehmerinnen und Teilnehmer – die Kurse werden zunehmend auch von Männern besucht – alles über gesunde Ernährung wissen, doch ihr Wissen nicht umsetzen können. Daher geht es in meinen Kursen nicht um das Was, also was esse ich wann, sondern um das Wie: Wie gelingt es mir, mich mit Genuss zu ernähren und mein Wohlfühlgewicht zu erreichen?

Oft ist es früh Erlerntes, sind es alte Gewohnheiten, die nicht losgelassen werden. Auch wenn Essen zur Gefühlsregulierung dient, also zur Kompensation für nicht gelebte Gefühle, kann es schwer sein, neue Essgewohnheiten aufzubauen. Dann muss erst einmal herausgefunden werden, welche Gefühle mit dem Essen hinuntergeschluckt werden sollen, etwa Einsamkeit und Langeweile, oder soll das Essen trösten oder helfen, Stress abzubauen? Da es in meinen Kursen um den psychologischen Aspekt des Zu-viel-Essens geht, gelingt es den Teilnehmern fast immer, neue Essgewohnheiten zu finden und auch dauerhaft beizubehalten.

Meistens haben wir mit den Jahren bereits gelernt, mit Genuss und ohne Reue zu essen, daher möchte ich nur einige wenige Empfehlungen geben: Nehmen Sie qualitativ hochwertige Nahrung zu sich, dafür vielleicht etwas weniger. Essen Sie langsam, konzentrieren Sie sich ganz aufs Essen, und lassen Sie alles andere sein, also nicht lesen oder fernsehen während des Essens. Auch Achtsamkeitsübungen können Ihnen helfen, langsam essen zu lernen. Die Bewohner Okinawas, einer japanischen Insel, auf der viele Menschen über 100 Jahre alt werden, essen nur so viel, dass ihr Magen zu achtzig Prozent gefüllt ist und noch zwanzig Prozent hineinpassen würden. Essen wir also nur so viel, dass wir angenehm satt und nicht »pappsatt« sind, sodass wir das Gefühl haben, es würde noch etwas hineinpassen. Und jede einzelne Mahlzeit sollte ein Genuss, ein Fest sein, auch und gerade wenn wir allein essen. Eine meiner Kursteilnehmerinnen setzte sich als Ziel, nicht länger ein Gourmand, ein Vielfraß, zu sein, sondern ein Gourmet, ein Feinschmecker, zu werden. Als Gourmet das Leben auszukosten!

Schlaf

Frauen berichten mir immer wieder, dass sie bereits während der Wechseljahre und besonders danach nicht mehr so gut schlafen können wie früher. Woran liegt das?

Wie bereits im Kapitel »Zeit haben – Zeit nehmen« erläutert, werden die biologischen Rhythmen aller Lebewesen von einer inneren Uhr bestimmt und diese wiederum von äußeren Taktgebern (siehe Seite 39). Zu den wichtigsten Taktgebern gehört das Licht. In Innenräumen herrschen 500 Lux, am bedeckten Himmel 8000 Lux und an einem Sonnentag 100 000 Lux. Viele Menschen halten sich überwiegend in geschlossenen Räumen auf, und dann wird dieser Taktgeber zu wenig aktiviert. Als Folge davon können außer Schlafstörungen unter anderem auch Übergewicht und Depressionen entstehen. Außerdem kann der Körper nicht genügend Vitamin D bilden, das eine wichtige Rolle für den Knochenaufbau und das Immunsystem spielt und stimmungsaufhellend wirkt. Es ist bekannt, dass wir Mitteleuropäer besonders im Winter einen zu niedrigen Vitamin-D-Spiegel haben, und ganz besonders trifft das auf ältere Menschen zu, deren Haut mithilfe der UVB-Strahlung Vitamin D nicht mehr so gut herstellen kann. Das Gute ist jedoch, das Vitamin D leicht in Pillen- oder Tablettenform substituiert werden kann.

Gerade für einen gesunden Schlaf ist es wichtig, auch bei bedecktem Himmel regelmäßig Zeit im Freien zu verbringen. Dabei sind die farbliche Zusammensetzung und Intensität des Lichts von großer Bedeutung: *Blaue* Anteile, die überwiegend in hellem Tageslicht, vor allem im Morgenlicht, aber auch in LED-Lampen und Bildschirmen enthalten sind, verzögern die Ausschüttung des Schlafhormons Melatonin, machen also wach. Daher wirkt Morgenlicht besonders gut gegen Schlafstörungen und Depressionen, abends sollten Sie hingegen nicht zu lange Zeit vor einem Bildschirm verbringen. *Grüne* Lichtanteile, die im Abendlicht enthalten sind, wirken dagegen schlaffördernd.

Bei älteren Menschen verlängert sich die Einschlafzeit, die Schlafdauer, der Traumschlaf und die Tiefschlafphasen verkürzen sich. Durch die verringerten Tiefschlafphasen wiederum sinkt die Qualität des Schlafes. Was können wir also tun?

Schlafhygiene

Die Deutsche Gesellschaft für Schlafforschung und Schlafmedizin (DGSM) informiert im Internet über eine gute Schlafhygiene. Damit wird ein Verhalten bezeichnet, das einen gesunden Schlaf fördert. Die dort genannten neun Regeln sind lediglich Empfehlungen, de-

Humor ist der Knopf, der verhindert, dass uns der Kragen platzt.

Joachim Ringelnatz

nen Sie folgen können, die aber auf keinen Fall Ihre Lebensqualität einschränken sollten: Sie finden diese im Patientenratgeber »Ein- und Durchschlafstörungen« der DGSM und können die Broschüre auf der Homepage der Deutschen Gesellschaft für Schlafforschung und Schlafmedizin selbst auch ganz einfach herunterladen (www.dgsm.de):

- Stehen Sie jeden Tag um dieselbe Zeit auf.
- Gehen Sie nur schlafen, wenn Sie wirklich müde und schläfrig sind.
- Üben Sie entspannungsfördernde Schlafrituale vor dem Zubettgehen aus.
- Treiben Sie regelmäßig Sport.
- Nehmen Sie in den vier Stunden vor dem Zubettgehen keine koffeinhaltigen Getränke oder Medikamente ein.
- Rauchen Sie nicht kurz vor dem Schlafen.
- Vermeiden Sie einen Mittagsschlaf.
- Reduzieren Sie Ihren Alkoholkonsum, oder verzichten Sie im Falle von Schlafstörungen auf Alkohol.
- Meiden Sie Schlaftabletten, oder gehen Sie vorsichtig und sparsam mit ihnen um. Meistens verschreiben Ärzte Schlafmittel für maximal vier Wochen. Nehmen Sie nie Schlafmittel zusammen mit Alkohol ein.

Zu den entspannungsfördernden Schlafritualen vor dem Zubettgehen gehören beispielsweise, sich langsam und achtsam fürs Bett zurechtzumachen, ein gutes Buch zu lesen, sich zu freuen auf den guten Schlaf, anstatt daran zu denken, dass es wieder eine ruhelose Nacht

werden könnte. Oder Sie erinnern sich an etwas Schönes, an etwas, wofür Sie an diesem Tag dankbar sind. Dies sollten Sie jedoch nur dann tun, wenn es Sie nicht zu sehr zum Nachdenken oder gar ins Grübeln bringt, wodurch Sie wieder zu wach werden könnten.

Geistiges Wohlbefinden

Zum geistigen Wohlbefinden zähle ich hier das normale Funktionieren, also die Leistungsfähigkeit unseres Gehirns, unsere kognitiven Fähigkeiten. Über »geistig« in einem spirituellen Sinn erfahren Sie mehr im Kapitel »Was im Leben zählt« (siehe Seite 146).

Wenn wir älter werden, lässt unser Kurzzeitgedächtnis nach, und dieser Prozess beginnt schon mit 25! Dagegen können wir etwas tun. Da das Gehirn gebraucht werden will, lautet die Handlungsanleitung der modernen Hirnforschung: »Use it or lose it« – Benütze es, oder du verlierst es. Gebrauchen wir also unser Denkorgan auf immer wieder neue Art und Weise. Eine der Regeln lautet: Bleiben Sie neugierig und wissbegierig!

Beginnen Sie ein Seniorenstudium, schließen Sie sich einem Literaturkreis oder einem Kurs an, in dem über das politische Tagesgeschehen diskutiert wird, machen Sie Denksportaufgaben, lernen Sie Gedichte auswendig oder eine neue Sprache. Eine Frau erzählte mir: »Wir haben einen älteren Nachbarn, der sich auf einer Chinareise in eine chinesische Dame seines Alters verliebte, die leider nur schlecht Englisch sprach. Kaum von der Reise zurückgekehrt, besuchte er ein Sprachstudio, um Chinesisch zu lernen, und zu unserem größten Erstaunen erlernte er die schwere Sprache in relativ kurzer Zeit.« Dieses Beispiel zeigt, wie die persönliche Motivation unser Gehirn anspornen kann. Nicht jedem von uns mag es vergönnt sein, sich in den späteren Jahren noch einmal zu verlieben, doch wir können unsere Motivation schon durch die Vorfreude steigern, in das Land zu fahren, in dem die neu erlernte Sprache gesprochen wird. Wagen Sie sich an etwas ganz Neues, das fordert und fördert Ihr Gehirn.

Eine weitere Regel lautet: Routine vermeiden. Routine ist gut, weil sie uns hilft, unseren Alltag schnell und effizient zu meistern. Einmal gelernt, laufen Auto- oder Radfahren automatisch ab. Das sind leider für unser Gehirn keine Herausforderungen mehr. Gönnen Sie Ihrem Gehirn neue Lernanreize: Gehen Sie öfter andere neue Wege, gehen Sie einmal nicht zur gewohnten Zeit zum Einkaufen, oder gehen Sie in einen anderen Laden, am besten in einen, der weiter weg liegt, dann haben Sie gleichzeitig mehr Bewegung. Noch besser ist es, gedanklich kreativ zu werden: Geben Sie beispielsweise den Inhalt eines gelesenen Zeitungsartikels in eigenen Worten wieder, erzählen Sie ihn einem Freund oder schreiben Sie ihn für sich auf. Durch Bekannte oder Freunde können Sie eine Fülle von Eindrücken und Anregungen erhalten und sich darüber austauschen. Soziale Kontakte sind also auch für die Leistungsfähigkeit unseres Gehirns wichtig.

Seelisches Wohlbefinden

Sind älter werdende Menschen seelisch kränker als jüngere? Untersuchungen des amerikanischen Psychologen Philip Brickman aus den 1970er-Jahren zeigten, dass bei den meisten Menschen, die negative Lebensereignisse zu verkraften haben, die Zufriedenheit nach spätestens fünf Jahren wieder auf ihren ursprünglichen Level zurückgekehrt ist. Veränderungen beeinflussen demnach die Lebenszufriedenheit oft nur kurzfristig, wobei vorhersehbare Ereignisse eine geringere Wirkung zu haben scheinen als unerwartete, sodass die Mehrheit der Menschen den vorhersehbaren Übergang zum Alter gut meistert. Trotz Einschränkungen und Einbußen ist die Lebenszufriedenheit auch im Alter hoch. Wirklich unzufrieden sind nach dem Deutschen Alterssurvey, der vom Deutschen Zentrum für Altersfragen in Berlin erhoben wird, weniger als zehn Prozent der Älteren.

Bekannt ist, dass Depressionen bei den sogenannten jungen Alten nicht häufiger vorkommen als bei jüngeren Menschen, erst im hohen Alter wächst das Risiko für eine Depression. Dennoch können Menschen auf Belastungen, wie sie das Alter mit sich bringen kann, mit depressiven Verstimmungen reagieren.

Zufriedene Frauen

Durch ihre selten geradlinig verlaufenden Biografien – sie bekommen Kinder, pausieren beruflich, pflegen Angehörige, steigen wieder in den Beruf ein – haben Frauen gelernt, flexibel mit Veränderungen und Verlusten umzugehen, was ihre Chancen für Zufriedenheit und seelisches Wohlbefinden im Alter erhöht.

Die heutigen oft vom Geist der 68er geprägten Frauen um die sechzig gehören zur ersten Generation der emanzipierten Frauen, die sich zwischen Rebellion und Erfahrung jenseits bekannter Rollenmuster neu erfunden haben. Daher haben sie eine größere Offenheit für neue Lebensentwürfe, was ebenfalls ihre Chancen auf seelisches Wohlbefinden erhöht.

Akzeptanz des Unvermeidlichen

Zufriedener sind auch Menschen, Männer wie Frauen, die flexibel sind und sich an gegebene Umstände leichter anpassen können. Nehmen wir das Beispiel mit der Brille: Wer nie eine Brille tragen musste, muss sich erst daran gewöhnen. Nach einer Weile empfinden wir die Brille als selbstverständlich und sind froh, dass wir mit ihrer Hilfe wieder gut sehen können. Ebenso kann es sich mit einem Hörgerät, einem Stock, einem Rollator und anderen Hilfen verhalten. Viele der Frauen in meiner Beratung oder Kursteilnehmerinnen lehnen jedoch solche Hilfen ab: »Ich würde nie an einem Stock gehen«, »… nie einen Rollator benutzen«. Wenn Stock oder Rollator eine höhere Lebensqualität bieten, warum sollten wir zögern, sie zu benutzen? Sollten wir auf Spaziergänge verzichten, weil sie nur gestützt auf einen Gehstock möglich sind? Auf unsere lang ersehnte Reise, weil sie nur mithilfe eines Rollators machbar ist? Wollen wir die Eingrenzung unserer Außenwelt zulassen, obwohl wir doch mit

Hilfen gut leben könnten? Auch hier können wir eine Haltung einnehmen, die uns erlaubt, dankbar zu sein für das, was geht, anstatt zu jammern über das, was verloren ist.

Humor

Für unser seelisches Wohlbefinden äußerst zuträglich sind auch Humor und Lachen. Sicher haben Sie schon beobachtet, wie häufig Kinder lachen. Und wie oft lachen wir? Es scheint, als ob wir als Erwachsene nichts mehr zu lachen hätten. Während Kinder bis zu 400-mal am Tag lachen, finden Erwachsene im Durchschnitt nur noch 20-mal einen Grund zum Lachen. Dabei kann Humor als Brücke dienen. Er hilft, eine ernste Lage zu entschärfen, und eignet sich als Ventil für Gefühle, ohne zu verletzen. Oder, um es mit Joachim Ringelnatz zu sagen: »Humor ist der Knopf, der verhindert, dass uns der Kragen platzt.«

Nehmen wir doch öfter eine Perspektive ein, die es uns erlaubt zu lachen! Dazu gehören etwas Gelassenheit, das von Loslassen kommt, und ein wenig Distanz. Stellen wir fest, der oder die andere ist auch nicht anders als wir selbst, relativiert sich das eigene Ich, und wir können die eigenen sowie die Schwächen der anderen humorvoll erkennen und annehmen. Ein Meister des Humors war Loriot, der unsere Schwächen, unser allzu Menschliches, humorvoll aufzeigte, ohne je zu verletzen.

Die Gelotologie (griech. *gelos* = Lachen) hat herausgefunden: Lachen vertieft den Atemrhythmus, verbessert die Lungenkapazität und erhöht den Sauerstoffspiegel im Blut. Es massiert die inneren Organe und wirkt sich dadurch günstig auf die Darmaktivität aus, Stresshormone werden abgebaut, Glückshormone freigesetzt. Lachen entspannt die gesamte Muskulatur und kann schmerzlindernd wirken. Die Immunabwehr steigt, was vermuten lässt, dass Menschen mit einer positiven Lebenseinstellung seltener erkranken, wie wir auch schon bei der Salutogenese erfahren haben (siehe Seite 50). Auch der Volksmund weiß: Lachen ist die beste Medizin!

Soziales Wohlbefinden

Auch das soziale Wohlbefinden gehört gemäß der WHO-Definition zur Gesundheit (siehe Seite 50). Jeder Mensch kennt sicher das Gefühl von Einsamkeit, wobei nicht jedes Alleinsein auch sich einsam fühlen bedeutet. Einsamkeit kann krank machen. Viele ältere Menschen, die wegen körperlicher Einschränkungen das Haus nicht mehr verlassen können, leben allein und haben oft den ganzen Tag keinen Kontakt zu anderen Menschen. Radio und Fernsehen ersetzen diesen Kontakt zur Außenwelt. Daher ist es wichtig, sich bereits vor dem höheren Lebensalter ein soziales Netz aufzubauen.

Die Übung »Mein soziales Netz« verschafft Ihnen sehr schnell einen Überblick, wer in Ihrem Leben von Bedeutung ist und für wen Sie von Bedeutung sind. Auch sehen Sie, ob es in Ihrem jetzigen Leben eine Balance zwischen Brauchen und Gebrauchtwerden gibt. Bauen Sie sich rechtzeitig ein tragfähiges soziales Netz auf, in dem Sie unterstützen und auch unterstützt werden. Damit können Sie wahrscheinlich keine Familie ersetzen, doch der Einsamkeit vorbeugen.

Übung

Mein soziales Netz

Nehmen Sie sich zehn bis 15 Minuten Zeit, und schreiben Sie in die Blattmitte Ihren Namen (Muster siehe Übungsheft). Dann drücken Sie durch Pfeile Ihre Beziehungen wie folgt aus: Vom Ich ausgehende Pfeile bedeuten: »Ich helfe der genannten Person.« Zum Ich zeigende Pfeile heißen: »Die genannte Person hilft mir.« Doppelpfeile besagen »gegenseitige Hilfe«. Nähe und Distanz einer Beziehung drückt die Pfeillänge aus.

Wen Sie zu Ihrem Beziehungsnetz gehörig definieren, bleibt Ihnen überlassen. Manche Frauen tragen nicht nur den Ehemann, Kinder und Enkel, sondern auch Arzt, Apotheker, Friseur usw. ein. Beantworten Sie dann folgende Fragen: Wie sieht mein Beziehungsnetz heute aus? Wessen Hilfe/Nähe brauche ich? Wer braucht mich? Welche Beziehungen haben sich verändert? Welche sind unverändert geblieben? Habe ich Kontakte verloren und dafür andere hinzugewonnen?

Eine positive Lebenseinstellung, ein gesundheitsbewusster Lebensstil, Offenheit und Neugier auf die dritte Lebensphase können ein aktives Alter(n) unterstützen, in dem Sie Ihre Wünsche und Pläne verwirklichen können. Folgende Worte habe ich einmal im Radio gehört: »Gesund alt werden heißt laufen, lernen, lachen.« Ich möchte die drei »L« ergänzen: »Gesund alt werden heißt: laufen, lernen, lachen und lieben!«

Wir haben uns in diesem Kapitel viel mit der Vorstellungskraft befasst. Möchten Sie sich jetzt einmal überraschen lassen? Dann probieren Sie die folgende Übung aus …

Übung

Armdrehexperiment

Suchen Sie sich einen Platz, an dem Sie die Arme weit ausstrecken und sich drehen können. Dann stellen Sie sich aufrecht hin, der Stand sollte schulterbreit sein, die Arme fallen locker herab. Heben Sie nun die Arme seitlich gestreckt bis in Schulterhöhe an. Anschließend drehen Sie Ihren Oberkörper mit den gestreckten Armen und gleichbleibender Fußstellung in eine Richtung (ob nach rechts oder links, ist dabei gleichgültig), so weit es Ihnen mit äußerster Anstrengung möglich ist. Den Punkt, auf den Ihre Hand zeigt, sollten Sie sich genau merken. Dann gehen Sie wieder in Ihre Ausgangsstellung zurück: Oberkörper aufrecht, Arme locker herabfallend.

Der nächste Übungsteil wird nur in Ihrer Fantasie, also mental vollzogen. Schließen Sie Ihre Augen, und stellen Sie sich vor, wie Sie Ihre Arme ausbreiten und sich wieder drehen, so weit Sie können. Doch jetzt, in Ihrer Vorstellung, gehen Sie locker und leicht über den gemerkten Punkt hinaus, das heißt, sie drehen sich in Ihrer Vorstellung weiter als vorher in der Realität. Dann drehen Sie sich im Geiste wieder in die Ausgangsstellung zurück.

Öffnen Sie die Augen, machen Sie eine kurze Pause, und schütteln Sie sich ein wenig. Danach stellen Sie sich das Gleiche noch mal vor: Sie drehen sich – nur mental – nicht nur über den ersten realen Anschlagspunkt, sondern auch noch über die zweite Marke hinaus, also weiter, als Sie vorher in Ihrer Fantasie gekommen sind. Dann gehen Sie im Geiste wieder in Ihre Ausgangsstellung zurück.

Sie wiederholen nun die Übung wie zu Beginn: Ganz real heben Sie Ihre Arme und drehen sich seitlich, so weit Sie können. Können Sie Ihre Arme weiter drehen als bei Ihrem ersten Versuch? Ganz locker und leicht? Sollte dies der Fall sein, dann haben Sie die Macht Ihrer Vorstellung, Ihres Geistes jetzt erfahren!

(...) heute fürchte ich nichts, heute zeige
ich mich freimütig schutzlos dem Tag,
mache die Demutsgebärde des ange-
griffenen schwächeren Wolfs, zwinge
den Übermächtigen zur Großmut, und
wage mich zu freuen, weil der Morgen
frisch und bitter riecht, weil der Himmel
makellos ist, weil eine späte rosa Nelke
aufgeblüht ist am schon verdorrenden
Busch, weil ich den Tod nicht scheue,
weil ich lebe, weil ich auf eine Art lebe
die nur ich weiß und kann, ein Leben
unter Milliarden, aber das meine, das
etwas sagt was kein anderes sagen
kann. Das Ein-Malige eines jeden
Lebens. Es macht heiter zu wissen,
dass jeder recht hat mit sich selbst.
Schön ist es, älter zu werden, erlöst von
sich, von der gewaltigen Anstrengung,
›etwas zu werden‹, etwas darzustellen
in dieser Welt; gelassen sich einfügen,
irgendwo, wo gerade Platz ist, und
überall man selbst zu sein und zugleich
weiter nichts als einer von
drei Milliarden.

Luise Rinser

Ein Blick zurück

Obwohl ich gern und genussvoll in der Gegenwart lebe, hat mich schon immer die Vergangenheit interessiert. In der Schule war Geschichte eines meiner Lieblingsfächer, und später erweiterte ich mein Interesse auf die Geschichte, die Lebensgeschichte von Menschen. Ich fragte nicht nur mich selbst, wie ich die geworden bin, die ich heute bin. Immer öfter fragte ich mich auch, wie andere die wurden, die sie sind, besonders diejenigen, die zu mir in die Beratung kamen. Dann fragte ich sie: »Möchten Sie sich nicht einmal Ihren Lebensweg, Ihre Biografie anschauen?« Meistens war die Reaktion verhalten. Ein Frau antwortete: »Muss das sein? Ich möchte meine Probleme im Hier und Jetzt bewältigen lernen. Was nützt es mir, mich mit meiner Vergangenheit auseinanderzusetzen?«

Es kann sehr viel nützen, birgt doch unsere Vergangenheit einen reichen Schatz, der gehoben und genutzt werden kann, um die Gegenwart und Zukunft besser zu meistern.

Für wen eignet sich Biografie-Arbeit?

In der Biografie-Arbeit gehen wir nicht nur auf die Suche nach unserer Identität, sie hilft uns auch, uns in der Zukunft neu zu orientieren. Wenn wir uns mit dem eigenen Lebensweg beschäftigen, gewinnen wir ein Verständnis für Krisen und Entscheidungspunkte. Wir setzen uns bewusst mit unseren Hauptstationen, Umwegen, Brüchen und Hindernissen, unseren Neuanfängen, Perspektiven und Zielen auseinander. In der Erinnerungsarbeit sehen wir Lebenswege als Entwicklungswege, wobei sie nie unsere Schwächen oder unser Scheitern in den Mittelpunkt stellt, sondern unsere Fähigkeiten und Stärken betont und uns positive Lösungen für die Zukunft aufzeigen will.

Sie ist daher für alle geeignet, die aus einer gewissen Distanz auf sich und ihr Leben blicken möchten, die Unterstützung bei ihrer Entwicklung und Hilfe für Situationen suchen, in denen sie nicht weiterwissen. Es ist wichtig, den eigenen Lebenslauf aus der Perspektive eines interessierten, aber distanzierten Beobachters zu betrachten, denn der distanzierte Blick bewahrt uns davor, die Ereignisse moralisch oder kritisch zu bewerten. Dann können wir Zusammenhänge und Richtungen erkennen und gegebenenfalls unsere Muster verändern, wie wir Situationen wahrnehmen, deuten und bewerten. Schließlich können wir auch unser Handeln verändern und unsere Zukunft bewusst neu gestalten.

Biografie-Arbeit ist immer in die Zukunft gerichtet, doch es ist unerlässlich, die Erfahrungen aus der Vergangenheit in die Gegenwart zu holen. Denn Ereignisse in der Vergangenheit beeinflussen uns, und erst deren Aufarbeitung gibt uns die Möglichkeit zu einer Veränderung – und auch zu einer neuen Sichtweise auf die Dinge.

Dazu eine Frau in meiner Beratung: »Als meine Freundin neulich sehr kurzfristig einen Ausflug absagte und ich plötzlich ohne Verabredung dastand, merkte ich, wie meine Muskeln sich anspannten, mein Herz zu rasen anfing und ich plötzlich sehr stark schwitzte. Ich fühlte mich im Stich gelassen und schrie sie am Telefon an, dass ich nun nichts mehr mit ihr zu tun haben wolle. Sie antwortete mir, ich solle mich erst mal beruhigen und sie würde sich morgen wieder bei mir melden. Ich beendete das Gespräch, fühlte mich verlassen und war den Tränen nahe.«

Dieser Frau war durchaus klar, dass sie unangemessen stark reagiert hatte, dass ihr Verhalten, das Anschreien und abrupte Beenden des Telefonats, unangemessen war. Doch sie wusste nicht, warum sie so reagiert hatte. Meistens handelt es sich um Situationen, die uns

Das Leben kann nur in der Schau nach rückwärts verstanden und in der Schau nach vorwärts gelebt werden.

Søren Kierkegaard

unbewusst an eine Situation aus der Kindheit erinnern, die damals solch starke Reaktionen in uns ausgelöst hatte. Obwohl wir uns nicht bewusst erinnern, erinnert sich unser Geist, unser Körper, jede Körperzelle.

Die Frau, die als Kind bei ihrer Großmutter lebte, erinnerte sich im Lauf der Beratung daran, wie häufig ihre Mutter versprochen hatte, etwas mit ihr zu unternehmen, und wie oft sie dann abgesagt hatte. Sie erinnerte sich an ihre Verlassenheitsgefühle und die Trauer und Wut darüber, dass ihre Mutter wieder einmal keine Zeit für sie hatte.

Als Kind war sie diesen Situationen hilflos ausgesetzt, doch als Erwachsene begriff sie, dass ihre Gefühle und Reaktionen aus der Vergangenheit kamen und sie sich nun nicht mehr von ihnen überwältigen lassen musste. Sie lernte, in solchen Situationen sehr liebevoll mit sich umzugehen und Alternativen zu finden, wie etwas besonders Schönes oder Interessantes zu unternehmen, allein zu sein, ohne sich verlassen zu fühlen. In solchen Fällen kann die Beschäftigung mit der eigenen Biografie helfen, die alten Reaktionsmuster zu erkennen und schließlich aufzulösen.

Generell denke ich, dass es nicht immer notwendig ist, in einer Beratung oder Therapie bis in die Kindheit oder Jugend zurückzugehen. Vieles kann sich durch das Anschauen und die Bearbeitung aktueller Probleme klären, etwa durch ein Coaching zu einem beruflichen Thema oder eine Beratung in Situationen des Übergangs, wie eine Veränderung in der Familie, etwa die Geburt eines Kindes, eine Trennung oder Scheidung, oder nach der Beendigung der Familienphase oder des Berufslebens. Die Beschäftigung mit der eigenen Biografie soll auch keine Therapie ersetzen, obwohl die Grenzen fließend sein können. Dennoch ist es schade, dass viele den Blick zurück nicht wagen wollen. Bereits der dänische Philosoph und Theologe Søren Kierkegaard erkannte: »Das Leben kann nur in der Schau nach rückwärts verstanden und in der Schau nach vorwärts gelebt werden.«

Was ist Biografie-Arbeit?

Biografie-Arbeit ist Erinnerungsarbeit. Sie kann auf vielfältige Art und Weise ablaufen: schreibend, erzählend oder malend, was immer uns am meisten liegt. Sie unterstützt uns dabei, unsere Persönlichkeit zu entwickeln, und damit bei der Festigung unserer Identität, bei der Suche nach dem Sinn des Lebens, bei einer Bilanzierung unseres bisherigen Lebens und einer Neuorientierung für die Zukunft. Wir können unseren Lebensweg rückblickend bis ins Hier und Jetzt verfolgen und vom gegenwärtigen Standort aus unser bisheriges Leben neu definieren, gemäß dem Spruch »Zukunft braucht Herkunft«. Und genau das ist es, was wir Frauen um die sechzig wollen: auf der Basis unserer in der Vergangenheit gemachten Erfahrungen unsere Identität festigen, unsere Lebensspur erkennen und uns nach einer Bilanzierung des bisherigen Lebens noch mal neu orientieren.

Das Wort Biografie kommt vom griechischen »bios«, Leben, und »graphein«, schreiben, und bedeutet Lebensbeschreibung. Im Gegensatz zum bloßen Lebenslauf, in dem die gesellschaftlich vorgezeichnete Laufbahn mit Daten und Leistungen wiedergegeben ist, setzt sich unsere Lebensbeschreibung aus individuellen Ereignissen zusammen. Neben den äußeren Umständen finden auch ganz persönliche Wahrnehmungen und Gefühle ihren Platz, sie schließt unser Denken, Fühlen und Handeln immer mit ein.

Wir erinnern unsere Vergangenheit und bewerten sie, wobei es von unserem Blickwinkel abhängt, wie wir sie bewerten. Ist der Rückblick problemgeleitet, dann sehen wir nur die Defizite, Schwierigkeiten, Krisen, Schmerzen. Und daran denken die meisten Frauen, wenn sie hören, dass wir gemeinsam ihre Vergangenheit anschauen wollen. Sie glauben, wir blicken überwiegend auf ihre Fehler und ihr Versagen zurück. Dass das nicht der Fall ist, bemerken sie schnell. Unser Rückblick ist ressourcengeleitet, wir schauen an, wo es uns gut gegangen ist, was uns geholfen hat zu überleben, wo wir Kraft und Lebensmut hatten. Das bedeutet nicht, dass wir traurige Erlebnisse verleugnen, verdrängen sollen, sondern wir können sie als Teil unseres Lebens sehen, die ebenso zu uns gehören wie die schönen Erlebnisse.

»Ja« zu sich selbst sagen

Wir können davon ausgehen, dass über unserem Leben ein großes »Ja« steht, denn schließlich wurde es uns geschenkt. Dieses große »Ja« des Geschenks unseres Lebens gilt es in kleine Gesten des Alltags zu übersetzen. Dies können wir tun, indem wir vor Sätze, die wir über unsere Eigenschaften, Befindlichkeiten oder auch Erfahrungen äußern, ein »Ja« setzen. Statt »Ich bin ungeduldig« sagen wir jetzt »Ja, ich bin ungeduldig«. Und durch das »Ja« drücken wir aus, dass wir unser Ungeduldigsein nun annehmen.

Der Mensch schaut in die Zeit zurück und sieht: Sein Unglück war sein Glück.

Eugen Roth

Bei Krisen und Trauer jedoch ist die Gefahr groß, sich beim »Nein« niederzulassen. Wir müssen nicht gutheißen, was andere uns angetan haben, doch wir könnten üben, auch bei traurigen Erlebnissen rückblickend zu sagen: »Ja, das ist geschehen, und es ist Teil meines Lebens.« Dadurch drücken wir die Annahme des Geschehenen aus und integrieren es in unser Leben. Wenn wir außerdem einen Blickwinkel einnehmen, der uns erkennen lässt, welcher Lernprozess in diesem Erlebnis lag, dann haben wir einen Schatz gehoben. Dann können wir durch den Reflexionsprozess während der Erinnerungsarbeit neuen Mut und neue Kraft für die Zukunft erfahren und dadurch ein stärkeres Selbstvertrauen entwickeln.

Auf der Suche nach der eigenen Identität

Heutzutage boomt die Arbeit an der eigenen Biografie, nicht nur auf dem Buchmarkt, sondern auch in der Erwachsenenbildung, Seniorenarbeit, Jugendarbeit, in Schulen, Volkshochschulen und Hochschulen. Was kann der Grund dafür sein?

In unserer Zeit scheint es nur noch selten so etwas wie eine »Normalbiografie« zu geben, das heißt, dass bestimmte Lebensereignisse in einer vorhersehbaren Reihenfolge ablaufen: Schulabschluss, Berufsausbildung, fester Arbeitsplatz, Heirat, Familie etc. Die Normalbiografie vermittelt Orientierungspunkte im Leben eines Menschen, die Sicherheit geben und über die wir unsere Identität beziehen können.

Im schnellen Wandel der heutigen Zeit gibt es diesen standardisierten Lebensweg kaum noch, wir müssen immer mehr überschneidende, gegensätzliche und auch zufällig erscheinende Entscheidungen treffen. Dadurch entsteht eine größere Offenheit in der Lebensführung, die jedoch zu Orientierungslosigkeit führen kann. Durch das Verlassen des standardisierten Lebenswegs scheint die Identitätsbildung nie abgeschlossen zu sein. Da wir heute nicht mehr so stark an Vorgaben gebunden sind, die uns unsere Identität und unser Leben in festen Rollen vorschreiben, besteht eine relativ freie Wahl der eigenen Identität, was eine große Chance sein kann. Doch manchen scheint es nicht leichtzufallen, sich ihre identitätssichernde Lebenswelt selbst zu konstruieren, sie benötigen bei dieser Neugestaltung ihrer Identität Unterstützung. Biografie-Arbeit kann ihnen genau dabei helfen.

Woraus setzt sich eine Biografie zusammen?

Die Biografie setzt sich aus Erfahrungen zusammen, die wir im Lauf unseres Lebens in unterschiedlichen Lebensbereichen erworben haben und die sich in unserem heutigen Handeln bewusst oder unbewusst ausdrücken. Die Erfahrungen gewinnen wir durch Lebensereignisse, die sich auf unseren Lebensweg auswirken, ihn verändern oder aber ihn völlig ummodellieren können. Diese Veränderungen auf unserem individuellen Lebensweg können uns zwingen, unseren bisherigen Zustand neu zu überdenken und umzustrukturieren. Dabei gibt es normierte Lebensereignisse, die viele Menschen erleben, wie etwa schulische Ausbildung, Heirat oder Elternschaft. Und es gibt sehr individuelle Lebensereignisse, die nur wenige Menschen erfahren, wie ein Lottogewinn oder eine Auswanderung. Doch ob normierte oder ganz individuelle Lebensereignisse, sie werden zu Erfahrungen und prägen uns. Unsere gegenwärtigen Erfahrungen bauen immer auf bereits Erfahrenem, Erlebtem und Gelerntem auf und fließen in unsere aktuelle Lebensgestaltung ein. Das bedeutet, wir können am gegenwärtigen Handeln eines Menschen zumindest teilweise seine bisherigen Erfahrungen erkennen.

Auch sind die Lebensereignisse nie losgelöst zu sehen von den gesellschaftlichen, politischen, historischen, kulturellen, sozialen und rechtlichen Gegebenheiten.

Die Erfahrungen, die wir in der Gegenwart machen, sind nicht nur von unseren eigenen Erlebnissen geprägt, sondern auch von unseren Vorfahren, die auf unseren Lebensweg mit eingewirkt haben. Das sind neben den uns bekannten Großeltern und Eltern auch weit zurückliegende und uns persönlich nicht mehr bekannte Vorfahren, die unser Leben mit geprägt haben, sei es biologisch durch die Weitergabe von Genen, ihre Lebensführung oder ihre Entscheidungen, wo und vor allem wie sie ihr Leben verbrachten. Deren Lebensentscheidungen beeinflussen uns noch heute.

In diesem Kapitel biete ich Ihnen mehrere Übungen an, vielleicht haben Sie bei einer so-

fort das Gefühl »diese Übung passt«, bei einer anderen erst nach dem zweiten Durchlesen. Sie werden die für Sie richtigen Übungen finden. Die erste Übung ist das Genogramm/Familienbaum, in der die in einer Familie oft über Generationen hinweg charakteristischen Züge beleuchtet werden (siehe nebenstehende Seite 75). So erfahren Sie, welche Eigenschaften und Züge Sie vielleicht von wem geerbt haben.

Erinnerungen

Der deutsche Dichter Jean Paul sagte: »Die Erinnerung ist das einzige Paradies, aus dem wir nicht vertrieben werden können.« Das stimmt, was wir einmal erlebt haben, kann uns niemand nehmen. Doch sind die Erinnerungen auch wahr, sind sie wirklichkeitsgetreu?

Während der Erinnerungsarbeit tauchen Erfahrungen, Bilder, Gefühle auf, wobei es zu Gedankensprüngen kommen kann, da möglicherweise ein Bild oder Gefühl wiederum ein anderes auslöst. Oder es treten Schwankungen bei den Erinnerungen auf, mal erinnern wir eine Situation so und das nächste Mal wieder ein wenig anders. Wenn wir Erinnerungen schildern, geben wir demzufolge nie eine exakte reale Darstellung der Vergangenheit wieder, wir berichten über die damalige Situation immer vom aktuellen Blickwinkel aus. Da die Situation, auf die sich die Erinnerung bezieht, abgeschlossen ist und wir mehr oder weniger unsere Erfahrungen aus ihr gezogen haben, stehen wir ihr heute anders gegenüber als damals. Meistens rekonstruieren wir die Vergangenheit idealtypisch, wir erfinden einen Teil immer wieder neu, je nach unserer momentanen Gefühlslage. Die erzählten Erinnerungen sowie die Rekonstruktionen von Erinnerungen sind also nicht umfassend wahr und wirklichkeitsgetreu. Aber auf die Wahrheit und Wirklichkeitstreue unserer Erinnerungen kommt es bei der Biografie-Arbeit auch gar nicht an, denn wir wollen unser Empfinden, unser Verständnis der Vergangenheit erzählen, und das ist dann »unsere« gegenwärtige Wahrheit. Wir fügen unsere Erfahrungen so zusammen und berichten so darüber, wie wir sie jetzt deuten. Genau diese Konstruktion der eigenen Wirklichkeit kann uns helfen, unsere Vergangenheit zu verarbeiten und sie zu bewältigen. Durch das Erzählen oder Schreiben unserer Biografie können wir unseren bisherigen Lebensweg ordnen und einen Sinn in ihm finden. Gleichzeitig werden wir offen für neue Lebenswege und Sichtweisen.

Erinnerungen anregen

Manchmal sind unsere Erinnerungen nur bruchstückhaft, und wir müssen ihnen ein wenig auf die Sprünge helfen. Um sie hervorzulocken, können wir mit Fotos, Bildern, Poesiealben, Sprüchen und Düften sowie mit persönlichen Gegenständen arbeiten. Es kann auch unterstützend sein, wenn die Schreibende oder Erzählende die für sie relevanten Orte der Kindheit beziehungsweise Jugend oder aber die Gegend von bedeutsamen Ereignissen aufsucht.

Übung

Genogramm/Familienbaum

Nehmen Sie ein Blatt Papier, und schreiben Sie ganz zuoberst »Ich«. Dann schreiben Sie den Namen Ihrer Mutter und Ihres Vaters unter das »Ich« (Muster im Übungsheft), zusammen mit drei Eigenschaften, die Ihrer Meinung nach typisch für sie sind, und drei Wörter über deren Aussehen. Jetzt geht es weiter bis hin zu den Groß- und Urgroßeltern: Machen Sie das Gleiche für sie, unabhängig, ob Sie sie selbst gekannt oder nur von anderen über sie erfahren haben. Gehen Sie so weit zu Ihren Wurzeln zurück, wie Sie von anderen über sie erfahren. Dann zeichnen Sie so viele Zweige des Familienbaums, wie Ihnen bekannt sind: Ihre Geschwister, Tanten, Onkel, Cousinen, und tragen wiederum drei Eigenschaften und drei Wörter über deren Aussehen ein.

Auf diese Weise erkennen Sie, wo Ihr Wissen über Ihre Verwandtschaft aufhört. Sie bekommen auch Einblick in die Muster Ihrer Familiengeschichte und lernen vielleicht etwas Neues über Ihren eigenen Platz innerhalb des Familiensystems. Wem ähneln Sie am meisten? Vielleicht möchten Sie jetzt auch ganz oben bei dem »Ich« drei Eigenschaften und drei Wörter über Ihr Aussehen hinzufügen?

Beliebt ist auch die Methode, anhand eines Clusters Erinnerungen zu aktivieren. Das Wort *Cluster* bedeutet Traube oder Büschel, manchmal sieht es eher wie eine Wolke aus. In die Mitte dieser Wolke schreiben Sie den Namen des Menschen oder Ereignisses, an den oder das Sie sich erinnern wollen. Dann schreiben Sie um die Wolke herum alles auf, was Ihnen dazu einfällt: bei Personen Wörter oder Sätze, Eigenschaften, Aussehen, Fähigkeiten; bei Ereignissen Umgebung, Tageszeit, Jahreszeit, anwesende andere Menschen, Gerüche, Klänge usw. Durch dieses Sammeln von Assoziationen wird es leichter, über das Erinnerte eine Geschichte zu schreiben oder zu erzählen.

Kindheits- oder Jugenderinnerungen

Besonders die Erinnerungen an unsere Kindheit und Jugend bergen einen unermesslichen Schatz an Begabungen, frühen Interessen und Ressourcen. Viele Frauen um die sechzig erinnern sich an ihre eigene Kindheit, besonders wenn sie Großmutter werden und sich den Enkeln frei von überhöhten Erwartungen und Druck widmen können. Aber auch bei Nicht-Großmüttern erwachen nach Beendigung der Familienphase oder Erwerbstätigkeit Erinnerungen an die Träume ihrer Kindheit oder Jugend. Möchten Sie wissen, was für Sie als Kind oder Jugendliche wichtig war, und Ihre Erinnerungen fließen nicht von selbst, dann können Sie die genannte Cluster-Methode benutzen, um Erinnerungen an Kindheits- oder Jugenderlebnisse anzustoßen (siehe Übung auf nebenstehender Seite 77).

Eine Frau erinnerte sich während einer solchen Arbeit, dass sie es als Kind liebte, wenn ihr vorgelesen wurde. Später wurde sie selbst zu einer richtigen Leseratte. Im Lauf der Erwachsenenzeit kam sie immer seltener zum Lesen. Heute jedoch hat sie wieder Zeit zum Lesen, und so schloss sie sich einem Lesekreis an, dessen Teilnehmer sich alle drei Wochen treffen und gelesene Bücher besprechen. Außerdem nahm sie eine ehrenamtliche Tätigkeit auf, bei der sie mit leseschwachen Kindern lesen übt und ihnen auch vorliest. Eine Kursteil-

Wecke mir die Träume wieder, die ich in der Kindheit träumte.

Klaus Groth

nehmerin lauschte als Kind gerne ihrer Großmutter, wenn diese Märchen vorlas oder erzählte, und ließ sich, jetzt selbst im Großmutteralter, zur Märchenerzählerin ausbilden. Andere Frauen erinnern sich daran, dass sie schon als Kind und Jugendliche gerne malten, und beschließen, nach Beendigung der Berufs und/oder Familienphase das Malen wieder aufzunehmen und zu ihrem Hobby zu machen. Die Kreativität, die im Trubel des mittleren Erwachsenenlebens so häufig brachlag, kann in den späteren Jahren wieder aufflammen.

Im Kapitel »Alles ist möglich« werden wir uns eingehender damit beschäftigen (siehe Seite 151). Vorab genügt der Satz von Marie-Louise von Franz: »Die meisten Kindheitsträume und auch oft die ersten eindrücklichen Erinnerungen veranschaulichen in symbolischer Form schon wesentliche Schicksalsanlagen.« Und der Lyriker Klaus Groth wünscht in seinem »Regenlied«: »Wecke mir die Träume wieder, die ich in der Kindheit träumte.« Sie können an Ihren Erinnerungen allein arbeiten, zum Beispiel beim Schreiben einer Autobiografie oder eines Tagebuchs, oder Sie arbeiten angeleitet in Seminaren, Kursen oder Erzählcafés, in denen Sie aus Ihrem Leben erzählen.

Biografisches Schreiben

Ob Erinnerungen nun ganz von alleine fließen oder methodisch angeregt werden, besonders das biografische Schreiben kann helfen, Blockaden im Gehirn aufzuheben, die durch Traumata und Nicht-darüber-Sprechen ent

> # Übung
>
> ## Kindheitserinnerungen
>
> Malen Sie eine Wolke, in deren Mitte Sie Ihren Namen oder Ihren Kosenamen, mit dem Sie als Kind gerufen wurden, eintragen. Rund um die Wolke herum schreiben Sie auf, was Sie als Kind beschäftigt hat.
>
> *Womit habe ich als Kind gern gespielt? Was war meine Lieblingsbeschäftigung? War ich gern draußen? Gab es einen Garten? Hatte ich ein Haustier? Wovon habe ich oft geträumt?*
>
> Sie werden sich wundern, was Ihnen noch alles einfällt.

standen sind. Im Leben von uns allen kann es Ereignisse geben, die mit Scham oder Schuld besetzt sind. Wenn Sie das Gefühl haben, es gibt so eine Situation in Ihrem Leben, dann versuchen Sie doch einmal, sie aufzuschreiben. Das Schreiben kann das Sprechen ersetzen. Das Schreiben klärt, strukturiert und sortiert die Erinnerungen, es ist intim und distanzierend zugleich. Es hat eine reinigende und befreiende Wirkung, sodass Heilung entstehen kann, und gerade durch die Distanz können neue Perspektiven entstehen. Und vergessen Sie nicht, besonders auch bei solchen Situatio

Geschichten aus dem Leben

»Früher habe ich mich nie für Biografien interessiert, weder für meine eigene noch für die anderer.

Als mein Sohn geboren wurde, fing es an: ›Ach, der sieht ja deinem Vater sooo ähnlich!‹ Ich konnte bei dem Neugeborenen noch keine Ähnlichkeit mit irgendeinem Familienmitglied feststellen. Als er größer wurde, dagegen schon. Mir fiel auf, dass die Nase tatsächlich der meines Vaters glich. Und die Augen hatte er von seiner Großmutter väterlicherseits.

Wenn schon die äußerlichen Merkmale offensichtlich vererbt wurden, wie war es dann mit Verhaltensweisen? Ich entschloss mich, einen Familienbaum zu erstellen, und glücklicherweise konnte ich meine Eltern befragen.

Mit meiner Mutter fing ich an. Sie erzählte mir von Verwandten, die ich selbst nie gekannt hatte: Urgroßmütter und -väter, Großtanten und -onkel. Sie wusste nicht nur deren Lebenslauf, sondern auch deren Charaktereigenschaften. So erfuhr ich, dass mein Urgroßvater Uhrmachermeister gewesen war und ein überaus pedantischer Mann. ›Diese Pedanterie hast du von ihm!‹ Ich war platt, denn tatsächlich war ich schon immer als pedantisch verschrien.

Mein Interesse war geweckt, und ich begann, meinen Vater auszuhorchen. Der war nicht so hilfsbereit, er murmelte nur: ›Kann mich nicht mehr so genau erinnern.‹ Doch auf langen Spaziergängen entlockte ich ihm doch noch einiges, zum Beispiel, dass sein Großonkel Willi aus dem Nichts ein Vermögen aufgebaut hatte. ›Der konnte eben gut rechnen.‹ Vielleicht hat ja mein Sohn dieses Talent geerbt?

Jetzt, mit sechzig, fallen mir tatsächlich immer mehr Ähnlichkeiten zu meinen Ahnen auf, und ich bemühe mich, die ›Ahnengalerie‹ fortzusetzen. Da meine Eltern und die meines Mannes in anderen Städten gewohnt hatten, wir also mit unserem Sohn gewissermaßen in einer Kleinfamilie lebten, gibt mir der Blick auf meine Ahnengalerie das gute Gefühl, eingebunden zu sein in einen großen Familienverband, der stärkend hinter mir steht und mit dem ich eine große Verbundenheit spüre.

Mittlerweile sind meine Eltern verstorben, und ich bin froh, dass ich sie befragen konnte. Übrigens: Mein Sohn ist tatsächlich ein guter Geschäftsmann geworden.« Frau L., 60 nen ein »Ja« davorzusetzen. Erkennen Sie diese Geschichte als Teil Ihres Lebens an, durch die Sie Erfahrungen gemacht haben, die Sie haben lernen und reifen lassen.

Auch ohne ernsten Anlass kann es Freude machen zu schreiben. Wenn Sie wollen, können Sie am Abend schreibend über den Tag nachdenken, damit halten Sie ein Stück Ihrer Lebensgeschichte fest. Sie schreiben lieber am Morgen? Es heißt: »Achte auf die erste Stunde des Tages, dort kannst du der Ewigkeit begegnen!« Am Morgen können Sie sowohl den vergangenen Tag Revue passieren lassen als auch aufschreiben, was Sie sich vom neuen Tag erhoffen oder erwarten.

Kennen Sie die Sieben-Minuten-Empfehlung? Jeden Tag sieben Minuten schreiben, eine bis eineinhalb Seiten pro Tag, und Sie oder Ihre Kinder können später in Ihre Erinnerungen eintauchen. Auch damit wird ganz spielerisch und nebenbei Lebensgeschichte festgehalten. Erwähnenswert ist in diesem Zusammenhang auch Jean-Paul Sartres Aussage: »Durchs Schreiben wurde ich geboren.«

Biografisches Erzählen

Auch wenn wir anderen von unserem bisherigen Lebensweg erzählen, sei es spontan oder angeleitet in Seminaren oder Erzählcafés, versuchen wir, die gemachten Erfahrungen zu ordnen und Sinn in ihnen zu finden.

Eine Kursteilnehmerin berichtete: »Einige von uns entschlossen sich, dass wir uns gemäß dem Modell der Erzählcafés einmal monatlich treffen und über vorher festgelegte Themen austauschen wollten. Als Erstes wählten wir das Thema ›Mauerfall‹, wir fragten uns: ›Wo war ich, als die Mauer fiel?‹ und ›Was empfand ich dabei?‹ Eine Frau erzählte, und die anderen hörten zu, anschließend tauschten wir uns über das Gehörte und unsere Erfahrungen und Gefühle aus. Zum Teil hatten wir dieses Ereignis sehr unterschiedlich erlebt und beurteilt, aber es tat auch gut zu hören, wie viel wir miteinander gemeinsam hatten. Wir alle waren uns einig, dass der Austausch dazu beigetragen hat, die anderen besser zu verstehen, ihre Ansichten zu respektieren und gleichzeitig etwas über sich selbst zu lernen. Durch gleiche oder ähnliche Erfahrungen fühlten wir uns verbunden, unterschiedliche eröffneten uns neue Sichtweisen und ließen uns die eigenen neu überdenken.«

Wie von der Kursteilnehmerin beschrieben, sollte sich ein Gespräch zwischen der Erzählenden und den Zuhörenden entwickeln, dadurch werden die Erinnerungen stärker angeregt und können um neue Perspektiven bereichert werden. Beim Erzählen können wir für Brüche, Widersprüche oder Ambivalenzen sensibilisiert werden, aber auch für neue Lebens- und Sichtweisen. Besonders wenn ein Vergleich von Lebensführungen und Lebensverständnissen stattfindet, kann ein lebenspraktischer Lerneffekt erzielt werden. Auch das Erzählen der eigenen Lebensgeschichte kann somit dazu beitragen, die eigene Identität zu finden.

Fremdbiografien

Sehr interessant kann auch die Beschäftigung mit Fremdbiografien sein. Hierbei können wir unsere Einstellungen und Haltungen mit denen anderer Menschen abstimmen. Wir erkennen Unterschiede der einzelnen Lebenswege und lernen die Vielfältigkeit der Lebensentwürfe und Lebensmöglichkeiten zu respektieren, wir begleiten sozusagen verstehend ein anderes Leben. Dies kann wiederum eine neue Sichtweise auf den eigenen Lebensweg eröffnen, eventuell überdenken und gestalten wir unsere eigene Lebensgeschichte im Anschluss daran neu.

Wahl des Aspekts: Themenfäden

Entscheiden Sie sich für eine Biografie-Arbeit, wollen Sie vielleicht erst einmal die Perspektive festlegen. Wollen Sie Ihr Leben unter dem Aspekt bestimmter Themen anschauen, die sich wie Themenfäden durch Ihr Leben ziehen? Solche Themenfäden zeigen sich oft deutlich an Knotenpunkten, an denen zum Beispiel wichtige Entscheidungen getroffen werden mussten. Oder wir erkennen sogenannte »Schon-wieder«-Situationen, Situationen, die in ähnlicher Form immer wieder auftreten. Solch wiederkehrende Themen sind Herausforderungen, aus denen wir lernen und an denen wir reifen können.

Mir fällt dabei eine Frau ein, die mir berichtete: »Als ich neulich einer Freundin erzählte, ich sei schon wieder umgezogen, fragte diese, ob ich auf der Flucht sei.« Auf meine Nachfrage hin erfuhr ich, dass sie in den letzten neun Jahren alle drei Jahre umgezogen war. Von der Stadt aufs Land, dann an die Peripherie der Stadt und wieder aufs Land. Einmal war ihr die Stadt zu laut, dann das Land zu ruhig, der Vorort wiederum war zu spießig. Sie war nicht fähig, sich auf einen Ort einzulassen und sich genügend Zeit zu nehmen, ihn wirklich kennenzulernen. Bevor dies geschah, war sie schon wieder an einem anderen Ort. Sie schien tatsächlich auf der Flucht zu sein. Ihr Thema war, sich auf etwas oder jemanden einlassen zu können, heimisch zu werden, anzukommen (auch) bei sich selbst. Ihre Eltern hatten ein Reihenhäuschen in einem Vorort, sie empfand sowohl die Eltern als auch das gesamte Umfeld als spießig. So wollte sie nie werden! Sie dachte, wenn sie ihren Wohnort ständig wechselte, so war dies ein Zeichen ihrer Offenheit und Weltgewandtheit.

Sie begriff nicht, dass Spießigkeit eine innere Haltung ist und nicht etwas mit dem Wohnort oder dem ständigen Wechsel desselben zu tun hat. Während der Therapie lernte sie, sich von den Eltern und deren Lebensweise abzugrenzen, sie lernte, dass »bei sich ankommen«, zur Ruhe kommen nichts mit Spießigkeit zu tun hat. Heute wohnt sie in einem ruhigen Vorort Münchens, in dem sie sich gut eingerichtet hat und wo sie zum ersten Mal in ihrem Leben so etwas wie Daheimsein und auch Angekommensein fühlt.

Solche einzelnen Themenfäden sollten uns aufmerksam werden lassen, denn manchmal führen sie zu dem einen roten Faden, der sich durch unser ganzes Leben zieht.

Auch die Knotenpunkte im Leben, an denen wichtige Entscheidungen getroffen werden mussten, bieten sich für eine nähere Betrachtung an. Denn gerade Entscheidungen beschäftigen uns oft ein Leben lang. Zuerst fragen wir uns: »Wie soll ich mich bloß entscheiden«, danach: »War es wirklich die richtige Entscheidung?« Vielleicht möchten Sie an diesem Themenfaden arbeiten und dazu einmal die nebenstehende Übung »Türen meines Lebens« ausprobieren?

Diese Übung ist nicht dazu da, Entscheidungen zu bereuen und zu sagen »Ach, hätte ich doch damals ...« und ständig an das »Was wäre, wenn« zu denken. Vielmehr können Sie sich selbst und die eigenen Motive dadurch besser kennen- und verstehen lernen: Warum haben Sie in der damaligen Lebenssituation so und nicht anders entschieden – auch wenn Sie heute einen anderen Blick auf die Situation haben mögen. Wir sollten einmal getroffene Entscheidungen nicht hinterfragen und stattdessen vielmehr Verantwortung für die eigene Wahl übernehmen. Die eine richtige Entscheidung, den einzigen richtigen Weg gibt es nicht, denn egal, wie wir uns auch entscheiden, der Weg, der vor uns liegt, ist weder vorhersehbar noch berechenbar und kann mit Überraschungen und Zufällen aufwarten. Wichtig ist dabei, welche Erfahrungen wir durch die getroffene Entscheidung machen und wie wir mit diesen Erfahrungen umgehen. Denn selbst eine richtige Entscheidung kann sich später noch als nachteilig erweisen, wohingegen eine falsche Entscheidung einen großen Lernprozess anstoßen kann.

So ist es auch mir ergangen. Ich hatte mich vor sehr langer Zeit in einer beruflichen Angelegenheit »falsch« entschieden, indem ich ein

Übung

Türen meines Lebens

Suchen Sie sich das Bild einer Tür aus, das Sie anspricht. Die Tür beziehungsweise das Hindurchgehen oder Nichthindurchgehen durch diese Tür stehen symbolisch für Entscheidungen, die Sie in Ihrem Leben getroffen beziehungsweise nicht getroffen haben. Beim Betrachten des Bildes soll die Beantwortung nachfolgender Fragen angeregt werden.

Welche Türen haben sich mir geöffnet? Welche Türen sind mir verschlossen geblieben? Welche Türen habe ich mir geöffnet? Welche Türen habe ich hinter mir zugeworfen?

Sie müssen diese Fragen nicht sofort beantworten. Sehen Sie sich die von Ihnen ausgewählte Tür immer wieder einmal an. Es kann sein, dass erst im Laufe der Zeit Erinnerungen kommen und Ihnen Antworten einfallen. Lassen Sie sich also Zeit für die Antwort.

lukratives Angebot ablehnte. Schon kurz danach bereute ich diese Entscheidung. Rückblickend sehe ich aber, dass ich nie das geworden wäre, was ich heute bin, Heilpraktikerin, Psychotherapeutin und Kursleiterin. Schon lange habe ich mich mit dieser Entscheidung ausgesöhnt und sehe, dass sie mir einen interessanten neuen Weg geebnet hat.

Auf den Punkt gebracht hat es in dieser Hinsicht auch der Dichter Eugen Roth: »Der Mensch schaut in die Zeit zurück und sieht: Sein Unglück war sein Glück.«

Zeitabschnitte

Sie möchten nicht an einem bestimmten Themenfaden arbeiten, sondern lieber nach zeitlichen Aspekten vorgehen, sich einen bestimmten Zeitabschnitt ansehen, weil Sie diesen für Ihre Entwicklung als wichtig erachten? Oder in dieser bestimmten Zeit ein bestimmtes Thema anschauen? In der Anthroposophie etwa wird das Konzept der Jahrsiebte benutzt, das das Leben in Siebenjahresrhythmen gliedert. Es können auch Zehn- oder Zwölfjahresrhythmen benutzt werden, wobei häufig die Phasen zwi-

Übung

Zeitleiste

Entscheiden Sie, über welchen Zeitabschnitt Sie eine Zeitleiste anlegen wollen. Dann malen Sie Ihre Zeitleiste auf die Mitte eines Blatts Papier und fügen entlang des Strahls die Lebensjahre hinzu (Muster und Beispiel im Übungsheft). Zu diesen Lebensjahren tragen Sie wichtige Ereignisse ein. Es geht hier nicht um Vollständigkeit oder Genauigkeit, sondern um die Sammlung subjektiv empfundener markanter Stationen aus Ihrem Leben in dieser Zeitspanne. Wenn Sie möchten, tragen Sie auch die entsprechenden Gefühle zu den Ereignissen ein.

Ist Ihnen etwas Besonderes aufgefallen? Vielleicht ein Themenfaden, der sich durch diese Zeit spinnt, ein Leitthema?
Dabei unterstützend können auch die folgenden Fragen sein:
In jener Zeit war ...
• mein Hauptinteresse ...?
• eine Herausforderung ...?
• eine Hoffnung, ein Wunsch ...?

Nach Beantwortung dieser Fragen können Sie diesem Zeitabschnitt eine Überschrift geben, die beschreibt, worum es in jener Zeit ging. Die Überschrift könnte auch wie ein Motto sein, etwa »Glück gehabt« oder »Mir konnte keiner was«. Manchmal erhalten Sie schon bei so kurzen und einfachen Darstellungen Verständnis für diesen Teil Ihres Lebenswegs.

schen den Jahrzehnten in den Fokus kommen, also um die zwanzig, dreißig, vierzig, fünfzig, sechzig usw., da zu diesen Zeitpunkten oft der Wunsch nach Veränderung, neuen Entscheidungen oder einer Bilanzierung des bisherigen Lebens besteht. Wie jetzt bei uns Frauen um die sechzig.

Wollen Sie nach zeitlichen Aspekten vorgehen, können Sie mit einer Zeitleiste, einer Timeline, arbeiten, in der die wichtigsten Phasen und Ereignisse Ihrer Lebensgeschichte erfasst sind. Da unser Leben eine große Zeitspanne umfasst, kann eine Zeitleiste auch nur über einen kürzeren oder sehr kurzen Zeitraum, etwa einer Zeit von wenigen Tagen, angelegt werden. Das sind dann sogenannte Mikroerzählungen über eng umschriebene Ereignisse oder Zeiträume. Wie im Kapitel »Zeit haben, Zeit nehmen« beschrieben, kann das Sammeln von Edelsteinmomenten zu einem Edelsteinleben führen (siehe Seite 35). Genauso kann der verständige Blick zurück auf Lebensabschnitte und deren Bewertung, in der sich bejahende Annahme ausdrückt, zu vielen positiven Mikroerzählungen führen. Und viele positive Mikroerzählungen ergeben schließlich die positive Makroerzählung unserer Lebensgeschichte. Dazu können Sie gut die Übung »Zeitleiste« auf nebenstehender Seite 82 machen.

Könnte das Motto, das Sie dem oben genannten Zeitabschnitt gaben, ein wenig umformuliert, vielleicht sogar ein Leitspruch für die Gegenwart oder Zukunft sein: »Meistens habe ich Glück« oder »Mir kann keiner was«?

TREFFEND GEFRAGT

Welches Motto, welchen Leitspruch habe ich für meine Gegenwart oder meine Zukunft?

Dieses Motto können Sie auf die beigefügte leere Postkarte schreiben und diese so aufhängen oder hinlegen, dass Ihr Blick mehrmals täglich darauf fällt. Und jedes Mal, wenn Sie Ihr Motto lesen, tanken Sie wieder neue Kraft und neuen Mut (siehe auch »Alles ist möglich« auf Seite 165).

Sie können die in der Biografie-Arbeit erinnerten und berichteten Lebensereignisse also sowohl nach einer zeitlichen Reihenfolge als auch nach Themenfäden aussuchen oder nach einer Verbindung von beiden, wie Kindheit, Schulzeit, Jugend, Ausbildung etc. Zudem können Sie Einteilungen nach verschiedenen Bereichen vornehmen, diese helfen, unsere Rückschau zu strukturieren. Das Modell der vier Segmente teilt beispielsweise in die folgenden Bereiche ein:

- Körper, Leib, Gesundheit
- Arbeit, Wirtschaften, Geld
- Partnerschaft und Beziehungen
- Sinn, Werte, Seele

Möchten Sie eine solche Einteilung anwenden, dann können Sie sich auch ein Motto oder aber einen Leitspruch für jedes der vier Segmente überlegen. Sie selbst entscheiden sich für einen bestimmten Zeitabschnitt oder für einen bestimmten Themenbereich. Durch diese Art der Bearbeitung besteht die Möglichkeit, einzelne Phasen, Abschnitte, Übergänge und Wendepunkte einer Lebensgeschichte genauer zu betrachten und zu bewältigen. Eine sehr schöne Arbeit an der eigenen Lebensgeschichte ist die Arbeit mit dem Lebensbaum, der als Metapher für den Lebensweg steht. Genauso könnten Sie als Metapher ein Haus, ein Netz oder einen Weg aussuchen. Hierzu eignet sich gut die nebenstehende Übung auf Seite 85.

Dieser Baum ist Ihr Lebensbaum, er kann Ihnen Kraft und Mut geben, und jedes Mal, wenn Sie ihn anschauen, würdigen Sie sich und Ihr Leben. Und dann fällt Ihnen vielleicht sogar Ihr Lebensmotto, Ihr Leitspruch für Ihr ganzes Leben ein.

TREFFEND GEFRAGT

Welches Motto, welchen Leitspruch habe ich für mein Leben?

Das gefundene Motto kann dasselbe sein wie das Motto, das Sie weiter oben für die Gegenwart oder die Zukunft gefunden haben. Es kann aber durchaus auch ein anderes sein. Es spricht auch nichts dagegen, mehrere Mottos für Ihr Leben zu haben!

Vielleicht haben Sie durch die eine oder andere Übung bereits einen neuen, ungewohnten Blick auf Ihr Leben werfen können. Biografie-Arbeit kann Sie dabei unterstützen, Ihrer eigenen Lebensspur auf die Spur zu kommen. Sie hilft Ihnen, Ihre Muster und Motive zu erkennen, die Zusammenhänge Ihres Lebens besser zu verstehen und Ihr Lebensthema, den roten Faden Ihres Lebens, zu entdecken. Gerade um die sechzig fragen wir uns oft: »Was habe ich im Leben erreicht?« oder »Was habe ich noch zu erwarten?« Die Biografie-Arbeit hilft uns dabei, richtig zu fragen und Antworten zu finden. Anstatt Fragen nach dem »Haben« zu stellen, wie »Was habe ich im Leben erreicht?«, lernen wir, Fragen nach dem »Sein« zu stellen, wie »Was bin ich geworden? Was kann ich noch werden?« Dieser kreative Umgang mit unserer Biografie kann uns unterstützen, aus einer etwaigen negativen Lebensbilanz eine positive zu machen, aus der Passivität oder gar Resignation herauszutreten und das Leben voll und ganz zu bejahen.

Es ist überaus wohltuend, den eigenen Lebenslauf nicht nur als »Geisterbahn« negativer Erfahrungen zu erleben, sondern das Vertrauen zu entwickeln, selbst Autor des eigenen Lebensbuchs zu sein. Dann kann Biografie-Arbeit Ihnen Würde, Selbstachtung und Respekt für Ihr Lebenskunstwerk, Ihr gelebtes Leben geben oder auch zurückgeben. Auf dieser Basis fällt es Ihnen leichter, Perspektiven für eine Neuorientierung zu erkennen und sie mit Freude und Lust zu verwirklichen.

Übung

Mein Lebensbaum

Als Vorübung schauen Sie sich bei einem Spaziergang Bäume an, oder Sie betrachten Bilder oder Fotografien von Bäumen. Welche Art von Bäumen gefällt Ihnen besonders? Haben Sie vielleicht auch einen Lieblingsbaum? Was fällt Ihnen zum Thema Baum ein? Was verbindet Sie mit Bäumen?

Dann legen Sie sich Malzeug, wie Farbstifte oder auch Wasserfarben, bereit. Malen Sie Ihren Baum mit Wurzeln, Stamm und Rinde, Blättern, Früchten, Knospen und Blüten (leere Musterseite siehe beiliegendes Übungsheft). Es kommt nicht darauf an, dass der Baum möglichst naturgetreu oder besonders schön ist, vielmehr kann der Prozess des Malens Sie meditativ auf die nachfolgenden Fragen einstimmen. Sollten Sie nicht malen wollen, können Sie sich auch das Bild eines Baumes aussuchen, vielleicht eines Ihrer Lieblingsbäume, allerdings sollte das Bild mindestens DIN-A4-Größe haben. Anschließend beantworten Sie die folgenden Fragen:

Wurzeln: Woher bekomme ich Lebenskraft und Nahrung? Worin bin ich verankert? Was gibt mir Kraft?

Stamm und Rinde: Was hat mich und mein Leben entscheidend geprägt? Was verleiht meinem Leben Stabilität?

Blätter: Was gefällt mir in meinem Leben? Was ist mir besonders wichtig? Was brauche ich unbedingt?

Früchte: Was habe ich erreicht? Was ist mir gelungen? Was kann ich gut? Worauf bin ich wirklich stolz?

Knospen und Blüten: Was möchte ich neu entwickeln oder wieder aufgreifen? Was möchte ich noch entfalten?

Lassen Sie sich für die Beantwortung dieser Fragen so viel Zeit, wie Sie brauchen. Sie können Ihren Baum neben dem Bett oder auf dem Schreibtisch liegen lassen und an jedem Tag nur über einen Aspekt, etwa die Wurzeln, nachdenken und die entsprechenden Fragen beantworten. Je nachdem, wie groß das Bild Ihres Baumes ist, können Sie die Antworten in Ihren Baum eintragen. Ist der Baum fertig, können Sie ihn aufhängen oder so hinlegen, dass Sie ihn jederzeit anschauen können. Vielleicht finden Sie auch, dass der Baum, genau wie Ihr Leben, noch lange nicht fertig ist. Dann tragen Sie nach und nach Ihre neuen Erkenntnisse ein.

DIE GESCHICHTE MIT DEM HAMMER

Ein Mann will ein Bild aufhängen. Den Nagel hat er, nicht aber den Hammer. Der Nachbar hat einen. Also beschließt unser Mann, hinüberzugehen und ihn auszuborgen. Doch da kommt ihm ein Zweifel: was, wenn der Nachbar mir den Hammer nicht leihen will? Gestern schon grüßte er mich nur so flüchtig. Vielleicht war er in Eile. Aber vielleicht war die Eile nur vorgeschützt, und er hat etwas gegen mich. Und was? Ich habe ihm nichts angetan; der bildet sich da etwas ein. Wenn jemand von mir ein Werkzeug borgen wollte, ich gäbe es ihm sofort. Und warum er nicht? Wie kann man einem Mitmenschen einen so einfachen Gefallen abschlagen? Leute wie dieser Kerl vergiften einem das Leben. Und dann bildet er sich noch ein, ich sei auf ihn angewiesen. Bloß weil er einen Hammer hat. Jetzt reicht's mir wirklich. – Und so stürmt er hinüber, läutet, der Nachbar öffnet, doch bevor er »Guten Tag« sagen kann, schreit ihn unser Mann an: »Behalten Sie sich Ihren Hammer, Sie Rüpel!«

Paul Watzlawick

»ANLEITUNG ZUM UNGLÜCKLICHSEIN«

Selbstvertrauen und Selbstsicherheit

Vor einiger Zeit hörte ich den Satz: »Alles, was Kinder brauchen, ist Liebe. Groß werden sie von alleine.« Wahr ist, sie brauchen Liebe, vielleicht mehr als alles andere, was zur Liebe noch hinzukommen sollte. Und in jedem von uns, egal wie alt, lebt dieses Kind weiter, mal tief in uns verborgen, mal ganz offensichtlich. Es zeigt sich in unserem Denken, in unseren Handlungen und vor allem in unseren Gefühlen. In der Kindheit wird die Basis gelegt für unser Selbstvertrauen, doch es ist tröstlich zu wissen für die, die meinen, nicht genügend Selbstvertrauen zu besitzen, dass sie es auch als Erwachsene stärken können.

»Kann ich mein Selbstvertrauen als Erwachsene noch aufbauen?«, werde ich dementsprechend oft gefragt. Manche Frauen meinen, überhaupt kein Selbstvertrauen zu haben, andere nur auf bestimmten Gebieten, und auch dann nicht immer. Zu den Ersteren ist zu sagen, sie haben sicher Selbstvertrauen, aber vielleicht nicht so viel, wie sie es sich wünschen.

Die anderen haben recht, wir haben nicht immer und auf jedem Gebiet gleich viel Selbstvertrauen. Es kommt darauf an, wie viel Selbstvertrauen in unserer Kindheit gelegt wurde, auf welchen Gebieten wir später als Erwachsene durch Erfolge unser Selbstvertrauen stärken konnten, und es kommt zusätzlich noch auf unsere Tagesform an. Vielleicht möchten Sie gleich zu Beginn folgende Frage beantworten:

TREFFEND GEFRAGT

- -

Kenne ich eine Frau aus dem Freundeskreis, der Öffentlichkeit, von der ich sagen kann: Diese Frau hat Selbstvertrauen, sie hat ein selbstsicheres Auftreten?

Was an ihr lässt Sie erkennen, dass sie eine selbstbewusste, selbstsichere Frau ist? Die Körperhaltung, Gestik, Mimik, Sprache, eine andere Verhaltensweise?

Könnte sie ein Vorbild für Sie sein? Ein Vorbild ist nicht dazu da, dass wir es nachahmen, doch wir können uns die Kriterien anschauen, nach welchen wir jemandem äußerlich Selbstsicherheit zuschreiben. Vielleicht können wir etwas von unserem Vorbild lernen.

- -

Was ist Selbstvertrauen?

Unter Selbstwert (auch Eigenwert, Selbstwertgefühl, -vertrauen, -achtung, -konzept) versteht die Psychologie den Eindruck oder die Bewertung, die wir von uns haben. Selbstvertrauen spielt sich in unserem Inneren ab, Selbstsicherheit zeigt sich in unserem Verhalten, unserem Auftreten nach außen. Selbstvertrauen ist die Basis für Selbstsicherheit. Die folgende Begriffsdefinition stammt aus dem Buch »Ganz schön stark« von Sabine Asgodom:

Selbstbewusstsein

Ich mache mir selbst bewusst: Wer bin ich, was kann ich, was kann ich nicht so gut? Was mag ich an mir und was eher nicht? Mit diesem klaren Blick auf mich selbst kann ich Selbstvertrauen entwickeln.

Selbstvertrauen

Ich verzeihe mir, was ich an mir nicht so mag. Ich bin stolz auf das, was ich kann oder in meinem Leben schon geleistet habe. Ich vertraue darauf, dass ich mich behaupten werde. Aus dem Selbstvertrauen entsteht Selbstsicherheit.

Selbstsicherheit

Ich werde mir klar, was ich will. Ich weiß auch, was ich auf keinen Fall mehr will. Ich lerne, »Nein« zu sagen und meine Wünsche durchzusetzen. Die Selbstsicherheit führt zur Selbstbestimmung.

Selbstbestimmung

Ich bestimme die Vorgaben, die Richtung und den Weg: Ich bestimme, wie ich leben möchte und mit wem. Ich lerne es auszuhalten, wenn andere meine Entscheidungen nicht so gut finden. Ich werde immer mehr zur Handelnden. Dies führt dazu, dass ich mich selbst anders nach außen darstelle.

Selbstdarstellung

Ich stelle mich klarer, wahrhaftiger, unterscheidbarer nach außen dar. Ich bekomme Profil und werde immer klarer gesehen. Ich traue mich, so zu sein, wie ich bin – ein unvollkommener Mensch in einer unvollkommenen Welt. Dieses selbstsichere und selbstbestimmte Verhalten zeigt Wirkung.

Wirkung

Es kann sein, dass ich jetzt nicht mehr von jedem gemocht werde, doch ich bekomme Respekt. Ich finde durch meine Wirkung Gleichgesinnte, ich bin offen für andere und kann auf sie eingehen. Ich steigere meine Lebensfreude und Lebensqualität.

In Untersuchungen wurde festgestellt, dass Menschen um die sechzig das höchste Maß an

Selbstvertrauen besitzen. Frauen sollen übrigens kein geringeres Selbstvertrauen haben als Männer, doch sie verfügen über andere Selbstwertquellen. Männer beziehen ihren Selbstwert immer noch überwiegend aus dem Beruf und dem damit verbundenen Status wie Ansehen und Macht, Frauen hingegen über gutes Aussehen, über die Familie beziehungsweise Freunde und zusehends auch über ihren eigenen Beruf.

Beide Geschlechter beziehen Selbstvertrauen außerdem über die im Leben erworbenen Kompetenzen, Kenntnisse sowie Fähigkeiten. Nach Beendigung des Berufslebens oder aber der Familienphase, durch Einbußen in der Gesundheit oder das Verblassen der körperlichen Schönheit kann es zu Schwankungen im Selbstvertrauen oder gar zu Selbstwerteinbrüchen kommen. Wir werden in diesem Kapitel noch feststellen, wie wir dies auch verhindern können. Doch wie entsteht Selbstvertrauen denn überhaupt?

Wie entsteht Selbstvertrauen?

Um mit einem klaren Blick so auf mich selbst schauen zu können wie in der obigen Begriffsdefinition, bedarf es einer Grundlage, die in der Kindheit gelegt wird. Obwohl sich das Selbstvertrauen das ganze Leben über (weiter) entwickelt, sollten wir uns die verschiedenen Faktoren für die Basis von Selbstvertrauen anschauen. Wenn ich weiß, wie ich die wurde, die ich bin, mag ich eher bereit sein, mich zu verändern in die, die ich sein möchte.

Von Bedeutung sein

Eltern vermitteln einem Kind das Gefühl, von Bedeutung zu sein, auf vielfältige Art und Weise, sogar schon lange bevor auch nur ein Wort gesprochen wird, durch Blicke, Berührungen, Zärtlichkeiten, die Art, wie es gehalten wird. Es wird vermutet, dass Söhne und Töchter bereits bei der nonverbalen Kommunikation unterschiedliche Botschaften über ihre Bedeutung vermittelt bekommen. Dieses setzt sich in der

Nicht die Dinge beunruhigen die Menschen, sondern ihre Meinung über die Dinge.

Epiktet

verbalen Kommunikation fort: »Stammhalter« oder »Prinzesschen«, »So ein großer Junge weint doch nicht« oder »Du bist aber niedlich«. Sowohl ein Junge als auch ein Mädchen sind sich ihrer eigenen Bedeutung am sichersten, wenn sie glauben, bedingungslos geliebt zu werden. Ist die Liebe an Bedingungen geknüpft, lernt das Kind, dass es, wenn es sich gut benimmt, ein guter Mensch ist, und wenn es sich schlecht benimmt, ein schlechter. Es lernt, dass sein Wert von der Beurteilung anderer Menschen abhängt und dass sich diese Beurteilung durch ein verändertes Verhalten ändern kann. Sein Wert ist damit starken Schwankungen unterworfen. Auch als Erwachsene neigen wir dann dazu, uns so zu verhalten, dass wir »gemocht« werden, wir passen uns an und können uns nur schlecht abgrenzen.

Kompetent sein

Kompetenz bedeutet, dass ein Mensch überzeugt ist, dass er etwas verändern kann. Dass sie über Kompetenz verfügen, lernen Kinder vor allem, wenn sie die zu geringen oder zu begrenzten Erwartungen ihrer Eltern übertreffen. Am meisten helfen Erwachsene Kindern bei der Entwicklung von Kompetenz, wenn sie an deren Fähigkeiten glauben, bevor sie ihnen demonstriert oder bewiesen wurden. Da wäre die Botschaft wichtig: »Es spielt keine so große Rolle, ob du gewinnst oder verlierst, es kommt auf den Versuch an.«

Leider werden meist die Ergebnisse der Bemühungen höher bewertet als die Bemühun-

gen selbst, und damit wird dem Kind das Gefühl der Kompetenz genommen. Außerdem wachsen Jungen und Mädchen in einer unterschiedlichen »Erwartungsatmosphäre« auf. Die traditionell an Jungen gestellten Erwartungen sorgen für die Entwicklung einer größeren Kompetenz als die traditionell an Mädchen gestellten Erwartungen. Deshalb lernen Mädchen auch heute manchmal noch indirekte, manipulative Mittel, ihr Ziel zu erreichen, die sie dann später als erwachsene Frauen weiter einsetzen. Glücklicherweise ist die Erwartungsatmosphäre für Jungen und Mädchen heute nicht mehr so unterschiedlich wie zu der Zeit, als wir noch Kinder waren.

Verhältnis Verbundenheit – Getrenntsein

Um ein solides Fundament an Selbstachtung zu bekommen, muss ein Mensch das Gefühl der Verbundenheit mit anderen in einem ausgewogenen Verhältnis zu seinem Getrenntsein von anderen entwickeln. Da Mädchen demselben Geschlecht angehören wie die Hauptbezugsperson, die Mutter, fällt es ihnen leichter, sich mit ihr zu identifizieren, wodurch sie ein starkes »Wir-Gefühl« entwickeln können. Es wird vermutet, dass dies mit ein Grund ist, weshalb Frauen ein größeres Einfühlungsvermögen in andere besitzen als Männer. Da Jungen sich naturgemäß mit der Mutter nicht so stark identifizieren können, empfinden sie sich eher als getrennte, sich von anderen stark unterscheidende Individuen und nehmen sich oft

Geschichten aus dem Leben

Frau H., 63, berichtet: »Ich wurde von meinen Eltern in meinem Selbstvertrauen nicht sehr gestärkt. Sie verstanden zwar zu tadeln, aber Lob und Anerkennung waren selten.

Ich war ein stilles Kind, saß in der Schule in der hintersten Reihe, und auch als Erwachsene war ich sehr zurückgenommen. Dann heiratete ich einen Mann, der meinem Vater ähnelte – laut, polternd, dominant. Das konnte nicht gut gehen, nach sechs Jahren ließen wir uns scheiden.

Jetzt wollte ich etwas tun, um mein Selbstvertrauen zu stärken, und begab mich in eine Beratung. Dort wurde ich gefragt: ›Vielleicht ist ja Ihre Zurückgenommenheit, die Sie als Schwäche ansehen, in einem anderen Umfeld eine Stärke? Vielleicht waren Sie bisher mit Menschen zusammen, die Ihre Zurückhaltung nicht zu schätzen wussten?‹ Sie hatte recht. Ich arbeitete in einem Unternehmen, in dem die Dominanten, Lauten den Ton angaben.

Ich sah mich auf dem Arbeitsmarkt um und fand eine Stelle, wo sowohl der Chef als auch die Kollegen eher ruhig waren. Meine vermeintliche Schwäche wurde dort als Stärke anerkannt, und ich fühlte mich wohl, aber ich wusste, dass ich früher oder später wieder auf die Lauten, Polternden treffen würde.

Als Kind hatte ich immer gern gemalt, und ich wollte unbedingt töpfern lernen. Jetzt, wo der Ruhestand nahte, wollte ich mir diesen Kindheitstraum erfüllen. Ich fand ein Kunstatelier: Die Kunstlehrerin war laut, polternd, dominant. Ich fühlte mich unwohl und trug mich schon mit dem Gedanken, alles hinzuschmeißen. Doch dann fragte ich mich: Will ich diese Ausbildung aufgeben? Hätte ich das Gefühl, gekniffen zu haben? Schweren Herzens und in dem Wissen, dass die Künstlerin eine Koryphäe war, bei der ich viel lernen konnte, machte ich weiter.

Und eines Tages stellte ich fest: Sie schätzt meine Arbeiten. Allmählich fühlte ich mich ihr gegenüber sicherer, und es gelang mir, auf eine ruhige, humorvolle Art mit ihr umzugehen. Heute sind wir befreundet, und ich bin stolz auf mich. Nach diesem Sieg über meine Unsicherheit bin ich jetzt auch anderen Menschen gegenüber selbstsicherer. Vielleicht habe ich eines Tages sogar den Mut, meine Arbeiten auszustellen oder zu verkaufen, wer weiß? Ich bin ja noch jung und kann noch viel lernen.«

als »einsamen Wolf« wahr. Unter anderem deshalb sind präsente Väter oder männliche Bezugspersonen wichtig. Eine Frau, die als Mädchen ein übertriebenes Einfühlungsvermögen gelernt hat, kann als Erwachsene leichter lernen, ihr Selbst deutlicher von anderen abzugrenzen, als ein Mann lernt, sich in andere einzufühlen, wenn er sich lange Zeit als vollkommen unabhängig erlebt hat.

Realitätssinn

Ein Kind muss lernen, sich und seine Umwelt realistisch wahrzunehmen. Egal, ob einer Frau beigebracht wurde, sich unrealistisch und idealisiert als das herrlichste Geschöpf auf Erden oder unrealistisch und negativ als großen Dummkopf zu betrachten: Ohne die Fähigkeit zu einer realistischen Selbsteinschätzung wird sie nur schwer zu einem starken Selbstwertgefühl gelangen. Realitätssinn schließt das Bewusstsein ein, dass niemand perfekt ist und alle Menschen Fehler machen.

Ethische Werte und Grundsätze

Eine wesentliche Grundlage für Selbstachtung und ein gesundes Selbstwertgefühl sind ethische Werte und Grundsätze, ein klares Gespür dafür, was richtig und was falsch, was gut und was schlecht ist. Sie bieten dem Kind die notwendige Anleitung für sein Verhalten angesichts der in einem Leben immer wieder auftretenden Probleme.

Wenn ich in den Kursen die obigen Grundlagen für Selbstvertrauen vortrage, dann sehe

ich oft bekümmerte Gesichter. Ich weiß, jetzt vergleichen die Teilnehmerinnen das Gesagte mit ihrer eigenen Kindheit: »Das war bei mir nicht so!« oder »Das habe ich von meinen Eltern nicht bekommen!«, heißt es dann. Ich erkläre, dass die Generation unserer Eltern außer der Kindererziehung ganz andere Herausforderungen zu bewältigen hatte. Unsere Eltern bauten das Land auf, mussten mit äußerst geringen Mitteln haushalten und oft in sehr bescheidenen Verhältnissen leben. Die Menschen hatten so gut wie kein psychologisches Wissen, was Kindererziehung betrifft.

Dennoch bin ich überzeugt, dass die meisten Eltern, von einigen wenigen pathologischen Fällen einmal abgesehen, ihr Bestes geben, um ein Kind großzuziehen. Daraufhin tauschen sich die Teilnehmerinnen aus und finden verbindende Gemeinsamkeiten: »Meine Eltern standen den ganzen Tag im Geschäft, und wir Kinder waren uns selbst überlassen.« Oder: »Mein Vater war im Krieg gefallen, und meine Mutter musste Tag und Nacht arbeiten, um uns durchzubringen.« Sofort ändert sich der Blickwinkel in Richtung Verständnis für die Eltern und sich selbst.

Aus den oben dargelegten Grundlagen von Selbstvertrauen geht hervor, dass wir einen Großteil des Eindrucks, den wir von uns selbst haben, als Kind vermittelt bekommen. Als Kinder nehmen wir ungefiltert alle Urteile über und jegliche Kritik an uns auf, da wir noch nicht das Rüstzeug haben, um zu reflektieren und uns ungerechtfertigt Erscheinendes abzulehnen. Jetzt, da viele von uns Großmütter werden, können wir unseren Enkelkindern ein überaus wertvolles Geschenk machen, indem wir ihnen die Grundlagen für ein gesundes Selbstvertrauen und damit für eine starke Resilienz schenken.

Resilienz

Erinnern Sie sich an das Konzept der Salutogenese aus dem Kapitel »Gesundheit und Wohlbefinden« (siehe Seite 48)? Der Medizinsoziologe Aaron Antonovsky erforschte, warum Menschen unter gleichen Bedingungen nach einer Krankheit eher gesund werden als andere. Es sind dies Menschen mit einem ausgeprägten Kohärenz- oder Stimmigkeitsgefühl, über das Menschen mit einer positiven Grundhaltung dem Leben gegenüber eher verfügen als diejenigen, die scheinbar resigniert haben. Die Resilienz kommt diesem Konzept sehr nahe. Als Resilienz wird die seelische Widerstandsfähigkeit bezeichnet, sie ist sozusagen das Immunsystem der Seele. Das Wort kommt vom lateinischen Verb *resilire*, das mit zurückspringen, abprallen übersetzt wird. Resilienz ist die innere Stärke eines Menschen, die ihm hilft, nach Krisen immer wieder »zurückzuspringen« in seine ursprüngliche Kraft und seinen Lebensmut, wie ein Stehaufmännchen beziehungsweise eine Stehauffrau, die immer wieder in ihre aufrechte Lage und somit leichter in ihr Leben zurückfinden.

Die Resilienz ist der Grund dafür, dass ein Mensch besser mit einem Schicksalsschlag fertigzuwerden scheint als ein anderer. Sie bezeichnet unsere Fähigkeit, zur Bewältigung dieser Krisen flexibel auf unsere persönlichen und sozial vermittelten Ressourcen zurückzugreifen, wobei wir diese Krisen als Anlass für Entwicklungen nutzen können.

Die meisten Kursteilnehmerinnen wollen wissen, ob Resilienz angeboren ist. Das ist nicht der

Das Vergleichen ist das Ende des Glücks und der Beginn der Unzufriedenheit.

Søren Kierkegaard

Fall, sie wird im Lauf des Lebens erlernt. Es gibt mehrere Faktoren, sie werden Schutzfaktoren genannt, die beim Menschen die Bildung von Resilienz fördern. Diese Faktoren puffern die psychischen Wirkungen von belastenden Bedingungen auf einen Menschen ab und ermöglichen somit die Bildung einer guten Resilienz.

Schutzfaktoren in der Kindheit

Es gibt einige Faktoren, die uns bereits als Kinder schützen. Zwei dieser (unveränderlichen) Faktoren scheinen zu sein, dem weiblichen Geschlecht anzugehören sowie eine Erstgeborene zu sein. Zumindest dem ersten Punkt entsprechen wir alle.

Ebenso gelten als (veränderliche) Schutzfaktoren bei Kindern unter anderem ein autoritativer und positiver Erziehungsstil, durch den Kinder Werte vermittelt und Grenzen gesetzt bekommen, eine stabile emotionale Beziehung zu einer erwachsenen Bezugsperson sowie positive Schulerfahrungen. Welches aber sind die Faktoren, die auch im Erwachsenenalter unsere Resilienz erhöhen?

Schutzfaktoren bei Erwachsenen

Als Erwachsene haben wir die Möglichkeit, die Schutzfaktoren für Resilienz selbst zu fördern und zu stärken. Eine der wichtigsten Fähigkeiten resilienter Erwachsener ist dabei das Vertrauen in die Selbstwirksamkeit, das heißt, sie sind überzeugt, selbst etwas bewirken zu können. Sie glauben ferner, dass sie Einfluss auf ihr Leben haben, übernehmen Verantwortung für ihr Leben und ihre Handlungen und sehen sich nicht so sehr in der Opferrolle.

Resiliente Menschen verfügen über genug Selbstvertrauen, die Herausforderungen des Lebens zu meistern, und richten den Blick auf die Lösung von Problemen. Sie haben eine optimistische Grundhaltung und betrachten Krisen als vorübergehend. Sie sind überzeugt davon, dass sich letztendlich alles zum Guten wenden wird. Außerdem verfügen sie über ein gutes soziales Netzwerk, haben enge emotionale Beziehungen zu anderen Menschen, pflegen Freundschaften, in denen gegenseitige Unterstützung erlebt wird. Im folgenden Abschnitt finden Sie sieben der wichtigsten Faktoren für

Sich selbst zu lieben ist der Beginn einer lebenslangen Romanze.

Oscar Wilde

eine gute Resilienzbildung mit entsprechenden Übungen zu deren Stärkung.

1. Akzeptanz

Akzeptanz bedeutet, Veränderungen als Bestandteil des Lebens zu akzeptieren, statt dagegen anzukämpfen. Krisen werden als überwindbar und als vorübergehend angesehen. Resiliente Menschen sind flexibel und passen sich den veränderten Situationen an. Sie richten den Blick auf die *Lösung von Problemen,* erkennen aber auch, wenn es keine Lösung gibt, denn sie wissen, dass sie nicht immer auf alles sofort eine Antwort haben müssen. Dabei hilft Ihnen die nebenstehende Übung.

Es ist für uns schwer vorstellbar, dass wir uns eine Krise herbeiwünschen – zumindest tun wir das nicht bewusst. Unbewusst aber verhalten wir uns manchmal tatsächlich so, und eine Krise wird unausweichlich. Oft erkennen wir das erst im Rückblick, sofern wir es überhaupt erkennen können. Diese Art der Betrachtungsweise, Krisen zu bejahen, ist sicher nicht jedem und auch nicht bei jedem Unglück oder Missgeschick möglich, doch einen Versuch ist sie auf jeden Fall immer wert. Denn während einer aktuellen Krise sollten wir uns nicht ausschließlich mit unserem Unglück identifizieren. Auch wenn es noch so schwerfällt, sollten wir die Augen offen halten für das Gute und Schöne in unserem Leben, das es neben der Krise weiterhin gibt.

Ich erinnere mich an eine Frau, die wegen betriebsbedingter Umstellungen eine Kündi-

Übung

Krisen bejahen

Versuchen Sie, auf ungewollte einschneidende Veränderungen so zu reagieren, als ob diese erwünscht seien. Stellen Sie sich folgende Fragen: Wozu könnte es gut sein, dass mir das passiert ist? Liegt darin eine bisher ungeahnte Chance? Was lerne ich daraus? Was wäre anders für mich, wenn ich diese Krise gewünscht und selbst herbeigeführt hätte? Suchen Sie sich für diese Situation einen Leitspruch, der Ihnen Kraft und Stärke gibt – er darf durchaus banal sein: beispielsweise »An Schwierigkeiten wächst man« oder »Mach das Beste draus« oder »... eines der besten Dinge, die mir je passiert sind«.

gung erhalten hatte. Da sie sich in ihrem Job sehr wohlfühlte, ging es ihr nach der Kündigung entsprechend schlecht. Sie war jung und gut qualifiziert und musste nicht befürchten, lange arbeitslos zu bleiben. Es war ihr kein Trost, dass der Kündigungsgrund nicht in ihrer Person lag. Sie empfand die Kündigung als persönliche Kränkung und erlitt einen Einbruch in ihrem Selbstwertgefühl.

Ich bat sie, Folgendes zu versuchen: Sie sollte diese Kündigung willkommen heißen und sich die oben genannten Fragen stellen. Dadurch sollte sie sich nicht länger als Opfer sehen und ihren Blick vom Problem auf die Lösung und damit in die Zukunft richten. Zuerst wehrte sie sich gegen diese Vorstellung, doch ich bat sie, es zu versuchen. Außerdem sollte sie sich einen Leitspruch, ein Motto für die gegenwärtige Lage suchen. Sie wählte für sich das Motto: »An Schwierigkeiten wächst man.« Schließlich ließ sie sich auf dieses Gedankenexperiment ein, und ganz allmählich veränderte sich ihr Blickwinkel.

Es gelang ihr, in dieser Kündigung die Chance einer Entwicklung zu erkennen. In kurzer Zeit hatte sie einen neuen, gleichwertigen Job gefunden, in dem sie sich bald ebenfalls sehr wohlfühlte. Sie hatte gelernt, ein mögliches Unglück zu einem glücklichen Ende zu führen, was wiederum ihr Selbstvertrauen stärkte. Oft bringen die schlimmsten Erfahrungen die verborgensten Stärken ans Licht.

2. Positive Emotionen

Alle Menschen erleben sowohl Freude als auch Leid, entscheidend ist, welche Emotionen dabei entstehen und wie stark sie diese wahrnehmen. Resiliente Menschen erleben nicht weniger belastende Situationen als andere, doch sie beurteilen die Situation anders, und als Resultat »machen« sie sich eher neutrale Gefühle. Vielleicht wundert Sie der Ausdruck »machen«, doch tatsächlich tragen wir durch unsere Gedanken entscheidend dazu bei, welche Gefühle wir haben.

Wie sehr unsere Gedanken unser Selbstvertrauen und Wohlbefinden beeinflussen, wussten bereits die alten Griechen. Der Stoiker Epiktet lehrte vor 2000 Jahren: »Nicht die Dinge beunruhigen die Menschen, sondern ihre Meinung über die Dinge.« Dieses frühe Wissen mag ein Vorläufer des »ABC der Gefühle« gewesen sein. Die Übung dazu befindet sich auf der nebenstehenden Seite 97.

3. Optimismus

Resiliente Menschen gehen auch bei schwierigen oder belastenden Situationen davon aus, dass sie diese Situationen gut durchstehen werden. Mit ihrer optimistischen Grundhaltung betrachten sie Krisen als vorübergehend und sind davon überzeugt, dass sich letztendlich alles zum Guten wenden wird. Ihr Motto könnte lauten: »Nach Regen kommt Sonnenschein.« Haben sie eine Situation gut überstanden, wächst ihr Selbstvertrauen, auch in Zukunft Krisen gut meistern zu können. In schwierigen Situationen halten optimistische Menschen länger durch, weil sie mit einem positiven Ausgang rechnen.

Leider schränken frühe Botschaften aus der Kindheit und Jugend nicht nur unseren Optimismus ein, sondern hindern uns oft auch daran, an uns und unser Können zu glauben und es unter Beweis zu stellen.

Dazu sollten wir uns einmal die Stimmen anhören, die in unserer Kindheit entweder direkt zu uns oder über uns sprachen. Diese Stimmen klingen als frühe Botschaften noch

Übung

ABC der Gefühle

Achten Sie auf die Bewertung Ihrer Erlebnisse und Erinnerungen, denn Sie fühlen, was Sie denken. Es ist immer Ihre ganz persönliche und subjektive Bewertung einer Sache, die darüber entscheidet, wie Sie sich fühlen. So ist es auch zu erklären, dass zwei Menschen ein und dieselbe Sache erleben und dennoch verschieden darauf reagieren.

Jedes Mal, wenn Sie traurig, verärgert, froh oder ängstlich sind, haben Sie zuerst etwas wahrgenommen:

A = der *Auslöser:* Sie haben etwas gesehen, gehört oder aber sich an vergangene Ereignisse erinnert.

B = die *Bewertung:* Sie haben Ihre Wahrnehmung mehr oder weniger bewusst als positiv, negativ oder neutral bewertet.

C = die *Consequence,* Konsequenz: Als Folge Ihrer Bewertung sind Sie traurig, verärgert, ängstlich, froh usw.

Besonders wenn Sie sich verärgert oder traurig fühlen, machen Sie sich Ihre vorangegangenen Gedanken bewusst: Negative Gedanken führen zu negativen, positive Gedanken zu positiven und neutrale Gedanken zu neutralen Gefühlen. Es sind Ihre negativen Gedanken, die Sie deprimieren, ärgerlich oder ängstlich machen oder durch die Sie sich kleinmachen. Es sind Ihre positiven Gedanken, die Sie glücklich und froh machen. Es sind Ihre neutralen Gedanken, die Sie ruhig und ausgeglichen machen oder Ihnen helfen, einen kühlen Kopf zu bewahren. Und je nachdem, wie Sie sich fühlen, fallen Ihre Reaktionen unterschiedlich aus.

Wollen Sie sich besser fühlen und mehr von dem tun, was Sie für richtig und gut halten, dann sollten Sie Ihr Denken ändern. Stellen Sie sich die folgende Frage: Hilft mir der Gedanke, mich so zu fühlen und zu verhalten, wie ich es gerne möchte? Lautet die Antwort »Nein«, dann verbannen Sie diesen Gedanken aus Ihrem Kopf und ersetzen ihn schleunigst durch einen anderen. Ihre Gedanken beeinflussen somit nicht nur Ihre Gefühle, sondern auch Ihre Handlungen.

Das »ABC der Gefühle« kann uns dabei unterstützen, uns unsere Bewertungen von Ereignissen und Erinnerungen bewusst zu machen und sie entsprechend zu verändern. Durch die veränderte Bewertung verhilft es uns zu positiveren Emotionen und einem für uns angemessenen Verhalten, was letztendlich unser Selbstvertrauen stärkt.

Übung

Negative Botschaften werden stärkende Glaubenssätze

Welche frühen negativen Botschaften, die zu Glaubenssätzen wurden und die Sie bis heute beeinflussen, kennen Sie? Verwandeln Sie diese in positive Sätze (Muster im Übungsheft). Beispiele:

Negativer Glaubenssatz: Eigenlob stinkt!
Auswirkung: Ich traue mich nicht zu zeigen, was in mir steckt.
Positiver Glaubenssatz: Eigenlob stimmt!

Negativer Glaubenssatz: Ordnung ist das halbe Leben ...
Auswirkung: Ich habe ständig Angst, unordentlich zu sein.
Positiver Glaubenssatz: ... aber die andere Hälfte ist schöner.

Negativer Glaubenssatz: Dass du es ja nicht wagst!
Auswirkung: Ich fühle mich mutlos.
Positiver Glaubenssatz: Wer wagt, gewinnt!

Negativer Glaubenssatz: Lauf nicht so schnell, du fällst hin.
Auswirkung: Ich bin ängstlich und traue mich gar nichts.
Positiver Glaubenssatz: ... dann steh ich eben wieder auf.

Sagen Sie sich in jeder Situation, in der Sie sich an den alten Satz erinnern, stattdessen Ihren neuen. Sie können ihn auch vor dem Spiegel wiederholen. Vielleicht fällt Ihnen sogar eine passende Geste dazu ein, die dem neuen Satz Nachdruck verleiht? Es wird eine Weile dauern, bis der neue positive Satz so in Ihnen erstarkt ist, dass der alte unwirksam wird.

Manchmal gibt es auch negative Glaubenssätze aus der Kindheit, die angespornt haben, im Sinne von »Jetzt erst recht!«. Dann hatte die Botschaft, obwohl negativ, eine positive Auswirkung. Eine Frau, die mich zu einer Beratung aufsuchte, erzählte, dass sie den Satz »Aus dir wird nie was!« sehr oft gehört hatte. Daraus entstand der unbändige Wunsch zu beweisen, etwas ganz Besonderes zu werden und zu zeigen, was in ihr steckte. Sie veränderte den Satz schon als Jugendliche in »Aus mir wird was Besonderes!« und entwickelte Ehrgeiz. Später wurde sie eine bekannte Sängerin. Vielleicht erinnern Sie sich auch an positive Glaubenssätze, die Sie gestärkt haben. Welche? Diese sollten Sie so oft wiederholen, wie Sie nur können. Allzu leicht geraten solche Sätze sonst in Vergessenheit.

heute mal leiser mal lauter in uns, sie haben sich im Lauf unseres Lebens als Glaubenssätze tief eingeprägt.

»Lass das, das kannst du nicht!« Diese Worte meiner Mutter habe ich noch genau im Ohr und sehe dabei auch ihr Gesicht vor mir, sie sieht gereizt und ungeduldig aus. So oft hat sie mir diese frühe Botschaft gesagt, dass sie zu einem Glaubenssatz geworden ist. Ich habe geglaubt, was sie mir gesagt hat. Die Wirkung war dementsprechend: Lange habe ich geglaubt, ich könnte nichts Vernünftiges zustande bringen, und habe mich daher selten an Neues gewagt. Dann geschah ein Wunder. Eines Tages fragte mich bei einer Bewerbung mein zukünftiger Chef: »Können Sie gut Schreibmaschine schreiben?« Ich hatte Sprachen studiert und als Übersetzerin gearbeitet. Dabei hatte ich mich mit dem Zweifingersystem ganz gut durchgeschlagen. Diese Stelle war geteilt, ich sollte sowohl übersetzen als auch die Aufgaben als Chefsekretärin übernehmen. Dies erschien mir so verlockend, dass ich für einen Moment den Glaubenssatz vergaß und ihn durch einen neuen ersetzte: »Ja, ich kann!« Damals wusste ich noch nicht viel über Psychologie und war mir der Tragweite dieser Antwort nicht bewusst. Von da an sagte ich immer öfter: »Ja, ich kann!« Allmählich verblasste der alte Glaubenssatz, und ich wagte mich zusehends an neue Aufgaben. Ich bekam die Stelle und lernte dort Schreibmaschine. Verwandeln Sie selbst Ihre Glaubenssätze mit der nebenstehenden Übung auf Seite 98.

4. Positive Selbstwahrnehmung

Wir alle haben die Grundlagen für unser Selbstvertrauen mehr oder weniger in der Kindheit vermittelt bekommen. Als Kinder haben wir die Ansichten der Erwachsenen über uns angenommen und haben gelernt, uns im Lauf des Lebens so zu sehen, wie uns andere sehen. Später haben wir Erfolge erlebt, durch die unser Selbstvertrauen gestärkt wurde, und Misserfolge, mit denen wir je nachdem, wie stark unser Selbstvertrauen war, umgegangen sind. Die eine hat vielleicht tatsächlich gesagt »Nobody is perfect« und hat einen Misserfolg schneller weggesteckt als die andere, die lange daran geknabbert und deren Selbstvertrauen darunter gelitten hat. So formte sich allmählich ein bestimmtes Bild, das wir von uns haben, unser Selbstbild.

Meiner Erfahrung nach ist die Selbstwahrnehmung, das Selbstbild von Frauen, besonders von vielen Frauen unserer Generation, immer noch eher zu negativ, viele neigen dazu, sich eher als unzulänglich denn als kompetent wahrzunehmen. Auch die verblassende Schönheit stellt für viele Frauen ein Problem dar.

Schönheitskult

Wenn eine Frau die meiste Zeit ihres Lebens die Schönheit als Selbstwertquelle hatte und diese Schönheit sich nun verändert, kann dies bei ihr zu einem Selbstwerteinbruch führen. Viele Frauen wenden enorme Energie und Zeit für die Erhaltung ihrer Schönheit auf und sind zutiefst getroffen, wenn sie merken, dass diesen

Übung

Sich wertschätzen

Machen Sie diese Übung zuerst allein. Nennen Sie Ihren Namen, und verbinden Sie ihn mit einer Eigenschaft, auf die Sie stolz sind: »Ich bin Eva, ich bin offen und ehrlich!« Oder: »Ich bin Maria, ich habe wundervolle Haare und sehe gut aus!« Sagen Sie das einige Male im Stehen laut.

Achten Sie dabei auf eine aufrechte Körperhaltung, den Blick nach oben gerichtet. Vielleicht unterstreichen Sie das Gesagte noch mit einer passenden Geste. Auch Ihre Stimme sollte kräftig klingen. Sie können dem Gesagten noch mehr Gewicht geben, indem Sie ein bekräftigendes »Jawohl!« oder »So ist es« hinterherschicken.

Anfänglich wird Ihnen das vielleicht etwas seltsam vorkommen, aber ganz allmählich werden Sie Freude und Stolz dabei empfinden. Und bald wir es Ihnen leichtfallen, solche oder ähnliche Sätze auch in der Gegenwart anderer zu sagen.

Beobachten Sie ebenfalls, ob und wann Sie über andere abwertend sprechen. Üben Sie, sich über andere wertschätzend zu äußern und auch über Abwesende anerkennend zu sprechen.

Auf alle Fälle sollten Sie Wörter wie »eigentlich«, »gewöhnlich«, »manchmal«, »irgendwie« oder »für mein Alter« immer versuchen zu vermeiden, denn das sind Einschränkungen. Selbst wenn Sie das Gefühl haben, dass das Gesagte nicht zu hundert Prozent zutrifft – das macht gar nichts. Je öfter Sie sich den stärkenden Satz vorsagen, desto eher wird sich dieser Satz in Ihnen einprägen und Ihre Selbstwahrnehmung schließlich entscheidend verbessern.

Ebenso können Sie Ihren Namen mit etwas, das Sie in Ihrem Leben geschafft haben, einer Ihrer Leistungen, verbinden: »Ich bin Eva, ich bin/war eine gute Mutter.« Oder: »Ich bin Hanne, ich habe erfolgreich ein Kleinunternehmen geführt.« Oder aber: »Ich bin Luise, ich habe meine Angst davor überwunden, vor einer größeren Gruppe zu sprechen.«

Sie können also etwas Allgemeines äußern, wie eine gute Mutter zu sein oder ein Kleinunternehmen zu führen, was viele Kompetenzen umfasst, oder etwas sehr Konkretes, wie beispielsweise die Überwindung einer bestimmten Angst.

Meiden Sie dabei Sätze wie: »Das habe ich aber nur nach vielen Versuchen geschafft.« Oder: »Das habe ich nur mit fremder Hilfe hinbekommen«. Auch diese stellen Einschränkungen dar. Wichtig ist in diesem Fall nur, dass, Sie es geschafft haben.

Selbst unsere Schwächen können wir wertschätzen lernen. Sie haben uns vor etwas geschützt, und das sollten wir erkennen und anerkennen. Sobald wir aufhören, unsere Schwächen abzulehnen, sondern genau das entwickeln lernen, wovor sie uns die ganze Zeit bewahrt haben, verwandeln wir selbst unsere Schwächen in Stärken.

Wovor hat meine Schwäche mich bewahrt? Bin ich bereit, das jetzt zu entwickeln?

Eine Frau erinnert sich in der Beratung: »Hatten meine Eltern Konflikte, gerieten sie schnell in Streit und schrien sich an. Ich fand das schrecklich und wollte nie so werden. Daher ging ich jeder Auseinandersetzung aus dem Weg und schluckte sehr viel hinunter.« Sie sah ein, dass dieses Hinunterschlucken eine Schwäche war, die sie vor unliebsamem Streit schützte.

Um ihre Angst vor Konflikten zu überwinden, machte sie schließlich einen Kurs in gewaltfreier Kommunikation. Dort lernte sie, bei Auseinandersetzungen ruhig und gelassen ihre Meinung zu vertreten und sich klar und deutlich abzugrenzen.

Eine Schwäche anzuerkennen ist ein Zeichen von Selbstbewusstsein und auch eine sehr gute Ausgangsbasis für eine positive Veränderung.

Bemühungen Grenzen gesetzt sind. Aus falsch verstandenem Ehrgeiz folgen sie einem Optimierungswahn, wobei es nicht immer leicht sein mag, den Unterschied zu erkennen zwischen einer wahnhaften Selbstoptimierung und einer gesunden Lust, den Körper zu fordern, weil wir sehen wollen, was noch alles in uns steckt. Tun wir es jedoch nur, um ewig jung und schön zu bleiben, dem Alter davonzulaufen, erfüllen wir einen unerbittlichen Jugendwahn und können auf Dauer nur verlieren. Damit setzen wir uns unter Druck, und der Schaden ist wesentlich größer als der Nutzen. Statt Druck sollte eher Freude der Maßstab unseres Tuns sein.

Älter werdende Frauen könnten ihr Schönheitsideal überdenken. Wessen Ideal ist es? Das der Gesellschaft? Das der Männer? Sicher kann der gesellschaftliche Druck sehr hoch sein, doch jede Frau entscheidet selbst, ob sie dieses Spiel, ewig jung und schön bleiben zu wollen, mitspielen kann und will. Hört sie auf, sich mit Männeraugen zu sehen, und beginnt sie, sich mit eigenen Augen zu sehen, kann sie eine andere Schönheit entdecken, die Schönheit eines reifen Gesichts mit den Spuren gelebten Lebens. Wenn ich durch meine Stadt gehe, fallen mir immer wieder die vielen schönen älteren Frauen auf. Es wäre schade, wenn die Betreffenden selbst das zu sehen nicht imstande wären.

Natürlich verfügen Frauen um die sechzig neben der Schönheit über zahlreiche weitere Selbstwertquellen: Sie sind/waren Ehefrau, haben einen Haushalt geführt, Kinder großgezogen, einen Beruf ausgeübt, Freundschaften gepflegt, sind Hobbys nachgegangen und haben dabei unendlich viele Fähigkeiten und Kompetenzen erworben. Leider vergessen sie das alles manchmal. Sie sollten es sich immer wieder in Erinnerung rufen und stolz darauf sein!

Wir können viel dafür tun, unsere Selbstwahrnehmung zu verbessern und ein positiveres Selbstbild aufzubauen. Dazu gehört, die eigenen umfänglichen Lebensleistungen gebührend wahrzunehmen und sie nicht als selbstverständlich herunterzuspielen sowie die eigene Schönheit auch in reiferen Jahren wertzuschätzen. Probieren Sie die vorhergehende, sehr wohltuende Übung »Sich wertschätzen« auf Seite 100 oder die nachfolgende Gedanken-stopp-Übung auf Seite 104 aus.

5. Kontrollüberzeugung

Resiliente Menschen glauben, dass sie Einfluss auf ihr Leben haben, sie übernehmen Verantwortung für ihr Leben und ihre Handlungen und sehen sich nicht so sehr in der Opferrolle. Manche Menschen neigen dazu, den Grund für ein Ereignis als Zufall, als Glück, als Pech oder gar als Schicksal zu beschreiben, und sehen nicht den Anteil, den sie selbst zu diesem Ereignis beigetragen haben. Selbstverständlich gibt es Ereignisse, die wir nicht kontrollieren können, wie etwa den Tod eines nahestehenden Menschen. Doch resiliente Menschen sind überzeugt davon, durch ihre Handlungen zumindest die meisten Situationen in ihrem Leben beeinflussen und steuern zu können.

Selbstentmutigende Gedanken

Gerade Frauen neigen dazu, sich durch selbstentmutigende Gedanken zu sabotieren, dadurch ihr Selbstvertrauen zu schwächen und in die Opferrolle abzugleiten. Ihre selbstentmutigenden Gedanken kreisen wie ein Gedankenkarussell in ihren Köpfen und lösen Scham oder Schuld- und Unzulänglichkeitsgefühle aus. Da sie perfekt sein wollen, erzeugt jeder Fehler Selbstzweifel und überzogene Selbstkritik in ihnen. Durch ständige Vergleiche mit anderen, falsche Bescheidenheit und überzogene Selbstkritik lösen sie eine ganze Kaskade von negativen Gefühlen in sich aus, die sie schlecht unter Kontrolle bringen können.

Vergleich mit anderen

Viele Frauen neigen dazu, sich ständig mit anderen zu vergleichen. Oft schneiden wir bei solchen Vergleichen schlecht ab, denn es wird immer andere Menschen geben, die klüger, erfolgreicher, schöner usw. sind als wir. Überzogene Selbstzweifel sind die Folge, die es uns erschweren, uns als einen Menschen zu erleben, der fähig ist, durch seine Handlungen Situationen in seinem Leben beeinflussen zu können. Das ist aber unumgänglich, wollen wir nicht Einbußen an Selbstachtung hinnehmen. Wenn Sie sich vergleichen wollen, dann nur, um von anderen etwas zu lernen, besser noch ist es, mit dem ständigen Vergleichen aufzuhören. Der Philosoph Søren Kierkegaard sagte dazu: »Das Vergleichen ist das Ende des Glücks und der Beginn der Unzufriedenheit.«

Gedankenstopp-Methode

Mit der Gedankenstopp-Methode können Sie Ihre selbstentmutigenden Gedanken stoppen und schließlich durch selbstbekräftigende Gedanken ersetzen.

6. Selbstwirksamkeitserwartung

Die Erwartung, dass wir durch unsere Fähigkeiten ein gewünschtes Ergebnis erreichen können, nennt man Selbstwirksamkeitserwartung. Resiliente Menschen vertrauen auf ihre Kompetenzen und nehmen Herausforderungen an. Eine hohe Selbstwirksamkeitserwartung entsteht, wenn Menschen ihre Erfolge ihren eigenen Fähigkeiten zuschreiben oder diese Fähigkeiten durch ein positives Feedback von anderen gewürdigt werden.

Falsche Bescheidenheit

Leider spielen Frauen ihre Leistungen oft herunter und machen sich klein. Ihre Leistungen schreiben sie der Unterstützung anderer oder dem Zufall zu. Sie sagen beispielsweise: »Das habe ich doch nur geschafft, weil XY mir geholfen hat« oder »einfach Glück gehabt«. Selbst wenn es Unterstützung von anderen gab oder ein Quäntchen Glück dabei war, das Ergebnis zählt: Sie haben es geschafft. Daher sollten wir uns unsere selbst erzielten Erfolge immer wieder bewusst machen. Hierbei hilft sowohl die oben genannte Übung des Sich-Wertschätzens als auch das Führen eines Erfolgstagebuchs.

Außer dem Notieren eines Erfolgs tut es auch gut, sich dafür zu belohnen, den Erfolg

Übung

Erfolgstagebuch

Erkennen und anerkennen Sie Ihre Erfolge! Notieren Sie jeden kleinen Erfolg in einer Art Tagebuch, denn Erfolge geben Kraft, Mut und die Energie weiterzumachen. Auch ganz alltägliche kleine Leistungen, die oft allzu schnell in Vergessenheit geraten, sollten notiert werden. So können Sie diese immer wieder nachlesen oder laut aussprechen, das erhöht die selbststärkende Wirkung.

gebührend zu feiern. Würdigen und wertschätzen Sie Ihre Erfolge so oft wie möglich. Dadurch werden Sie sich bewusst, dass Sie Ihre Erfolge Ihren eigenen Fähigkeiten zu verdanken haben, und steigern Ihre Selbstwirksamkeitserwartung.

7. Soziales Netzwerk

In belastenden Situationen hilft ein gutes soziales Netzwerk von Familienangehörigen und/oder Freunden. Frauen haben meist eine große Anzahl von tragenden sozialen Beziehungen und sind bereit, sich bei Problemen möglichst schnell Hilfe und Unterstützung zu suchen. Das heißt, sie haben ein ausgeprägtes Hilfesuchverhalten, das offensichtlich zu ihrer guten

Übung

Gedankenstopp

Zuerst sollten Sie sich des Gedankens bewusst werden, den Sie stoppen wollen. Dies können tagesformbedingte Selbstzweifel sein oder Befürchtungen, einer Lage vorübergehend nicht gewachsen zu sein. Besonders Gedanken, die in uns Gefühle der Unzulänglichkeit oder Schuldgefühle auslösen, sollten gestoppt werden. Ebenso kann es sich um irrationale Befürchtungen handeln, wie sie am Anfang des Kapitels in der Geschichte von dem Hammer von Paul Watzlawick so trefflich beschrieben wurden (siehe Seite 86).

Sobald dieser Gedanke Form annimmt, sagen Sie sich innerlich STOPP, oder wenn Sie allein sind, sagen Sie es laut. Dann sagen Sie sich RUHIG und entspannen bewusst für ein paar Sekunden die Muskeln. Ihr Ziel ist dabei, den Gedanken, den Sie unter Kontrolle bringen wollen, wenigstens einen Augenblick lang zu unterbrechen.

Gelingt Ihnen diese Unterbrechung nicht sofort, wiederholen Sie den Vorgang. Statt STOPP zu sagen, können Sie auch ein STOPP-Schild visualisieren. Sie werden herausfinden, was Ihnen besser gefällt. Wahrscheinlich müssen Sie diese Übung ein Dutzend Mal wiederholen, bevor das Gedankenmuster unterbrochen ist. Gelingt Ihnen die Unterbrechung, dann folgt der nächste Schritt: Sie tauschen den ursprünglichen negativen Gedanken durch einen positiven aus.

Denken wir zum Beispiel: »Heute sehe ich furchtbar aus, die anderen sehen viel besser aus«, dann könnten wir diesen Gedanken durch folgende Sätze ersetzen: »Keiner sieht immer gleich aus, trotzdem werde ich respektiert (gemocht), bin ich immer gleich viel wert« oder »Egal, wie ich (heute) aussehe, wichtig ist, dass *ich* mich liebe«.

Denken wir: »Schon wieder habe ich einen Fehler gemacht« oder »Schon wieder habe ich versagt«, helfen Sätze wie: »Fehler machen ist menschlich«, »Das kann jedem passieren« oder »Ich bin liebenswert und wertvoll, auch wenn ich versagt habe«. Besonders der letzte Satz kann schwerfallen, und gerade deshalb ist er so wichtig. Wiederholen Sie ihn so oft wie möglich. Wenn wir bereit sind, aus jedem begangenen Fehler etwas zu lernen, tragen sogar unsere Fehler zur Stärkung unseres Selbstvertrauens bei.

Übrigens lassen sich nicht nur negative Gedanken stoppen, sondern auch negative Bilder. Erscheint vor Ihrem inneren Auge ein negatives Bild, halten Sie inne und atmen tief durch. Dann sagen Sie STOPP und ersetzen das negative Bild durch ein angenehmes. Bald werden Sie die beruhigende Wirkung des angenehmen Bildes spüren.

Viele Frauen haben nie gelernt, Selbstmitgefühl für sich zu entwickeln, sich selbst Liebe und Akzeptanz entgegenzubringen, wie eine Mutter es ihrem Kind gegenüber tut. Vielleicht hatten Sie eine solch liebevolle Mutter nicht, dann ist es jetzt an der Zeit, sich selbst diese liebevolle Mutter zu sein. Trösten, beruhigen Sie sich, wenn Sie Trost und Ruhe brauchen, seien Sie liebevoll zu sich, wann immer Sie Liebe brauchen – und Liebe können wir immer gebrauchen! Nutzen Sie den Gedankenstopp dafür, abwertende Gedanken durch liebevolle, sich selbst wertschätzende Gedanken zu ersetzen. Gefühle wie Akzeptanz, Empathie und Freundlichkeit sich selbst gegenüber lassen sich trainieren.

Wichtig ist, dass schließlich ganz automatisch folgende Reihenfolge abläuft: NEGATIVER GEDANKE – STOPP – RUHIG – ENTSPANNEN – POSITIVER GEDANKE. Sie stoppen Ihren negativen selbstsabotierenden Gedanken und damit die Kaskade von negativen Gefühlen, die er in Ihnen auslöst. Es braucht eine Weile, bis diese Methode wirkt, doch im Lauf der Zeit lernen Sie, Ihren Blickwinkel vom Negativen auf das Positive zu richten. Sie erleben weniger Selbstwertschwankungen, stärken Ihr Selbstvertrauen und damit auch Ihre Kontrollüberzeugung.

Resilienz beiträgt. Die Hilfe muss noch nicht einmal in Anspruch genommen werden, allein durch das Wissen, dass Freunde da sind, werden eventuelle psychische Belastungen abgemildert, und dies wiederum stärkt die psychische Widerstandsfähigkeit.

Frauen sind aber nicht nur eher bereit, Hilfe zu suchen, sondern sie sind es auch, die überwiegend für andere Hilfe und Unterstützung leisten, insofern sind die meisten ihrer Beziehungen von einem gegenseitigen Geben und Nehmen geprägt.

Sicher haben Sie erkannt, dass einige der sieben Schutzfaktoren für Resilienz bei Ihnen gut ausgeprägt sind und keinerlei Stärkung bedürfen, andere jedoch durchaus. Dann suchen Sie sich genau die Übungen aus, aus denen Sie Nutzen ziehen können. Vielleicht wollen Sie es auch machen wie das Schilfrohr in der folgenden Fabel von Aesop: »Eine Eiche und ein Schilfrohr stritten über ihre Stärke. Als ein heftiger Sturm aufkam, beugte und wiegte sich das Schilfrohr im Wind. Die Eiche aber blieb aufrecht stehen und wurde entwurzelt.«

Fremdwahrnehmung

Neben dem Bild, das wir von uns selbst haben, dem Selbstbild, gibt es auch ein Bild, das andere von uns haben, das Fremdbild. Es entsteht durch die Wahrnehmung anderer von uns. Manchmal sehen wir uns anders, als unsere Freunde uns sehen, unsere Partner, Kinder, Nachbarn oder (frühere) Kollegen. In einem bestimmten Umfeld zeigen wir ein anderes Ge-

Übung

Was magst du an mir?

Wichtig ist dabei, nur gute Freunde oder wohlwollende Bekannte zu fragen, schließlich wollen Sie Ihr Selbstvertrauen stärken. Da es vorkommt, dass andere uns anders sehen, als wir selbst es tun, machen Sie sich auf Überraschungen gefasst. Vielleicht lernen Sie ganz neue Seiten an sich kennen. Wenn Sie wollen, notieren Sie sich diese Antworten, dann können Sie diese immer wieder nachlesen und sich an ihnen erfreuen.

Wenn Sie andere befragen, dann sollten Sie keine Verlegenheit aufkommen lassen, sich nicht zieren und das Gesagte nicht herunterspielen. Sollte Ihnen eine Wertschätzung nicht angebracht erscheinen, dann wehren Sie nicht gleich ab, vielleicht handelt es sich um eine Seite, die Sie selbst noch gar nicht an sich wahrgenommen haben und entwickeln wollen. Meistens jedoch hat die Frau um die sechzig sich im Lauf ihres Lebens bereits gut einzuschätzen gelernt, sodass ihr Selbstbild mit dem Fremdbild übereinstimmt.

sicht als in dem anderen, wir spielen in der Familie eine andere Rolle als im Beruf, und jeder aus dem jeweiligen Umfeld kennt dann nur

diese eine Seite von uns. Es kann für uns sehr interessant sein, einmal zu hören, wie andere uns sehen. Welches Bild haben sie von uns, wie ist deren Fremdwahrnehmung? Ganz einfach: Fragen wir sie (siehe nebenstehende Übung)!

Was uns sonst noch stärkt

Sicher haben Sie die Erfahrung gemacht, dass, wenn Sie sich wohlfühlen, Ihr Selbstvertrauen größer ist, als wenn Sie sich nicht so gut fühlen. Deshalb unterstützt all das Ihr Selbstvertrauen zusätzlich, was generell Ihr Wohlbefinden und Ihre Gesundheit stärkt, wie gute Ernährung, Bewegung, ausreichend Schlaf, gute Momente sammeln, sich hübsch machen (nicht Schönheitswahn), sich mit guten Freunden umgeben, die Partnerschaft pflegen und vieles mehr, das Sie in Ihrem Leben als wohltuend empfinden. Jede von Ihnen hat sicher ihr eigenes, vielleicht sogar geheimes Wohlfühlrezept. Hier gebe ich Ihnen einige Tipps zur schnellen Stärkung Ihres Selbstvertrauens und zur Steigerung Ihres Wohlgefühls, die sich bewährt haben:

Aufrechte Haltung

Gerade wenn Ihnen nicht danach sein sollte: Strecken Sie Ihre Halswirbelsäule, und heben Sie Ihr Kinn an. Manche Frauen haben Angst, Sie würden arrogant wirken. Nein, Sie wirken selbstsicherer und fühlen sich auch so!

Schultern zurück – Brust raus

Ihre Rippen können sich entfalten, die Lunge bekommt mehr Platz, Sie atmen leichter und freier. So bekommen Ihr Gehirn und Ihre Körperzellen mehr Sauerstoff, und Sie fühlen sich sofort frischer.

Arme schwingen

Es mag Ihnen seltsam vorkommen, doch probieren Sie es aus: Das Armschwingen signalisiert dem Gehirn, das Leben ist leicht. Ihre Stimmung steigt und so Ihre Handlungsfähigkeit.

Hüften schwingen

Hüftschwingen lockert das Becken, die untere Wirbelsäule und die Organe im Bauchraum. Diese Übung lässt Sie Ihre Beweglichkeit fühlen, auch Ihre Gedanken werden beschwingter.

Strecken und Dehnen

Wenn Sie sich ärgern oder Stress haben, verspannt Ihre Muskulatur und auch Ihre Blutgefäße, die von feinsten Muskeln umgeben sind, ziehen sich zusammen. Das führt zu hohem Blutdruck und hohem Adrenalinspiegel. Da hilft eine Entspannungsübung oder, das geht schneller, ausgiebiges Strecken und Dehnen.

Breitbeinig stehen

Das dürfte speziell uns Frauen schwerfallen. Aber es signalisiert unserem Gehirn – und auch anderen Menschen: Ich habe einen festen Stand, mich wirft so schnell nichts um!

Mit den Füßen stampfen

Bestimmt haben Sie schon von den Reflexzonen an den Fußsohlen gehört, die durch Massage angeregt werden können. Wenn Sie mit den Füßen stampfen, werden die Nervenenden an Ihren Fußsohlen stimuliert, die für Aufmerksamkeit und Wachheit zuständig sind. Und wenn wir aufmerksam und wach sind, fühlen wir uns gleich besser.

Summen

Es kommt nicht darauf an, was Sie summen, sondern dass Sie summen. Ein weicher und intensiver Summton kann sich in Ihrem ganzen Körper ausbreiten, und die durch das Summen erzeugten Vibrationen führen zu einem angenehm entspannten Gefühl.

Lächeln und Lachen

Wenn Sie lächeln oder lachen, ziehen Sie Ihre Mundwinkel hoch und entspannen dabei Ihre Gesichtsmuskeln. Ihr Gehirn reagiert darauf mit der Ausschüttung von Glückshormonen, den Endorphinen. Das beruhigt und erzeugt ein Wohlgefühl.

Laut Statistiken sollen sich Menschen um die sechzig auf dem Zenit ihres Selbstvertrauens befinden. Dieses große Ausmaß an Selbstvertrauen in der dritten Lebensphase zu stärken und für das spätere Alter zu bewahren ist eine überaus (be)lohnende Aufgabe. Vielleicht können Sie dann, ohne sich dabei egoistisch zu fühlen, auf die Frage »Wer ist die wichtigste Person in Ihrem Leben?« antworten: »Ich!« Oder, um es mit Oscar Wilde zu sagen: »Sich selbst zu lieben ist der Beginn einer lebenslangen Romanze.«

Dann sprach Almitra abermals und sagte:
Und was ist mit der Ehe, Meister?
Und er antwortete und sprach:
Ihr wurdet zusammen geboren,
und ihr werdet auf immer zusammen sein.
Ihr werdet zusammen sein,
wenn die weißen Flügel des Todes
eure Tage scheiden.
Ja, ihr werdet selbst im stummen
Gedenken Gottes zusammen sein.
Aber lasst Raum zwischen euch.
Lasst die Winde des Himmels
zwischen euch tanzen.
Liebt einander, aber macht
die Liebe nicht zur Fessel:
Lasst sie eher ein wogendes Meer
zwischen den Ufern eurer Seelen sein.
Füllt einander den Becher,
aber trinkt nicht aus einem Becher.
Gebt einander von eurem Brot,
aber esst nicht vom selben Laib.
Singt und tanzt zusammen und seid fröhlich,
aber lasst jeden von euch allein sein,
so wie die Saiten einer Laute allein sind
und dennoch von derselben Musik erzittern.
Gebt einander eure Herzen,
aber nicht in des anderen Obhut,
denn nur die Hand des Lebens
kann eure Herzen umfassen.
Und steht zusammen, doch nicht zu nah:
Denn die Säulen des Tempels stehen für sich,
und Eichbaum und Zypresse
wachsen nicht im Schatten des anderen.

Khalil Gibran

DER PROPHET

Partnerschaft und Freundschaft

Das Thema Partnerschaft bewegt Menschen jeden Alters. Die Fragen, die wir uns stellen, wenn wir jung sind und als Paar zusammenziehen wollen, unterscheiden sich gar nicht so sehr von den Fragen, die wir Frauen um die sechzig uns nach Beendigung der Familienphase und/oder der Berufstätigkeit stellen. Sowohl bei einem geplanten Zusammenleben oder einer Eheschließung als auch in der jetzigen Phase wissen wir oder ahnen es zumindest, dass es zu einschneidenden Veränderungen kommen wird, geht es doch in beiden Fällen um einen Neuanfang. Im jüngeren Alter sind wir beflügelt vom Verliebtsein, sehen alles durch die berühmte rosarote Brille, besonders den Partner, sind voller Hoffnungen und Erwartungen, die wir mit diesem Schritt verknüpfen. Wir haben weder positive noch negative Erfahrungen des gemeinsamen Zusammenlebens, wir sind vollkommen offen. In unserem Alter haben wir bereits eine längere oder lange gemeinsam verbrachte Zeit mit dem Partner hinter uns und haben gelernt, ihn so zu sehen, wie er wirklich ist. Wir sind geprägt von den miteinander er- und durchlebten Erfahrungen, was sowohl Chance als auch Herausforderung sein kann.

Die Statistik zeigt, dass viele ältere Paare der Belastung des Neuanfangs nicht gewachsen sind und sich scheiden lassen: 2012 wurden bundesweit etwa 179 000 Ehen geschieden, darunter mehr als 28 000 Ehen, die über 26 Jahre Bestand hatten. Sogar Scheidungen jenseits der 75 Jahre sind keine Seltenheit mehr. In mehr als der Hälfte aller Scheidungen reichen Frauen die Scheidung ein, erst im hohen Alter scheint diese Zahl etwas zurückzugehen. Doch auch dann sind es mehrheitlich die Frauen, die eine Auflösung der Ehe wünschen.

Doch was sind die Gründe für eine späte Trennung? Meist sind es die Unterschiede in den individuellen Entwicklungen der Partner, die zu massiven Spannungen führen. Oder Trennungswünsche werden so lange hinausgeschoben, bis die Kinder erwachsen oder die eigenen Eltern gestorben sind. Zudem wollen viele Männer sich im Alter verstärkt auf die Beziehung konzentrieren, während Frauen größere Autonomiebestrebungen zeigen, denn Frauen entdecken oft erst ihre Bedürfnisse, wenn die familiären oder beruflichen Belastungen nachgelassen haben. Oft bemerken sie dann, dass ihre Ehe ihnen nicht den Raum gibt, diese zu verwirklichen.

Fragen, die wir uns stellen

Die Mehrzahl der Paare ist jedoch gewillt, die Chancen der nachfamiliären und nachberuflichen Zeit anzunehmen und die Herausforderungen des Neuanfangs zu meistern. Dennoch sehen Frauen diesem Neuanfang mit Spannung und manchmal auch mit Besorgnis entgegen, besonders wenn die Ehemänner etwa zeitgleich in den Ruhestand gehen.

Sie fragen sich: Was kommt auf uns zu, wenn wir beide im Ruhestand und den ganzen Tag zu Hause sind? Wird es zu mehr Spannungen und Streit kommen? Wird es uns gemeinsam gelingen, dem Alltag eine neue Struktur zu geben? Wie werden die Aufgaben verteilt? Wird die alte Rollenverteilung fortgesetzt? Funktioniert die Kommunikation zwischen uns? Finden wir ein neues Gleichgewicht von Nähe und Distanz? Wie gehen wir mit der sich im Alter verändernden Sexualität um? Und: Was wird aus mir, wenn ich allein zurückbleibe?

Noch nie war die Ehedauer so lang wie heute, oft sind fünfzig Jahre, auch sechzig Jahre keine Seltenheit mehr. Die Kinderbetreuungszeit ist, verglichen mit dieser langen Ehedauer, verhältnismäßig kurz. Der Lebensabschnitt der nachelterlichen Gefährtenschaft, der Zeit, in der keine Kinder mehr im Haushalt des Paares wohnen, wird zur längsten Phase des Paarzyklus. Auch unter diesem Aspekt ist es besonders wichtig, von Zeit zu Zeit über die Partnerschaft zu reflektieren und sie immer wieder neu zu erfinden.

Eine Frau berichtete mir: »Wir sind seit fünfzig Jahren verheiratet, und unsere Kinder sind seit zwanzig Jahren aus dem Haus. Anfangs litt ich sehr unter ihrem Weggang, und dazu kam, dass mein Mann offensichtlich andere Vorstellungen von seiner nachberuflichen Phase als ich von meiner nachelterlichen hatte. Wir hatten das Gefühl, die Karten müssten noch einmal ganz neu gemischt werden, und benötigten dazu Hilfe von einem Fachmann beziehungsweise einer Fachfrau.

In der Beratung lernten wir, wieder miteinander zu kommunizieren, und überlegten gemeinsam, wie wir unsere Partnerschaft neu gestalten wollten. Wir lernten, sowohl unsere Freiräume zu respektieren als auch unsere gemeinsamen Interessen zu pflegen. Ohne Beratung hätten wir es sicherlich nie geschafft, und ich bin glücklich, dass sich auch mein Mann dazu bereitgefunden hat. Er ahnte wohl auch, dass es sonst mit uns nicht gut ausgegangen wäre, und war ebenfalls daran interessiert, unsere Ehe zu retten. Heute geht es uns wieder gut miteinander.«

In der jetzigen Phase des Neuanfangs wird ein Paar nicht umhinkommen, miteinander zu reden, Absprachen zu treffen, wenn nicht gar einen Kontrakt, einen Vertrag zu erneuern oder zu schließen. Einen Kontrakt? Erinnern Sie sich an die Zeit des Kennenlernens und dann später an den Entschluss, zusammenzuziehen und/oder zu heiraten? Familientherapeuten sagen, diese Entscheidung beruht auf einem mehr oder weniger bewussten Vertrag, den man mit sich selbst oder gemeinsam mit dem Partner schließt. Mit sich selbst könnte so ein Vertrag gelautet haben: »Er ist meine große Liebe, mit ihm will ich durch dick und dünn gehen!« oder gemeinsam: »Wir passen so gut zusammen, wir werden ein gutes Team sein!«

Es gibt viele solche (Be-)Deutungen einer Liebe, die in einem innerlichen oder gemeinsamen Kontrakt münden. In der jetzigen Zeit der Umgestaltung ist es gut, sich an diesen Vertrag, diese Deutung der Liebe zu erinnern. Sie birgt die Chance, den Vertrag zu erneuern oder zu verändern, sich als Paar noch einmal neu zu definieren.

TREFFEND GEFRAGT

Wie lautet mein jetziger innerer Kontrakt? Ist es derselbe wie früher, oder hat er sich verändert? Haben mein Partner und ich einen gemeinsamen Kontrakt? Will ich auf der Basis meines alten oder

neuen Kontrakts das Leben mit meinem Partner neu gestalten?

Die Summe von gemeinsamen Erlebnissen eines Paares lässt eine gemeinsame Welt entstehen, die eine innere Verbindung schafft. Diese gemeinsame Welt, die durch Familie, Freunde, Interessen, Gewohnheiten, Rituale und äußeren Rahmen wie Wohnen und Umgebung entsteht, kann im Ruhestand die Basis sein für einen guten Neuanfang. Hat das Paar sich hingegen in der Hektik des Alltags aus den Augen verloren, kann es schwieriger sein, den Neuanfang zu meistern. Daher ist es wichtig, im Gespräch zu bleiben oder wieder miteinander ins Gespräch zu kommen. Helfen können Ihnen dabei die im weiteren Kapitel folgenden empfohlenen Zwiegespräche und Kommunikationsregeln.

Da es sein kann, dass jeder der Partner eine andere Vorstellung vom Ruhestand hat, sollte ein Paar zuerst seine Vorstellungen darüber klären.

TREFFEND GEFRAGT

Was sind meine Bedürfnisse? Was sind die Bedürfnisse meines Partners? Können wir einen Kompromiss finden?

Eine Frau berichtete mir: »Ich erhoffte mir nach seiner Pensionierung, dass er mich stärker bei der Hausarbeit unterstützte, damit wir mehr Zeit füreinander hätten, etwas außerhalb des Hauses zu unternehmen. In einem gemeinsamen Gespräch stellte sich heraus, dass mein Mann dachte, ich hätte jetzt mehr Zeit für die Hausarbeit, daher müsste er mich weniger unterstützen, und er hätte mehr Zeit, seinen Interessen nachzugehen. Wir lachten beide und fanden schließlich zu einer Neuaufteilung der Hausarbeit.« Oder er ist ausgelaugt von seinem Berufsleben und denkt: »Jetzt, da die Kinder aus dem Haus sind und ich nicht mehr ins Büro muss, können wir es uns zu Hause richtig gemütlich machen.« Und sie denkt: »Jetzt bin ich endlich nicht mehr so sehr ans Haus gefesselt, und wir können viel unternehmen.« Auch da kann ein Austausch in einem Grundsatzgespräch hilfreich sein: »Wie stellst du dir deinen Ruhestand vor? Ich stelle ihn mir so vor ...«

Den Alltag strukturieren

Während des Familienlebens und der Berufsphase gab es von außen gesetzte Strukturen, die jetzt wegfallen. Nun können gemeinsame alte Gewohnheiten und Rituale Struktur geben, da sie Gefühle von Geborgenheit und Sicherheit vermitteln. Oder Sie fragen sich, was genau Sie aus den Zeiten Ihrer Berufstätigkeit vermissen – vielleicht sind das Kontakte, Aufgaben, Bestätigung, Ziele – und wie Sie diese in veränderter Form wieder in den Alltag integrieren oder die Lücken füllen könnten. All diese Fragen wollen gemeinsam beantwortet werden, wobei die hier weiter unten erwähnten Kommunikationsempfehlungen helfen.

TREFFEND GEFRAGT

Welche Gewohnheiten und Rituale wollen wir beibehalten? Welche neuen Gewohnheiten wollen wir gemeinsam entwickeln? Was vermissen wir aus dem Berufsleben? Können wir das anders leben, oder wodurch könnten wir es ersetzen?

Ein Paar erzählte mir: »Wir waren beide jahrzehntelang berufstätig. Daher entschlossen wir uns nach unserer beruflichen Zeit, weiterhin während der Woche früh aufzustehen und am Wochenende auszuschlafen. Das gab uns anfänglich ein wenig Struktur, und wir fielen nicht gleich ins Leere.« So können Sie Gewohnheiten aus Ihrer beruflichen Zeit beibehalten, oder Sie planen feste Zeiten für Mahlzeiten ein, für den Mittagsschlaf, den Nachmittagskaffee, den Abendspaziergang, den Sport usw. Wichtig ist, dass Sie im gemeinsamen Gespräch mit dem Partner zu einer neuen Struktur des Alltags finden. Auch wenn Sie neue Gewohnheiten zur Strukturierung des Alltags einführen wollen, kann nur gemeinsam ein Konsens gefunden werden. Gewohnheiten und Rituale, ja sogar Routine geben einen Rahmen, der Halt gibt, und dem Tag die Struktur, ohne die er in einzelne Stunden zu zerfallen droht.

Allerdings besteht die Gefahr, dass zu viel Routine zu Erstarrung führt, Langeweile mit sich bringen kann. Bewegt sich nichts mehr, geschieht nichts Neues mehr, droht die Balance zwischen zu viel und zu wenig Routine zu kippen. Die meisten von uns sind jedoch offen für Neues und freuen sich auf die zahlreichen ihnen sich bietenden Möglichkeiten, bei denen sie alte Fähigkeiten aktivieren oder sich neue aneignen können. Das hilft Ihnen, Ihren strukturierten Alltag spannend zu halten.

Verteilung von Aufgaben und Pflichten

Zu einem Neuanfang im Ruhestand gehört auch die Neuverteilung von Aufgaben und Pflichten. Bei diesem Thema fällt mir sofort der Film »Pappa ante Portas« von Loriot ein, doch was im Film so köstlich amüsiert, ist in der Realität weniger lustig.

Wenn ein junges Paar zu mir in die Beratung kommt, das eine gemeinsame Wohnung beziehen möchte, empfehle ich, eine Auftei-

lung der Aufgaben und Pflichten vorzunehmen. Denn was sich einmal eingespielt hat, lässt sich schwerlich ändern. Leider lehnen gerade junge Frauen oft ab, das sei zu prosaisch, darüber müsse man nicht sprechen, das würde sich von selbst regeln. Meiner Erfahrung nach tut es das nicht. Auch insofern gibt es jetzt zu Beginn des Ruhestands Parallelen zu dem jungen Paar, auch sie müssen eine Neuaufteilung finden.

TREFFEND GEFRAGT

Wer kann was besonders gut?
Wer macht was gern?

Sie könnten die Aufgaben nach Fähigkeit, Kompetenz oder nach Vorlieben aufteilen. Vielleicht wird gemäß der traditionellen Rollenverteilung der Mann gern alles übernehmen, was mit Banken, Behörden oder Versicherungen zu tun hat, und die Frau kümmert sich um den Bekannten- und Freundeskreis. Und wer kocht, wäscht, putzt, bügelt, kauft ein? Da kann es die 50:50-Lösung geben, bei der man sich abwechselt. Mal ist der eine dran, mal der andere. Manchmal führt das allerdings zu Diskussionen: »... gestern war ich dran ... jetzt bist du aber dran ...« Oder Sie legen die Aufgaben nach Tagen oder Wochen fest, der eine ist in dieser Woche für den Abwasch zuständig, der andere in der nächsten Woche. Hilfreich wäre es jedoch, für die unliebsamen Arbeiten eine provisorische Festlegung für mindestens drei Monate vorzunehmen, damit nicht immer wieder neu verhandelt, vielleicht sogar gestritten werden muss. Danach kann über eine neue Aufgabenverteilung entschieden werden.

Beide sollten bereit sein, für den jeweiligen Zuständigkeitsbereich Verantwortung zu übernehmen. Ebenso sollte der Mann offen sein, Neues zu lernen, und die Frau bereit, Altes abzugeben. Und wir dürfen nicht vergessen, dem anderen für seine Bereitschaft und sein Tun Wertschätzung zu zeigen.

Leichter fallen eine neue Aufgaben- und Rollenverteilung, wenn zusätzlich äußere Veränderungen vorgenommen werden: Sie wählen sich einen neuen Platz am Esstisch, gestalten die Wohnung ein wenig um, kaufen neue Möbel oder Dekogegenstände, gestalten in Ihrem Heim all das neu, was Sie können und wollen, krempeln den Speiseplan um, kurz, Sie machen gewöhnliche Verrichtungen auf ungewöhnliche Art und Weise. Das kann Ihnen die Akzeptanz der neuen Rollenverteilung erleichtern.

Für Gespräche, in denen der Alltag neu strukturiert und die Aufgaben neu verteilt werden sollen, sowie zur Klärung aller weiteren Fragen wünscht sich vielleicht manches Paar einen Gesprächsrahmen und eine Grundordnung, an den/die es sich halten kann. Genau dies bietet der Familientherapeut Michael Lukas Moeller in seinem Buch »Die Wahrheit beginnt zu zweit« an.

Gesprächsrahmen

Der Autor schlägt für die von ihm genannten Zwiegespräche folgenden Rahmen vor: Die Gespräche sollten mindestens einmal pro Woche und regelmäßig stattfinden. Die Regelmäßigkeit ist wichtig, da sie, wie auch bei Psychotherapiesitzungen, eine kontinuierliche Entwicklung garantiert. Dieser Termin sollte fest eingehalten werden, andernfalls muss er wie

Wer seinen Nächsten verurteilt, kann irren; wer ihm verzeiht, irrt nie.

Karl Heinrich Waggerl

Geschichten aus dem Leben

»Im Laufe unserer 38 Jahre währenden Ehe haben mein Mann und ich uns innerlich weit voneinander entfernt, obwohl wir räumlich so nah waren!«

Frau J., 63, erzählt weiter: »Ich war, ganz traditionell, für die drei Kinder, das große Haus und den Familien- und Freundeskreis zuständig, mein Mann verdiente das Geld. Er kam spätabends müde nach Hause, auch ich war erschöpft vom Tag. So verloren wir uns allmählich. Die Kinder gingen aus dem Haus, und der Ruhestand meines Mannes stand bevor. Beim Gedanken daran erfasste mich Panik: Wie würde das werden, da wir uns doch nichts mehr zu sagen hatten?

Mutig schlug ich meinem Mann eine Paarberatung vor, und nach längerem Zögern sagte er zu. Gleich in der ersten Sitzung fragte uns die Paartherapeutin: ›Erinnern Sie sich an Ihren Entschluss zu heiraten? Was war da Ihr innerer oder gemeinsam besprochener Vertrag, weshalb dieser Mann, diese Frau?‹ Mir stiegen bei der Erinnerung die Tränen in die Augen, und auch mein Mann schluckte. Zu Hause sprachen wir darüber und erinnerten uns, dass wir uns geschworen hatten, es anders zu machen als unsere Eltern, die geschieden waren. ›Wir kriegen das hin!‹ war unsere Devise.

Wir entschieden uns für ›Beziehungsarbeit‹, ein scheußlich klingendes Wort. Einmal pro Woche setzten wir uns zusammen und sprachen über unsere Gefühle. Das war neu für uns und daher am Anfang nicht leicht. Außerdem nahmen wir uns vor, sowohl jedem seinen Freiraum zu geben als auch Gemeinsamkeiten zu pflegen. Mein Mann ist ein begeisterter Segler, ich hatte mir nie viel daraus gemacht. Ich wandere dagegen gern, was meinen Mann kalt lässt. Jetzt macht mein Mann jährlich einen Segeltörn mit seinen Freunden, ich wandere mit einer Freundin. Dann machen wir noch gemeinsam Urlaub, entweder eine Städte- oder Fernreise. Im Haus hat mein Mann einen Hobbykeller, der gleichzeitig sein Arbeitsraum ist, denn er arbeitet ehrenamtlich als Seniorberater. Ich habe mir in einem der ehemaligen Kinderzimmer ein kleines Malatelier eingerichtet, so können wir uns bei Bedarf zurückziehen.

Unsere wöchentlichen Zwiegespräche pflegen wir weiterhin. Und, ich geniere mich fast ein wenig, es zu sagen, manchmal habe ich wieder so ein Kribbeln im Bauch ...«

ein Geschäftstermin abgesagt und nachgeholt werden, was die Bedeutung des Gesprächs unterstreicht. Die Gesprächszeit ist begrenzt, ein Zwiegespräch sollte anderthalb Stunden dauern. Die Begründung ist, dass Menschen sich meist nur anderthalb Stunden lang gut konzentrieren können und Paare, wenn sie erst mal in Fahrt kommen, die vorgesehene Spanne gern überschreiten. Das Paar sollte das Gespräch nach anderthalb Stunden deshalb auch wirklich beenden.

Grundordnung

Jeder spricht darüber, was ihn bewegt, wie er sich, den anderen, die Beziehung und sein Leben erlebt. Das Gespräch hat kein anderes Thema als das Paar und seine Beziehung. Der Sprechende bleibt ganz bei sich, er spricht nur von sich, seinen Wünschen und Gefühlen, es gibt keine Vorwürfe, kein »Du machst immer ...« und »Aber du hast gestern ...«. Statt sich Vorwürfe zu machen, sollen die Partner ihre guten Eigenschaften betonen und üben, sowohl zum Partner als auch über ihn wertschätzend zu sprechen. Reden und Zuhören sollten möglichst gleich verteilt sein. Schweigen und Schweigenlassen, wenn es sich ergibt.

Ausgeschlossen sind bohrende Fragen, es sind allenfalls klärende Fragen erlaubt, ebenfalls ausgeschlossen sind Drängen und Kolonialisierungsversuche, die den anderen ändern wollen. Es gibt keinen Offenbarungszwang, jeder entscheidet für sich, was und wie viel er sagen mag.

Es mag anfänglich schwierig sein, den Termin und auch die Regeln einzuhalten, doch manche Paare berichten, dass sie sich seit der Aufnahme ihrer Zwiegespräche besser kennengelernt haben als all die Jahre zuvor und sie auf diese wöchentliche Verabredung nicht mehr verzichten wollen.

Balance zwischen Nähe und Distanz

Manche von uns wünschen sich, nun alles gemeinsam mit dem Partner zu machen, andere wollen mehr Freiraum für sich oder mehr Kontakte zu anderen Menschen. Oder der Partner wünscht sich dies. Viele befürchten, dass das Gleichgewicht von Nähe und Distanz zu kippen droht, und würden gern diese vormals durch den beruflichen Alltag ganz von selbst entstandene Balance aufrechterhalten.

Da gibt es einmal die Möglichkeit der räumlichen Distanz. Jetzt, da es im Haus oder der Wohnung mehr Platz gibt, könnten die Partner sich entscheiden, getrennte Schlafzimmer oder für jeden einen getrennten Raum als Wohn- oder Hobbyraum einzurichten. Hier bieten sich die ehemaligen Kinderzimmer an. Dies könnte jedem der beiden einen Freiraum schaffen, in den er sich zurückziehen oder wieder aus ihm zurückkehren kann, je nach Bedarf. In diesem Raum könnte jeder seine eigene Vorstellung von Ordnung verwirklichen, und das Paar könnte die räumliche Trennung auch gleich zu einer Neuverteilung von Nähe und Distanz nutzen.

Unternehmen können beide sowohl etwas zusammen als auch jeder für sich allein. Eine Kursteilnehmerin beschrieb es so: »Mein Mann ist ein begeisterter Radfahrer, vor allem lange Radtouren haben es ihm angetan. Ich habe nichts dafür übrig und bin froh, wenn er diese Touren zusammen mit seinen Freunden unternimmt. Wir wandern jedoch beide sehr gern, vor allem in die Berge, Wanderungen unternehmen wir daher immer zusammen. Lange zehren wir dann von dem Erlebnis, wie wir oben auf dem Gipfel das wundervolle Panorama gemeinsam genossen haben.«

Solch schöne gemeinsame Unternehmungen können später als Edelsteinmomente erinnert werden, doch alles nur zusammen zu machen kann auch zu Langeweile sowie Unselbstständigkeit führen, da Anreize von außen fehlen. Jeder der Partner könnte seinen Freundeskreis pflegen, eventuell alte Freundschaften aktivieren, um mit Freunden oder auch alleine aktiv zu werden. So kann er oder sie später dem anderen davon erzählen und im besten Fall neue Sichtweisen, Anregungen und Impulse in die Beziehung einbringen. Fehlen gemeinsame Aktivitäten jedoch gänzlich, besteht die Gefahr, dass man sich auseinanderlebt und schlimmstenfalls der Partner für das Wohlbefinden des anderen nicht mehr so wichtig ist. Der Philosoph Wilhelm Schmid spricht von »atmender Liebe«, die Raum zwischen den Partnern lässt, wie es auch Khalil Gibran in dem eingangs zitierten Gedicht so treffend beschreibt.

Übung

Verletzungen aufschreiben und loslassen

Schreiben Sie alles auf, was Ihnen wehgetan hat und Sie heute noch schmerzt: Was genau geschah, was ging in Ihnen vor, was genau war das Schlimme daran? Zensieren Sie nichts, lassen Sie alles hochkommen, vielleicht auch Vorwürfe an den Partner oder lange Unterdrücktes. Sie können dieses Schreiben sogar als Brief verfassen, adressiert an die Person, der Sie verzeihen wollen.

Der nächste Schritt besteht in einer symbolischen Verabschiedung Ihres Schmerzes, indem Sie das Schreiben loslassen. Sie können es in tausend Stücke zerreißen, verbrennen, in ein fließendes Gewässer werfen oder irgendein anderes Ritual ausführen, das Ihnen passend erscheint. Sie können Ihr Ritual noch verstärken, indem Sie es mit Worten begleiten: »Ich bin heute bereit loszulassen. Ich erlaube es dieser Verletzung nicht, mein Leben länger zu beeinflussen. Ich befreie mich von dem Schmerz und verzeihe.« Sprechen Sie diese oder für Sie stimmige Sätze laut aus. Unterschätzen Sie die Kraft eines Rituals nicht, zu allen Zeiten haben Menschen Rituale benutzt, um für sich oder andere Gutes zu bewirken.

Verletzungen

Jetzt, da die Partner mehr Zeit miteinander verbringen, kann es geschehen, dass alte Verletzungen wieder aufbrechen oder vermehrt erinnert werden. Manchmal bemerken wir erst dann, wie tief manche dieser Verletzungen sitzen und wie sehr auch der Alltag noch davon durchzogen ist.

Loslassen

Manchmal *verdrängen* wir alte Verletzungen im Lauf der Jahre, was bedeutet, dass schmerzliche Begebenheiten aus unserem Bewusstsein entschwinden, jedoch unangenehme Gefühle bestehen bleiben, die wir dann aber nicht mehr mit dem auslösenden Ereignis in Verbindung bringen. Beim einfachen *Vergessen* aber bleiben auch keine bösen oder unangenehmen Nachgefühle übrig, es geschieht zu unserer Entlastung.

Verzeihen

Und wie steht es mit dem Verzeihen? Verzeihen hilft uns, loszulassen und zu vergessen. Es ist jedoch nur möglich, wenn wir unsere Verletzung erinnern und nochmals die durch sie entstandene Wut spüren. Da gerade nach vielen Jahren der Gemeinsamkeit die Wut oft zu einem Gefühl der Resignation verflacht, sollten wir uns erinnern, welcher Punkt genau es ist, der noch immer wehtut. Ist es das Gefühl, als Person missachtet und zu wenig wertgeschätzt worden zu sein? Nicht mehr im Mittelpunkt der Aufmerksamkeit des anderen zu stehen?

Nicht mehr die/der Wichtigste im Leben des Partners zu sein? Das Gefühl des Verlusts der grundlegenden Sicherheit, geliebt zu werden? Das Gefühl von Minderwertigkeit, weil man angelogen wurde? Ein Stück seiner Würde beraubt worden zu sein? Das Gefühl von Unverständnis und mangelnder Empathie?

Welches Gefühl auch vorherrschend sein mag, meist ist es eine Mischung mehrerer Gefühle. Verzeihen aber tut nicht nur der Partnerschaft gut, denn durch das Verzeihen zeigen wir dem anderen, dass wir ihn und die Beziehung zu ihm trotz allem noch bejahen können. Verzeihen tut auch uns selbst gut, denn wir spüren durch die Verzeihung den damit verbundenen Schmerz nicht mehr, obwohl wir uns an die Fakten noch erinnern. Der Pädagoge Leo F. Buscaglia stellte ganz richtig fest: »Wer an seinem Schmerz festhält, bestraft sich letzten Endes selbst.« Durch das Verzeihen kann das Leben wieder leichter werden.

Verzeihen fällt leichter, wenn der andere Reue zeigt und sich entschuldigt. Doch auch ohne Reuebezeugung genügt manchmal eine neue innere Sicht auf denjenigen, dem wir zu verzeihen haben. Dabei hilft es, sich klar zu werden, dass wir selbst nicht ohne Schuld sind, wie sehr wir selbst der Nachsicht des Partners für unsere Schwächen und Verfehlungen bedürfen, wie viel manchmal der andere uns zu verzeihen hat. Es hilft ebenso, wenn wir erkennen, wie unvollkommen die Welt, die Menschen sind. Von »der Gebrechlichkeit der Welt« spricht Heinrich von Kleist in seiner Novelle »Die

Marquise von O.«, um der Gebrechlichkeit der Welt willen verzeiht diese ihrem Ehemann. Mit zunehmender Reife kann es uns auch möglich werden, diese Gebrechlichkeit zu akzeptieren.

Viele befürchten, durch das Verzeihen würden sie dem anderen signalisieren, dass sie sein Verhalten gutheißen. Doch das Gegenteil ist der Fall: Sie signalisieren, dass Sie bereit sind, sogar etwas, das Sie nicht gutheißen und das Ihnen wehgetan hat, zu verzeihen. Verzeihen hat nichts mit Schwäche zu tun, sondern ist ein Ausdruck von Stärke. Wer möchte, kann den Akt des Verzeihens durch Rituale unterstützen, wobei sich besonders das Aufschreiben bewährt hat (siehe Übung auf Seite 117).

Ohne die Unterstützung bewusst ausgeführter Rituale ist der Akt des Verzeihens meist ein unbewusster Prozess, der sehr lange dauern kann, bis der Verzeihende eines Tages feststellt: »Jetzt tut es gar nicht mehr weh.« Oder: »Jetzt kann ich etwas mehr verstehen.« Das Leben ist wieder leicht.

Es kann Dinge geben, die wir nur nach sehr langer Zeit verzeihen, oder wir können es nie. Wir sollten jedoch bedenken, dass wir auch nach einem sehr langen Zeitraum noch verzeihen können, selbst jemandem, der gar nicht mehr lebt. Der nachfolgende Spruch von Karl Heinrich Waggerl soll es uns ein wenig leichter machen: »Wer seinen Nächsten verurteilt, kann irren; wer ihm verzeiht, irrt nie.«

Zusätzlich empfehle ich die goldene Regel des Philosophen Wilhelm Schmid: »Behandle den anderen so, wie du erwarten würdest, von ihm behandelt zu werden, wenn die Rollen vertauscht wären.«

Sexualität

Wenn wir älter werden, verändern sich nicht nur die äußeren Umstände unseres Lebens, sondern auch unsere Körper, was zu mehr oder weniger weitreichenden Folgen sowohl für die weibliche als auch die männliche Sexualität führen kann. Lust und Erotik bleiben auch im

Behandle den anderen so, wie du erwarten würdest, von ihm behandelt zu werden, wenn die Rollen vertauscht wären.

Wilhelm Schmid

Alter wichtig, wenn sie vorher für das Paar schon wichtig waren. Aber auch ein Paar, dessen Lust in der Hektik des Alltags verloren gegangen ist, kann diese in der dritten Lebensphase wieder aufleben lassen, wenn es das möchte.

Leider stellt dieses Thema für viele Paare immer noch ein Tabu dar, und deshalb scheuen sie ein offenes Gespräch, durch das Missverständnisse ausgeräumt werden könnten. Das dritte Lebensalter bietet die Chance, einen ehemals vorherrschenden Leistungsdruck aus der Sexualität herauszunehmen und dafür mehr Zärtlichkeit und Nähe zu leben. Leider ziehen sich Männer oft zurück, wenn sie, bedingt durch körperliche Ursachen, nicht mehr so »können« wie früher. Doch auch wir können unsere Lust auf körperliche Liebe verlieren, etwa wenn die Scheidenschleimhäute trockener werden. In beiden Fällen ist ein Besuch beim Arzt ratsam.

Ziehen sich beide zurück, ohne miteinander ins Gespräch zu kommen, neigen sowohl Frauen als auch Männer dazu, den Grund dafür in der mangelnden Attraktivität ihres Körpers zu suchen. In dieser Lebensphase sollten wir den überaus lohnenden Versuch wagen, über die eigenen Bedürfnisse zu sprechen, um dann die Sexualität mit ein wenig Erfindungsgabe neu gestalten und in welcher Form auch immer leben zu können.

Dazu eine Kursteilnehmerin: »Wir sprechen über unsere sexuellen Bedürfnisse. Mein Mann hat öfter Lust auf Sex als ich, doch wir

können uns einigen. Die Sexualität vermittelt mir ein Gefühl von Geborgenheit und stärkt auch mein Selbstwertgefühl.« Die Partner passen ihre Erwartungen an die sich verändernden körperlichen Bedingungen an, und auch bei dem unterschiedlichen Verlangen nach Sexualität, das bei Männern meist deutlicher ausgeprägt ist als bei Frauen, wird eine Einigung gefunden. Allerdings möchte nicht jedes Paar Sexualität leben, sie pflegen eine freundschaftliche Verbindung und sind damit glücklich und zufrieden. Doch auch bei den sexuell orientierten Paaren ist die Aufrechterhaltung der körperlichen Beziehung oft wichtiger als der Sexualakt selbst.

Körperliche Nähe können wir auch ausdrücken durch zärtliche Berührungen, eine Umarmung, das Schmusen am Morgen oder den Gute-Nacht-Kuss am Abend, beides ist auch bei getrennten Schlafzimmern möglich. Zärtlichkeit und körperliche Nähe können nicht nur ein Gefühl der Verbundenheit vermitteln und vielen Alltagsschwierigkeiten den Stachel nehmen, sie zeigen auch, dass wir sowohl unsere als auch seine körperlichen Unzulänglichkeiten akzeptieren, und geben uns das Gefühl: Ich bin für ihn/sie noch Frau/Mann.

Die Liebe bewahren

Die Mehrzahl der Paare entscheidet sich, trotz der im Lauf der Beziehung erlebten Verletzungen, trotz der gemeinsam durchgestandenen Schwierigkeiten und manchmal widriger Umstände zusammenzubleiben und ihre Liebe zu bewahren – trotz oder gerade deswegen? Denn bei der Altersliebe kann all dies eine große Rolle spielen: die Erinnerung an frühere schöne oder schwere Zeiten, die wir gemeinsam erlebt und durchgestanden haben, das Wissen um die Endlichkeit des Lebens und die schwindende Zeit für Gemeinsamkeiten, das Wissen, dass es einen Menschen gibt, für den wir die/der Wichtigste sind, und die Hoffnung, dass jemand da ist, der im hohen Lebensalter Hilfe und Unterstützung geben kann.

Die meisten älteren Paare wissen um den Wert ihrer langen Beziehung und bemühen sich, diese zu bewahren. Um diese Bemühungen zu erleichtern, möchte ich einige allen Formen der Liebe gemeinsame Eckpunkte erwähnen, die Erich Fromm beschrieben hat und Patricia Tudor-Sandahl in ihrem Buch »Das Leben ist ein langer Fluss« zitiert:

Fürsorge – über das Leben des anderen und sein Wohlbefinden aktiv nachdenken; *Verantwortung* – auf den anderen »antworten« und reagieren; *Respekt* – seine Augen für die Einzigartigkeit des anderen öffnen, sich für seine Entwicklung stark machen, ihn lieben, wie er ist, und nicht, wie man ihn sich wünscht; *Einsicht* – die Tiefe im anderen wirklich fühlen lernen: sehen und sich darum kümmern, was hinter der Oberfläche geschieht.

Liebe ist tatsächlich eine Kunst und erfordert als solche Disziplin, Geduld, Wille und Engagement. Die Kunst des Liebens lernen wir, indem wir sie üben, auch die Liebe zu uns selbst. Denn wahr ist, dass unsere Beziehungen nie besser werden können als die Beziehung, die wir zu uns selbst haben.

Wenn die Liebe endet

Wie schon erwähnt, sind es mehrheitlich die Frauen, die eine Trennung der Ehe wünschen. Es heißt, wenn ein Mann eine Missstimmung in der Beziehung wahrnimmt, empfindet seine Frau diese schon seit mehreren Jahren, und es heißt auch, Männer schaffen meistens die Um-

Jeder Verlust macht uns zu Künstlern, da wir die Muster unseres Lebens neu weben müssen.

Greta W. Crosby

stände einer Trennung, und Frauen vollziehen sie schließlich.

Doch die Liebe kann auch durch eine vom Partner gewünschte Trennung oder durch den Tod des Partners enden. Dann werden wir, oft ganz plötzlich, mit dem Alleinsein konfrontiert. Wir kommen nicht umhin, wie beim Tod auch bei einer Trennung die Stadien der Trauer und des Abschiednehmens zu durchlaufen: das Stadium des Schocks, in dem wir uns wie betäubt fühlen; das Stadium des Nichtwahrhabenwollens, der Verdrängung, der Depression; das Stadium der Akzeptanz und des Schmerzes, das oft mit großer Wut verbunden ist; und schließlich das Stadium der Neuorientierung. Erst dann kann wahrgenommen werden, dass sich mit der Beendigung eines Lebensentwurfs ein neuer Lebensraum öffnet, eine neue Freiheit entsteht.

Dazu die Autorin und Psychologin Greta W. Crosby: »Jeder Verlust macht uns zu Künstlern, da wir die Muster unseres Lebens neu weben müssen.« Wie wir diese Muster neu weben, wie wir diese neue Freiheit leben, entscheiden wir sehr individuell.

Allein leben

Manche verwitwete oder geschiedene Frau entscheidet sich, allein zu bleiben. Haben Frauen einen Partner sehr lange oder bis zu seinem Tod gepflegt, wollen sie oft eine so große Belastung nicht noch einmal erleben. Auch Frauen, deren Ehe nicht glücklich oder wenigstens zufriedenstellend war, schätzen jetzt ihre Unab-

hängigkeit, Selbstständigkeit, Freiheit und genießen ihr Singledasein. Und manche Frau, die sich in ihrer Ehe durch das gelebte Geschlechterrollen-Arrangement sehr eingeengt fühlte, kann ebenfalls später ohne einen Partner glücklicher sein.

Vielleicht möchten Sie die Erzählung »Die unwürdige Greisin« lesen, die Bertolt Brecht 1939 verfasste und in der er beschreibt, wie seine Großmutter mit 72 Jahren nach dem Tod ihres Mannes aufblüht und sich in der kurzen nachehelichen Zeit ein Stück eigenes Leben erobert, sehr zum Missfallen der erwachsenen Kinder. Sie hatte nach »den langen Jahren der Knechtschaft« die »kurzen Jahre der Freiheit« ausgekostet.

Frauen werden sowohl nach einer Trennung als auch nach dem Tod des Partners meistens durch ein intaktes Sozialgefüge aufgefangen, sie haben engen Kontakt zu ihren Kindern, verfügen über langjährige Freundschaften und sind zudem eher bereit, sich professionelle Hilfe zu holen. Aus all diesen Gründen mag es ihnen leichter fallen, allein zu leben, als Männern.

Eine neue Beziehung

Die meisten Frauen jedoch wünschen sich eine neue Beziehung. Hat eine Frau nach dem Tod des Partners die Stadien des Trauerns durchlaufen oder konnte sie nach einer Trennung eine Weile autonom leben, hatte sie Zeit genug zu reflektieren, was in der alten Beziehung falsch gelaufen ist. Wer aus früheren Beziehungen gelernt hat und dann eine bewusste Entscheidung für eine neue Beziehung trifft, gibt der neuen Beziehung eine gute Chance. Worauf aber basiert diese bewusste Entscheidung? Motive für eine neue Beziehung sind das Bedürfnis nach Versorgung, Zuneigung und Liebe ebenso wie die Flucht vor der Einsamkeit und der Wunsch nach Gesellschaft. Manche Frauen entscheiden sich, in einer nicht ehelichen Partnerschaft zu leben, andere in einer ehelichen, beide Formen des Zusammenlebens im Alter sind heute gesellschaftlich anerkannt. Anders als noch bei der »unwürdigen Greisin« unterstützen die Kinder meist die neue Partnerschaft, da sie diese entlastet.

Wo lernen sich die Paare kennen?

Das ist gar nicht so verschieden von dem, wo junge Paare sich kennenlernen: bei Veranstaltungen, durch Freunde und Bekannte oder online, etwa dreißig Prozent der Menschen über sechzig suchen einen Partner über das Internet. Wichtig ist, offen und interessiert zu bleiben. Viele Frauen berichten, dass es für sie leichter sei, im Alter in Kontakt zu kommen, weil sie sich jetzt endlich über die Hemmschwelle hinwegsetzen können, die besagt, dass es für eine Frau unschicklich sei, einen Mann anzusprechen.

Was bedeutet eine neue Partnerschaft für uns?

Viele Frauen berichten, dass sie die neue Partnerschaft als tiefer und erfüllender erleben, was

sie auch auf das Freisein von äußeren Zwängen und Verpflichtungen zurückführen. Dazu eine Frau: »Wir haben mehr Zeit füreinander und können uns ganz aufeinander einstellen, wir nehmen sowohl unsere Gemeinsamkeiten als auch unsere Unterschiede wahr und richten uns danach.« Bei den meisten Paaren unterscheiden sich die Konfliktlösestrategien von denjenigen in ihrer früheren Beziehung. Eine Frau erzählte in der Beratung: »Ich schlucke nicht mehr so viel hinunter, sondern habe gelernt, anstehende Probleme früher anzusprechen. Dann suchen wir gemeinsam nach Kompromissen, nach Lösungen.«

Gemeinsame Gespräche und Unternehmungen stehen im Mittelpunkt der neuen Beziehung, doch auch die Sexualität hat für viele noch einen hohen Stellenwert. Da die Paare schon einmal das Ende einer Beziehung erfahren haben, leben sie stark gegenwartsbezogen, sie sind sich der Endlichkeit ihrer Beziehung bewusst. Eine Frau meinte: »Nach der großen Trauer um meinen verstorbenen Mann dachte ich, ich könnte nie mehr glücklich werden. Doch jetzt genieße ich jeden Tag und stelle fest, dies ist für mich die glücklichste Phase meines Lebens.«

Liebe ist in jedem Alter ein Geschenk, doch während wir sie in der Jugend fast als Selbstverständlichkeit oder gar als unser Recht betrachten, gelingt es uns in den späteren Jahren, in der neuen Partnerschaft das Geschenk zu sehen, das sie ist, als Gewinn und zweite Chance in unserem Leben.

Kommunikationsempfehlungen

Da gemeinsame Gespräche gerade in der von Neuorientierung und Neugestaltung geprägten dritten Lebensphase immens wichtig sind, empfahl ich weiter oben die »Zwiegespräche« mit einem bestimmten Gesprächsrahmen und einer festgelegten Grundordnung. Nicht nur in den Zwiegesprächen, sondern in jedem Gespräch, vor allem in jenen, in denen wir Konflikte lösen wollen, erleichtern folgende Kommunikationsregeln eine Einigung:

- Probleme in ausgeglichenen Situationen oder während der verabredeten Zwiegespräche ansprechen.
- Die Aufmerksamkeit füreinander erhöhen, sich beispielsweise bei der Begrüßung umarmen.
- Gespräche positiv beginnen.
- Klären, worum es genau geht, sonst besteht immer die Möglichkeit, aneinander vorbeizureden.
- Das aktuelle Problem ansprechen, keine Endlosdebatten über die Beziehung, über alte Probleme.
- Das Verhalten kritisieren, nicht die Person.
- Keine Du-Botschaften, Anklagen, also den anderen nicht beschuldigen, wie »Du kommst immer zu spät!«, das impliziert »Du bist nicht in Ordnung!«.
- Ich-Botschaften senden, etwa über die eigenen verletzten Gefühle sprechen: »Ich war wirklich wütend, weil ...« oder aber »Ich habe Schwierigkeiten mit diesem Verhalten von dir ...«

- Bei konkreten Situationen bleiben, keine Verallgemeinerungen wie »nie«, »immer«.
- Wertschätzende Kommunikation, den anderen also nicht erniedrigen oder lächerlich machen.
- Aktives Zuhören, Aufmerksamkeitsreaktionen zeigen: »Ja«, »Aha«, Kopfnicken oder Fragen stellen wie »Habe ich dich richtig verstanden ...?«.
- Das Gesagte des Partners noch mal kurz zusammenfassen.
- Auf die Gefühle des anderen eingehen, eventuell seine Gefühle spiegeln wie »Ich merke, dass du verärgert bist«.
- Die eigenen Wünsche, Bitten, Fragen klar äußern.
- Lösungsvorschläge anbieten und auch für die Lösungsvorschläge des anderen immer offen sein.

Bewährt hat sich auch die 5:1-Formel: Nach einem Streit sollte die fünffache Menge an Komplimenten und Freundlichkeiten folgen, fünf positive Äußerungen machen also eine negative wett.

Vielleicht möchten Sie sich die Kommunikationsempfehlungen kopieren und sich irgendwo hinlegen, wo Sie sie jederzeit zur Hand haben und nachlesen können?

Das Kommunikationsquadrat

Kennen Sie das von Friedemann Schulz von Thun in seiner Trilogie »Miteinander reden« vorgestellte Kommunikationsquadrat? Demnach hat jede Nachricht vier Ebenen: eine Ebene des Sachinhalts, eine der Selbstkundgabe, eine der Beziehung, eine des Appells. Sender sprechen mit vier Schnäbeln, sie teilen uns auf jeder Ebene etwas mit, und Empfänger hören mit vier Ohren, sie nehmen auf jeder Ebene etwas auf. Zum besseren Verständnis ein Beispiel: Ein Paar gemeinsam im Auto, sie fährt, er ist Beifahrer.

Er sagt zu ihr: »Du, da vorn ist grün!«
Sachinhalt: »*Die Ampel ist grün.*« Auf dieser Ebene werden Fakten, Daten, Informationen mitgeteilt.

Selbstkundgabe: »*Ich habe es eilig.*« Auf dieser Ebene teilt der Sprecher eine Ich-Botschaft mit, er offenbart etwas von sich selbst.

Beziehung: »*Du brauchst meine Hilfe beim Autofahren.*« Der Sprecher drückt durch Formulierung, Tonfall und Körpersprache Respekt oder Geringschätzung aus, zeigt, was er vom anderen hält, wie er zu ihm steht.

Appell: »*Nun gib schon Gas!*« Mit dem Appell will der Sprecher etwas erreichen, er soll den anderen veranlassen, etwas zu tun oder zu unterlassen.

Je nachdem, auf welchem Ohr der Empfänger hört, können Probleme auftreten: Hört die Fahrerin in diesem Fall auf dem Beziehungs- oder Appellohr, könnte sie sich gegängelt fühlen und verärgert sein. Hört sie den Satz auf dem Sach- oder Selbstkundgabeohr, könnte sie ganz einfach schneller Gas geben.

Warum kann es wichtig sein, das zu beachten? Bei Frauen sind besonders das Beziehungs- und das Appellohr weit geöffnet. Ihr Beziehungsohr ist weit geöffnet, da es ihnen bei der Kommunikation nicht nur um die Information, sondern immer auch um die (gute) Beziehung zwischen den Gesprächspartnern geht. Da Frauen selbst oft indirekte Botschaften senden, etwas anderes sagen, als sie meinen, haben sie gelernt, auf den versteckten Appell in einer Botschaft zu achten. Frauen sollten also ihr Beziehungs- und ihr Appellohr verkleinern, dafür mehr ihr Sachohr öffnen. Bei Männern ist besonders das Sachohr weit geöffnet. Sie sollten ihr Beziehungs- und Appellohr mehr trainieren, sich fragen: Was möchte sie mir indirekt mitteilen, worin besteht die unterschwellige Botschaft ihrer Äußerung?

Beide, sowohl Männer wie auch Frauen, könnten lernen, mehr mit dem Selbstkundgabeohr zu hören. Dann kann die Kommunikation besser gelingen, das Gespräch schneller zu einer Einigung führen.

Nicht nur in der Partnerschaft wünschen wir uns eine gute Kommunikation, sondern auch unter Freunden.

Freundschaft

Frauen sind gern befreundet, am liebsten mit Frauen. Wir besitzen ein stärkeres Wir-Gefühl als Männer, wir sind empathischer, und auch bei unserer Kommunikation geht es uns nicht nur um Sachinhalte, sondern auch um die Beziehung zum Gesprächspartner. In der Partnerschaft sind wir fast immer zuständig für den emotionalen Bereich, wir haben ein größeres Hilfesuchverhalten und sind auch eher bereit, Hilfe zu leisten. Das alles erleichtert es uns, Freundschaften zu schließen und zu pflegen. Und warum bevorzugen wir Freund*innen*?

Weil wir einer Freundin nicht unsere Art des Denkens, Fühlens und Handelns erklären müssen, wir haben die gleiche und fühlen uns verstanden, ganz besonders wenn es um so einschneidende Veränderungen geht wie in der Pubertät oder beim Älterwerden. Wir fühlen uns wohl, wenn wir uns gegenübersitzen und »face to face«, von Angesicht zu Angesicht, vertrauliche Gespräche führen. Und genau darum geht es uns in Freundschaften: Wir wollen verstanden werden und die andere verstehen, über unsere Gefühle sprechen und einer Freundin zuhören, wenn sie von ihr erzählt. Wir wollen uns gegenseitig unterstützen, wenn es nötig ist, und wünschen uns auch von der Freundin Hilfe und Unterstützung. Wir fühlen uns wohl, wenn eine andere Frau uns sofort versteht und ernst nimmt.

Männer leben Freundschaften »side by side«, sie gehen als Kumpel Seite an Seite durchs Leben, treffen sich zum Sport, am Stammtisch oder erleben gemeinsame Abenteuer. Sie entwerfen Lösungen für Probleme, über Gefühle wird nicht so gern gesprochen.

Und warum gibt es zwischen Frauen und Männern so selten Freundschaften? Meistens funkt in einer »gemischten« Freundschaft irgendwann der Sex dazwischen, was dann meistens das Ende der Freundschaft bedeutet oder in eine Paarbeziehung mündet.

Von der Blutsverwandtschaft zur Wahlverwandtschaft

Jetzt, da die Kinder aus dem Haus sind, haben wir viel Zeit und Lust, unsere Interessen und Hobbys mit anderen Menschen zu teilen, der Partner jedoch hat Hobbys, die wir nicht teilen können/wollen, oder aber der Partner möchte sie lieber zusammen mit seinen Freunden ausüben. Da wir wissen, dass Freiräume für eine gute Beziehung unerlässlich sind – schaffen sie doch immer wieder die nötige Distanz zwischen den Partnern –, fragen wir uns: Mit wem könnte ich meine Hobbys teilen?

Gerade im dritten Lebensalter stellen wir fest, dass unser Freundeskreis sich aus den unterschiedlichsten Gründen auszudünnen beginnt. Eine Freundin zieht, vielleicht mit einem neuen Partner, in eine andere Stadt, eine wird krank und zieht zu den Kindern oder gar schon in ein Heim, eine andere verstirbt plötzlich, auch der Kontakt zu den ehemaligen Kolleginnen ist weniger geworden. Manchmal hat man sich auch unterschiedlich entwickelt und auseinandergelebt oder durch Streit entzweit. Besonders wichtig sind Freundschaften und ein gutes soziales Netz für Alleinstehende, die nach Beendigung des Berufslebens ohne Halt durch eine Familie in ein tiefes Loch fallen können. Es gibt viele Gründe, weshalb wir uns in dieser Phase neue Freundschaften wünschen.

Was ist Freundschaft?

Meist wird Freundschaft folgendermaßen definiert: Freundschaft ist ein auf gegenseitiger Zuneigung beruhendes freiwilliges Verhältnis von Menschen zueinander, das sich durch Sympathie und Vertrauen, durch Verständnis und Mitgefühl füreinander sowie durch Wahrhaftigkeit und Verlässlichkeit auszeichnet.

Doch vielleicht haben Sie Ihre ganz eigene Definition von Freundschaft und wollen daher folgende Fragen beantworten:

TREFFEND GEFRAGT

Was ist Freundschaft für mich?
Was ist mir in einer Freundschaft wichtig?

In der obigen Definition sind mehrere Werte angegeben, von denen einige für Sie wichtiger sein mögen als andere. Vielleicht möchten Sie noch Ihre eigenen Werte hinzufügen? Es ist gut zu wissen, was uns am wichtigsten in einer Freundschaft ist, was das Zweitwichtigste usw. Dann können wir schneller klären, ob jemand für uns als Freund infrage kommt oder doch eher ein Bekannter bleibt.

Basis von Freundschaft

Die Basis für Freundschaften ist meistens eine Gleichheit, die ähnliche Gesinnungen und gemeinsame Entwicklungen voraussetzt. Bei Partnerschaften gibt es den Spruch »Gleich und Gleich gesellt sich gern«, das gilt auch für Freundschaften. In Untersuchungen der Humboldt-Universität in Berlin wurde festgestellt, dass es keine Rolle spielt, ob uns jemand wirklich ähnlich ist, wichtig ist, dass wir ihn als ähnlich wahrnehmen. Eine der wichtigsten Voraussetzungen von Freunden ist also ihre Ähnlichkeit, gleichgültig, ob sie nur als solche wahrgenommen oder eine tatsächliche Ähnlichkeit ist, die besonders im Hinblick auf Alter, Lebenssituation, Interessen und Einstellungen eine wichtige Rolle spielt. In ihrer Persönlichkeit und ihrem Temperament können Freunde aber durchaus verschieden sein. Oft finden wir auch große Unterschiede attraktiv. Diese können eine Freundschaft jedoch auf eine harte Probe stellen, sie verlangen entsprechend viel Kompromissbereitschaft.

Die meisten unserer über eine lange Zeit bestehenden Freundschaften sind durch Gleichheit entstanden: Wir gingen in dieselbe Schule, auf dieselbe Universität, machten die gleiche Ausbildung, trafen uns bei derselben Sportart oder bei einem gemeinsamen Hobby. Viele Frauen wurden Freundinnen, weil sie zur selben Zeit in derselben Klinik entbunden haben oder später ihre Kinder in denselben Kindergarten oder dieselbe Schule gingen.

Welche Arten von Freundschaft gibt es?

Schon Aristoteles unterschied zwischen verschiedenen Arten von Freundschaft. Bei der *Lustfreundschaft* teilen Freunde angenehme Erfahrungen und haben Spaß miteinander. Sie ist die oberflächlichste Art von Freundschaft, oft die der Jugend, aus der sich aber später durchaus eine ernste Freundschaft entwickeln kann. Ferner gibt es die *Nutzenfreundschaft*, zu denen sowohl die Geschäfts- und Parteifreunde zählen als auch diejenige Freundschaft, bei der die Freunde sich praktische Lebenshilfe geben oder sich bei Bedarf sogar finanziell unterstützen. Bei dieser Art von Freundschaft besteht die Gefahr, dass einer der Freunde sich übervorteilt oder gar ausgenutzt fühlt. Die dritte Art von Freundschaft ist die *wahre Freundschaft*, diese Freundschaft besteht darin, den anderen einfach zu mögen und gern mit ihm zusammen zu sein, mit ihm nicht nur Freude, sondern auch Leid zu teilen. Oft ist es der beste Freund, die beste Freundin.

Wahrscheinlich ist, dass wir in einer Freundschaft von allem etwas suchen: Wir möchten zusammen Freude und Spaß erleben, wir möchten uns gegenseitig von Nutzen sein, freilich in einem ausgewogenen Verhältnis, und wir wünschen uns den wahren Freund, die wahre Freundin, dem/der wir von ganzem Herzen zugetan sind.

Wo können wir Freunde finden?

Wir können am ehesten Freunde finden, wo Gleiche sich bei Gleichem zusammenfinden, bei einem gemeinsamen Hobby, einem gemeinsamen Interesse. Oft reicht die physische Nähe von Menschen, damit zwischen ihnen eine Freundschaft entsteht. Bei Vorlesungen oder Vorträgen zum Beispiel ergeben sich

schneller Freundschaften zu denjenigen, die neben uns sitzen. Es hat sich bewährt, Freunde im näheren Umkreis zu suchen, dort, wo wir uns täglich aufhalten, im selben Stadtviertel, in der Nachbarschaft, beim täglichen Spaziergang im Park, beim Einkaufen. Manchmal müssen wir die Freundschaft gar nicht bewusst wählen, sie kommt durch die Nähe zustande, durch gegenseitiges Wohlwollen und Sympathie bei einem Zufallstreffen, wir lassen sie dann einfach geschehen, sich entwickeln.

Eine Kursteilnehmerin erzählte: »Während meiner Berufszeit fuhr ich täglich mit dem Bus zur Arbeit. An der Bushaltestelle traf ich regelmäßig eine Frau gleichen Alters. Erst nickten wir uns zu, dann kamen wir ins Gespräch, schließlich entdeckten wir Gemeinsamkeiten. Bald reichten uns die Busfahrten nicht mehr, und wir begannen uns regelmäßig zu treffen. Heute sind wir gute Freundinnen, unsere Freundschaft hat sich einfach so ergeben.«

Und natürlich gibt es auch die Möglichkeit, Freunde über das Internet, über die sozialen Netzwerke zu finden, von der auch Ältere zunehmend Gebrauch machen. Auch real existierende Beziehungen können so über Entfernungen hinweg gepflegt und aufrechterhalten werden. Nicht jeder mag Facebook & Co., doch Tatsache ist, auch virtuelle Freundschaften können manchen Menschen die Einsamkeit nehmen und ihnen ein Gefühl der Verbundenheit mit der ganzen Welt vermitteln. Doch sicher wissen wir alle, *wo* wir Freundschaften schließen könnten, die Frage ist eher, *wie*?

Wie können wir Freunde finden?

Entscheidend ist unsere Haltung, die Bereitschaft zur und die Offenheit für die Freundschaft. Wir alle haben gute und schöne, doch auch weniger gute und weniger schöne Erfahrungen mit Freunden hinter uns. Von diesen Erfahrungen sind wir geprägt, sie wirken sich aus auf unsere Erwartungen in Form von Ängsten, wie beispielsweise der Angst vor Ablehnung, vor Zurückweisung oder zu großer Vereinnahmung. Manchmal sind unsere Erwartungen enttäuscht worden, manchmal wurde unser Vertrauen missbraucht, und dann fragen wir uns: Kann und soll ich überhaupt wieder vertrauen? Werden mich meine Erfahrungen davon abhalten, unbefangen auf andere zuzugehen?

Doch Unbefangenheit und Offenheit brauchen wir, wenn wir neue Menschen kennenlernen, neue Freundschaften schließen wollen. Vielleicht sind wir etwas vorsichtiger geworden, bezeichnen jemanden erst als Freund, wenn dieser sich unseres Vertrauens als würdig gezeigt, wenn er sich als Freund bewährt hat. Dagegen ist sicherlich nichts zu sagen, solange es uns nicht davon abhält, für andere offenzubleiben und auf andere zuzugehen. Denn manchmal wollen wir aktiv eine Wahl treffen, der beziehungsweise die andere ist uns sympathisch, sie erscheint uns interessant, und wir möchten sie auch kennenlernen. Meist beruht dieser Eindruck auf Gegenseitigkeit, doch wir trauen unserem Gefühl nicht und spüren die Angst vor Ablehnung.

Ängste überwinden

Wie können wir diese Angst überwinden? Wir können entweder an unseren Glaubenssätzen arbeiten oder durch die Gedankenstopp-Übung den angstvollen Satz stoppen und in einen ermächtigenden Satz umwandeln: »Ich werde nie wissen, ob wir gute Freundinnen werden können, wenn ich nicht auf sie zugehe. Sollte sie mich zurückweisen oder enttäuschen, werde ich daran nicht zerbrechen.«

Erinnern Sie sich an das Kapitel »Selbstvertrauen und Selbstsicherheit«, an die Entwicklung von Kompetenz bei Kindern (siehe Seite 90)? Eltern vermitteln Kindern das Gefühl von Kompetenz durch diesen verbal oder nonverbal kommunizierten Satz: »Es spielt keine so große Rolle, ob du gewinnst oder verlierst, es kommt auf den Versuch an.« Seien Sie sich selbst so eine Mutter beziehungsweise ein Vater, wagen Sie den Versuch, und gehen Sie auf Menschen zu, die Sie interessieren, die Ihnen sympathisch sind und Sie sich als Freunde vorstellen können. Die dazu passende Übung »Menschen ansprechen« finden Sie auf der nun folgenden Seite 130.

Das Ende der Freundschaft?

Manchmal kommt es vor, dass wir Freunde aus den Augen verlieren, sei es bedingt durch den Trubel des Alltags, durch zeitweise andere Prioritäten, durch das Gefühl, die Freundschaft hätte an Substanz verloren usw. Haben wir das Gefühl, eine Freundschaft funktioniere nicht mehr, halten wir sie in der Schwebe oder pflegen sie nur noch mit minimalem Aufwand, der andere wird immer seltener kontaktiert, oder Kontaktgesuche des anderen werden ignoriert. Gab es keinen großen Zwist, werden Freundschaften fast immer ohne Aussprachen oder Aufkündigungen durch Ausschleichen beendet, ohne einen klar definierten Schlusspunkt, wie es in Paarbeziehungen der Fall ist. Das hat den Vorteil, dass wir, sollten wir es wünschen und die Freundschaft es uns wert sein, diese wieder aktivieren können. Auch da müssen wir über unseren Schatten springen und die Angst vor Ablehnung, Zurückweisung und Enttäuschung überwinden.

TREFFEND GEFRAGT

Welche Freundschaft würde
ich gern reaktivieren?
Wie könnte ich das tun?

Hierzu einige Anregungen:
• Wen könnte ich zum Kaffee einladen?
• Wen könnte ich mit einer Kleinigkeit überraschen? (Ein Geschenk ist auch eine Form der Kommunikation.)
• Wen könnte ich wieder mal anrufen und fragen: »Wie geht's?«
• Wen könnte ich zu einem Spaziergang einladen?
• Wem könnte ich helfen bei ...?
Besonders nach einer längeren Funkstille freuen wir uns eher über einen persönlichen Kontakt als über eine Mail/SMS, darüber, eine Einladung oder gar einen Brief (ganz altmodisch!) zu bekommen, in dem die Freude auf ein Wiedersehen ausgedrückt wird.

Übung

Menschen ansprechen

Sprechen Sie jede Woche einen Menschen an, der Ihnen sympathisch ist. Haben Sie darin Übung, mit Fremden ins Gespräch zu kommen, können Sie einen Schritt weitergehen: Schlagen Sie vor, gemeinsam einen Kaffee/Tee trinken zu gehen.

Betrachten Sie es als eine Übung, aus der etwas entstehen kann, aber nicht muss. Vielleicht lernen Sie dabei neue Freunde kennen, vielleicht auch etwas mehr über sich selbst, über Ihren Mut und Ihre Entschlossenheit.

Erwartungen

Oft halten uns zu hohe Erwartungen davon ab, neue Freundschaften zu schließen. Eine Kursteilnehmerin meinte: »Im jetzigen Alter geschlossene Freundschaften werden ja doch nicht mehr so innig, so vertraut wie Freundschaften aus der Schul- oder Jugendzeit oder dem jungen Erwachsenenalter. So viele gemeinsame Erfahrungen können wir gar nicht mehr miteinander machen.« Das ist richtig, die Zeit für so viele gemeinsame Erfahrungen haben wir nicht mehr. Wir können uns für andere neue Erfahrungen öffnen, die vielleicht nicht mehr so zahlreich, dafür aber intensiver sind. Auch in späten Freundschaften kann man Wertvolles erfahren, wie:

- die Aufmerksamkeit, mit der uns ein anderer begleitet;
- das Wissen, es ist jemand da, für den wir wichtig sind;
- gegenseitiges Vertrauen, die Erfahrung des Trosts in unglücklichen Momenten;
- den Austausch untereinander, in dem wir Impulse und eine andere Sicht auf die Welt und auf uns selbst bekommen;
- und oft einfach tiefes Glück.

Jede Freundschaft ist einzigartig und kostbar, und jede Freundschaft will wertgeschätzt und gepflegt werden, sowohl die langjährigen als auch die neuen.

TREFFEND GEFRAGT

Bin ich mir eine gute Freundin? Wie fühle ich mich allein mit mir?

Kommen Ihnen diese Fragen seltsam vor? Sie sind es nicht, denn Sie können nur ein guter Freund, eine gute Freundin sein, wenn Sie zu sich selbst eine gute Beziehung haben. Wer sich selbst mag, kann auch andere mögen, wer mit sich selbst respekt- und liebevoll umgeht, kann dies auch mit anderen tun. Eine gute Beziehung zu sich selbst kann es aushalten, wenn einmal keine Freunde da sind. Wagen Sie es, hin und wieder etwas mit sich selbst zu unternehmen, eine Wanderung, eine Radtour oder wenigstens einen Spaziergang, und beobachten Sie dabei Ihre Gedanken und Gefühle. Unternehmen Sie etwas zusammen mit anderen, steht wahrscheinlich eher der Austausch im Vordergrund. Unternehmen Sie etwas allein, können Ihre Wahrnehmung der Umgebung schärfer, Ihre Gedanken klarer werden, Sie können sich selbst begegnen. Genau davor scheinen viele Menschen Angst zu haben und nehmen unbefriedigende Beziehungen in Kauf. Das Universalgenie Leonardo da Vinci sagte: »Bist du allein, gehörst du dir selbst, bist du mit einem anderen Menschen zusammen, gehörst du dir nur zur Hälfte.«

»All-ein-sein« bedeutet, mit sich selbst und gleichzeitig mit allem eins zu sein, während einsam sein bedeutet, sich verlassen zu fühlen. Ob Sie sich mit sich selbst allein oder einsam fühlen, hängt von Ihrer Sichtweise ab. Sind Sie selbst ihr wahrster, bester Freund, sind Sie nie allein, denn Sie befinden sich in guter, ja in bester Gesellschaft – in Ihrer eigenen.

Warum das Leben, das Lebend'ge hassen?
Beschaue nur in mildem Licht
Das Menschenwesen, wiege zwischen Kälte
Und Überspannung dich im Gleichgewicht;
Und wo der Dünkel hart ein Urteil fällte,
So lass ihn fühlen, was ihm selbst gebricht;
Du, selbst kein Engel, wohnst nicht unter Engeln,
Nachsicht erwirbt sich Nachsicht, liebt geliebt.
Die Menschen sind, trotz allen ihren Mängeln,
Das Liebenswürdigste, was es gibt;
Fürwahr, es wechselt Pein und Lust.
Genieße, wenn du kannst, und leide, wenn du musst,
Vergiss den Schmerz, erfrische das Vergnügen.
Zu einer Freundin, einem Freund gelenkt,
Mitteilend lerne, wie der andere denkt.
Gelingt es dir, den Starrsinn zu besiegen,
Das Gute wird im Ganzen überwiegen.

Johann Wolfgang von Goethe

Was im Leben zählt

In der Zeit um die sechzig werden wir uns oft zum ersten Mal der Endlichkeit unseres Lebens bewusst, unser Blickwinkel verändert sich, er richtet sich von außen nach innen. Wir stellen uns immer häufiger Fragen wie: Was hat mich glücklich gemacht? Womit habe ich andere glücklich gemacht? Was hat mich mit Sinn erfüllt? Durch welche Tätigkeiten, welche Erlebnisse habe ich Sinn erfahren, welchen habe ich Sinn verliehen? Was hat in meinem Leben bisher am meisten gezählt, was wird am Ende meines Lebens gezählt haben?

Auch in den Kursen wollen sich die Teilnehmerinnen über diese Themen untereinander austauschen, denn zu wissen, wie die andere denkt, regt die eigenen Gedanken an und setzt neue Impulse. Die Mehrzahl der Frauen ist sich schnell darüber einig, dass es meistens nicht Reichtum, Macht und Erfolg sind, die im Leben wirklich zählen. Das bestätigen auch Aussagen von Menschen, die am Ende ihres Lebens in Hospizen oder Krankenhäusern befragt wurden, was in ihrem Leben am meisten gezählt hat. Auch sie nannten anderes, vielfach waren es innere Zufriedenheit und das Finden von Sinn, tragfähige Beziehungen zu anderen Menschen, ein tiefes Einverstandensein mit ihrem Leben sowie Freude, Heiterkeit und eine gute Portion Gelassenheit.

Mein Weg – ein Labyrinth?

Im Lauf unseres Lebens kamen wir uns oftmals vor wie in einem Labyrinth, manchmal konnten wir den Weg nicht erkennen, sahen keinen Ausweg, mussten innehalten, stehen bleiben, nachdenken und Kraft schöpfen. Dann konnten wir weitergehen, bis wir, wenn auch auf sehr verschlungenen Pfaden, die Mitte erreichten, dabei auch unsere Mitte finden konnten, und schließlich den Weg aus dem Labyrinth herausfanden, an unserem Ziel ankamen.

Das Labyrinth gilt als Symbol für das Unterwegssein im Leben, als Symbol für das Leben schlechthin. Es ist ein System von Linien und Wegen, das gekennzeichnet ist von zahlreichen Richtungsänderungen. Nicht der kurze, direkte Weg führt zum Ziel, selbst wenn wir meinen, schon bald am Ziel angekommen zu sein, entfernt sich der Weg wieder. Auf dem Weg überfallen uns Zweifel, ob wir je ankommen werden, wir müssen uns mit uns selbst auseinandersetzen, mit unseren alten Werten und gewohnten Vorstellungen, sie eventuell revidieren und neue entwickeln. Wichtig ist es zu vertrauen, dass der Weg, unser Weg, wenn auch über Umwege, immer zum Ziel führen wird. Das Labyrinth ist kein Irrgarten, der in die Irre führt.

Eine Frau erzählte: »Nach dem Abitur fing ich eine Lehre als Buchhändlerin an. Ich lernte einen Mann kennen, wir glaubten beide an die große Liebe und heirateten, da war ich gerade mal 18, er zwanzig. Zwei Jahre später kam die Scheidung. Da mir die Arbeit im Buchladen keine Freude machte, entschloss ich mich, für einige Zeit nach England zu gehen, ich hatte schon immer ein Faible für London gehabt. Dort genoss ich eine wilde Zeit, lebte mit einem Mann zusammen und wurde schwanger. Als diese Beziehung zerbrach, kehrte ich mit meiner Tochter nach Deutschland zurück, wo ich erst mal bei meinen Eltern unterkroch.

Ich haderte mit meinem Leben und fing eine Psychotherapie an. Nach reiflicher Überlegung wagte ich einen Neuanfang und entschloss mich, mein Elternhaus zu verlassen und Anglistik zu studieren. Meine Eltern unterstützten mich finanziell, und meine Tochter konnte vorerst bei ihnen bleiben, wofür ich ihnen heute noch dankbar bin. Nach dem Studium machte ich schnell an der Universität Karriere, denn ich hatte endlich gefunden, was mir wirklich Freude bereitete. Zwei Jahre später lernte ich einen Mann kennen, einen Kollegen, wir heirateten und bekamen einen gemeinsamen Sohn. Jetzt lebe ich ein eher konservatives Leben, nicht so wild wie früher. Aber ich bin endlich angekommen, nach all dem Umherirren, was ich mir im Nachhinein als Suche nach dem für mich passenden Leben erkläre. Heute begreife ich, dass ich auf dieser Suche keine Irrwege, sondern etliche Umwege gegangen bin, die mich letztendlich zum Ziel geführt haben.«

Das Labyrinth zeigt uns, dass es keinen falschen Weg in unserem Leben gibt, und es gibt auch nicht den einzigen richtigen Weg, es gibt viele Wege, Umwege, Nebenwege, Abwege, die alle zum Ziel führen, und während wir diese Wege gehen, haben wir Gelegenheit zu lernen, Glück und Zufriedenheit zu finden, Sinn zu entdecken, vielleicht sogar weise zu werden und zu erkennen, was in unserem Leben zählt. Auf diesem Weg, den nur wir gehen können, finden wir letztendlich zu uns selbst.

Es gibt Labyrinthe in vielen Kirchen und Klöstern, wie beispielsweise im Kloster Benediktbeuern ein Kräuterlabyrinth oder in der Kathedrale von Chartres ein aus schwarzen und grauen Steinplatten in den Fußboden der Kirche eingelassenes Labyrinth, das 265,5 Meter lang ist und sich in konzentrischen Kreisen über 34 Kehren zum Zentrum windet. Manchmal findet man Labyrinthe auch in Parks.

Übung

Mein Weg

Suchen Sie sich ein Bild mit einem Weg aus, das Sie anspricht oder von dem Sie das Gefühl haben, dieser Weg ähnele Ihrem Lebensweg. Oder zeichnen oder malen Sie ein Bild mit Ihrem Weg (Muster und Beispiel siehe Übungsheft). Tragen Sie Wegweiser, Wegbegleiter, Kraftquellen oder Ressourcen ein, die Sie jetzt oder zukünftig begleiten. Beim Malen oder Betrachten dieses Bildes können Sie dann über folgende Fragen meditieren:

An welcher Stelle des Weges stehe ich gerade? Wie hat er sich bisher gestaltet: anstrengend, gemächlich, aufregend, mit vielen Hindernissen, abwechslungsreich? Wie könnte er sich weiterhin gestalten, wo hinführen? Welcher Ausblick bietet sich mir, wenn ich nach rechts/links sehe? Welche Wegweiser, Wegbegleiter, Kraftquellen, Ressourcen brauche ich für meinen weiteren Lebensweg?

Lassen Sie sich so viel Zeit, wie Sie brauchen, das Bild muss nicht an einem Tag und die Fragen müssen nicht sofort beantwortet werden. Wenn Sie eine oder mehrere Nächte darüber schlafen, kann Ihnen überraschend Neues einfallen über eventuelle Wegweiser, Wegbegleiter, Ressourcen oder Kraftquellen.

Wenn Sie Lust haben, begehen Sie einmal ein Labyrinth in einer meditativen Haltung und lassen Sie sich voller Vertrauen in die Mitte und von da aus dem Labyrinth wieder hinausführen. Wollen Sie einmal einen Blick auf Ihren Lebensweg werfen aus größerer Distanz und dabei den Fokus auf die Zukunft setzen, auf dasjenige oder diejenigen, die Ihnen auf Ihrem zukünftigen Unterwegssein den Weg weisen und Kraft geben können? Dann versuchen Sie doch die passende nebenstehende Übung »Mein Weg«

In dem kleinen, mit wunderschönen Abbildungen von Labyrinthen versehenen Buch »Im Labyrinth sich selbst entdecken« von Gernot Candolini fand ich folgenden Spruch: »Auch wenn das Einzelne noch so verwirrend ist, auch wenn das Herz sich zeitweilig noch so verloren fühlt: Wenn alles ausgeschritten ist, ist die Schönheit und Vollkommenheit des Weges staunenswert.«

Glück

Wenn ich in meiner Beratung oder in den Kursen die Frage stelle nach dem, was für die Teilnehmerinnen wesentlich ist, kommt häufig die Antwort: »Ich möchte einfach glücklich sein« oder »Ich wünsche mir ein glückliches Leben«. Glück scheint in unserem Leben eine wichtige Rolle zu spielen, das zeigen auch die vielen Glücksratgeber auf dem Büchermarkt. Doch Glück ist nicht gleich Glück. Der Philosoph Wilhelm Schmid unterscheidet verschiedene Arten von Glück.

Da ist einmal das *Zufallsglück*, das im Englischen »luck« heißt, wir kennen es im Ausdruck »to be lucky«. Das sind wir, wenn wir sechs Richtige im Lotto haben oder beim Überqueren der Straße das herannahende Auto gerade noch rechtzeitig gesehen haben. Die meisten von uns kennen diese Art von Glück: Wenn wir eine alte Freundin, die wir lange nicht gesehen haben, auf der Straße treffen, sagen wir: »So ein glücklicher Zufall« und verbinden diesen Zufall mit dem Glück der Wiedersehensfreude. Auch wenn wir unser verlorenes Portemonnaie im Fundbüro zurückbekommen mit dem gesamten Inhalt, dann sagen wir dankbar: »Glück gehabt.«

Während wir das Zufallsglück nicht beeinflussen, höchstens dafür offen sein können, ist das *Wohlfühlglück* sehr wohl beeinflussbar. Es besteht darin, den Schmerz zu mindern und die Lust, das Wohlgefühl zu steigern. Es ist das Glück des Augenblicks, meist von kurzer Dauer, unser Gehirn schüttet Endorphine aus, und wir erleben es beim Marathonlauf, beim Orgasmus, beim Schokoladeessen und anderen Genüssen. Leider können wir es ab einem bestimmten Wohlfühlpunkt nicht mehr steigern, mehr vom Gleichen bewirkt nicht, dass wir uns noch wohler fühlen, und nach jedem Kick folgt die ernüchternde Realität.

Auch dieses Glück kennen wir, dieses Glück der Sinne, das Glück des Genießens. Und je älter wir werden, desto wichtiger kann das Glück werden, das wir durch unsere Sinnesempfindungen erfahren. Wir nehmen das Glück einer Berührung genussvoll wahr, wenn wir über die zarte Haut eines Kindes streichen oder über das sonnenwarme Fell einer Katze. Wir lauschen unserer Lieblingsmusik und empfinden dabei tiefes Glück, ebenso wenn wir uns in den Anblick eines Gemäldes versenken oder kühles, noch feuchtes Gras unter unseren Füßen spüren. Und erst recht erleben wir das Glück des Schmeckens!

Eine Kursteilnehmerin sagte: »Ich möchte jetzt nur noch einen *sehr* guten Cappuccino trinken, am besten in einem schönen Ambiente, wo ich mich ganz dem Duft und dem Geschmack des Kaffees hingeben kann. Daher habe ich mir vorgenommen aufzuschreiben, wo es in München solche Cafés gibt.« Andere wollen nur noch die beste Schokolade aus den erlesensten Zutaten zu sich nehmen oder stellen sie gleich selbst her. Eine Frau: »Dann weiß ich wenigstens, was drin ist.«

Das bedeutet nicht, dass wir uns den sinnlichen Genüssen maßlos ausliefern sollen, denn die Lust wird ja gerade durch das maßvolle Genießen gesteigert. Lieber ein kleines Stückchen hervorragender Qualität im Gegensatz zum maßlosen Konsum von Billigware. Eine andere Kursteilnehmerin sagte dazu: »Nur das Beste ist gut genug für mich.« Damit drückt sie die Wertschätzung sich selbst gegenüber aus, und spätestens ab dieser Lebensphase sollten wir uns alle öfter sagen: »Nur das Beste ist gut genug für mich.«

Für das eigentliche Glück hält Wilhelm Schmid das *Glück der Fülle,* das akzeptiert, dass

Glück und Unglück im Leben abwechseln und dass Glück nur spürt, wer das Unglück kennt. Dass wir einverstanden sind mit unserem Leben, mit all seinen Widersprüchen, Höhen und Tiefen. Immer wieder die Balance zu finden zwischen Gelingen und Misslingen, Erfolg und Misserfolg, Lust und Schmerz, nicht nur fröhlich sein, sondern auch traurig sein zu dürfen, wie es Goethe in dem eingangs zitierten Gedicht beschreibt: »Fürwahr, es wechselt Pein und Lust. Genieße, wenn du kannst, und leide, wenn du musst.« Dieses Glück geht mit Heiterkeit und Gelassenheit einher und scheint dauerhafter als andere Formen des Glücks zu sein. Entscheidend für dieses Glück ist das Wissen, dass unser Leben Sinn macht. Sinn bedeutet, Zusammenhänge zu erfahren, wie sie in Beziehungen zu anderen Lebewesen erlebbar werden, die Welt jenseits der Selbstbeschäftigung zu sehen, die Gemeinschaft und das Transzendente zu pflegen (dazu später mehr). Dieses Glück der Fülle kennen wir als Zufriedenheit.

Wenn Sie es möchten, ziehen Sie sich einen Augenblick zurück, und beantworten Sie nachfolgend einige Fragen zum Thema Glück:

TREFFEND GEFRAGT

Wann, wo, mit wem erlebe ich Glücksgefühle? Was kann ich selbst dazu tun, um Zufriedenheit zu erreichen und zu erhalten?

Dazu einige Antworten von Kursteilnehmerinnen:
Glück ist für mich …

- der Anruf einer Freundin.
- der Blick in der Abenddämmerung übers Meer.
- eine warme Suppe an einem kalten Winterabend.
- in einem See zu schwimmen.
- einen Tag ganz für mich zu haben und nach meinem Gusto zu gestalten.
- meiner Enkelin beziehungsweise meinem Enkel beim Spielen zuzusehen.
- einer Freundin zuzuhören und ihr allein dadurch Kraft geben zu können.
- meiner inneren Stimme zu folgen.
- mit meinem Lebensgefährten Hand in Hand spazieren zu gehen.
- meiner alten Nachbarin die Einkäufe in die Wohnung zu tragen.
- für meine Freunde ein Festmahl zu bereiten.
- die Hand meiner neunzigjährigen Mutter zu streicheln.
- dankbar für mein bisheriges Leben sein zu können.

Bei den meisten dieser Antworten haben die Frauen selbst etwas zu ihrem Glück beigetragen. Auch Sie können, statt abzuwarten, ob und wann das Glück zu Ihnen kommt, Ihr Glück selbst in die Hand nehmen.

Wenn Sie möchten, erstellen Sie doch Ihre persönliche Liste der kleinen Glücksdinge oder führen ein Glückstagebuch, in das Sie eintragen, was Sie an einem Tag oder in einer Woche mit Glück erfüllt hat oder wen Sie beipielsweise glücklich gemacht haben. Da wir dazu neigen, uns eher an das Negative zu erinnern, tut es gut, einmal ganz bewusst nur das Positive festzuhalten.

Sinn entdecken

»Sinn kann nicht *erfunden*, sondern nur *gefunden* werden«, schreibt der Wiener Psychiater und Neurologe Viktor E. Frankl, der eine ganze Psychotherapiemethode auf der Sinnsuche und Sinnentdeckung des Menschen aufgebaut hat, die Logotherapie, von griechisch »logos«, der Sinn. Die Logotherapeutin Elisabeth Lukas beschreibt in ihrem Buch »Alles fügt sich und erfüllt sich« zwei Arten der Sinnfindung: Bei der ersten Art bringen wir uns selbst in einer neuen positiven Art und Weise zum Ausdruck, bei der zweiten Art werden wir von etwas so beeindruckt, dass wir fühlen, es gibt etwas Höheres, Besseres jenseits unseres Selbst. Beides, sowohl der Ausdruck unseres Selbst als auch der erlebte Eindruck, verändert uns, wir erleben unser Dasein intensiver.

Im ersten Fall schwebt uns eine Idee, eine Vision vor, nicht um unser selbst willen, aus Selbstsucht, sondern jemandem zuliebe oder um einer Sache willen, etwa der Kunst, Wissenschaft, Umwelt, möchten wir etwas bewirken, und wir entdecken, dass wir, wenn auch

unter Anstrengungen, dazu fähig sind. Nach der Vision folgt die Kognition, das Nachdenken, wie wir unser Vorhaben vollbringen können, und während unseres Tuns erleben wir dann Emotionen wie Spannung, Vorfreude, Genugtuung und schließlich die Erfüllung. In der Konzentration auf ein »Du« oder im Aufgehen in einer Sache erfahren wir Sinn, wir erfahren uns neu, ein neues »Ich«.

Im zweiten Fall steht am Anfang ein Erlebnis, durch das wir ergriffen, erschüttert und berührt werden. Oft sind dies Erfahrungen spiritueller Art, beispielsweise Gipfelerlebnisse, Liebeserfahrungen, uns stark berührende Musik ebenso wie der Anblick einer überwältigenden Landschaft, aber auch der erste Schritt eines Kindes. Manchmal genügt der Anblick eines Tautropfens auf einer Blume, den wir plötzlich ganz anders als die vielen Male vorher wahrnehmen. Wir erleben eine Ergriffenheit, bei der wir uns eines Höheren und Besseren bewusst werden, und fühlen uns eins mit allem, ein All-eins-sein, Geborgenheit und Vertrauen. Oft haben wir das Gefühl, als hätte sich unser ganzes Leben gelohnt für die einzigartigen Minuten oder Stunden eines solchen besonderen Erlebnisses.

Ein solches Erlebnis kann einem Erweckungserlebnis gleichkommen, wir sind »aufgewacht« und nicht mehr die, die wir vorher waren. Wir erleben eine Wende der inneren Einstellung, wir haben uns besonnen, Sinn gefunden in unserem Tun oder Erleben und erkennen Zusammenhänge jetzt besser oder interpretieren sie neu. Wir trennen uns von überholten, unpassenden Einstellungen, Haltungen und Verhalten und wenden uns hin zu neuen, uns jetzt angemesseneren.

Viele von uns haben bereits die Erfahrung gemacht, ganz in einer Sache aufzugehen oder ganz für jemanden da sein zu dürfen. Diese Erfahrungen erleben wir als sinnvoll und erfüllend. Vielleicht möchten Sie einen Augenblick innehalten und sich erinnern, in welchen Tätigkeiten, in welchen Erlebnissen Sie Sinn erfahren haben oder noch erfahren? Hatten Sie schon einmal eine Vision und sind ihr gefolgt? Hat sich dadurch Ihre Haltung dem Leben gegenüber verändert?

Viele Künstler berichten von der zweiten Art, Sinn zu entdecken: von einem ergreifenden beziehungsweise »erweckenden« Erlebnis. Solche Erlebnisse wird nicht jeder Mensch erfahren, wir können sie auch nicht forcieren, wir können uns nur für sie öffnen und jederzeit bereit für sie sein.

Werte

Sowohl Sinn zu entdecken als auch Glück zu erfahren ist sicher leichter für uns, wenn wir wissen, was für uns wichtig ist, welche Werte für uns zählen. Unsere Fragen könnten dann lauten:

TREFFEND GEFRAGT

Was ist wesentlich für mich?
Welche Werte will ich leben?
Welcher Wert ist vorrangig?

Ist die Umwelt für uns von starker Bedeutung, besitzt sie einen großen, gar übergeordneten Wert, können wir großes Glück und tiefen Sinn empfinden, wenn wir uns für sie einsetzen, in unserem eigenen Umfeld und/oder in einer ehrenamtlichen Tätigkeit. Beziehen wir großes Glück aus der Hinwendung zu

Weisheit besteht darin, das Mögliche vom Unmöglichen unterscheiden und entsprechend handeln zu können.

Epiktet

anderen Menschen, werden wir genau daraus Sinn beziehen – beispielsweise indem wir uns ihrer annehmen.

Wir könnten uns fragen: Welcher Zweck verleiht meinem Leben Sinn? Marc Aurel sagte: »Unser Leben ist das, wozu unsere Gedanken es machen.« Erinnern Sie sich an das chinesische Sprichwort aus dem Kapitel »Gesundheit und Wohlbefinden«: »Wenn du denkst, es ist eine Last ...«? Egal ob im alten Rom oder im alten China, die Menschen wussten es schon immer, nur wir selbst können unserem Tun, unserem Leben Sinn verleihen, der Sinn des Tuns stellt sich dann mit diesem ein.

In unserem Alter haben wir es nicht mehr nötig, nur die eigensüchtigen Werte zu leben, uns nur auf unsere persönlichen Bedürfnisse zu konzentrieren. Übergeordnete Werte dürfen jetzt die Führung übernehmen, solche, die über unsere eigene Existenz hinausweisen, wie beispielsweise Güte, Liebe zu Menschen, Tieren, Umwelt, Freude, Kunst, Literatur, Spiritualität, Weisheit und das Weitergeben von Erfahrungswissen an die nächste Generation.

Wissen für die nächste Generation

Ab sechzig machen wir uns mehr Gedanken über das, was nach uns kommt. Wir überlegen uns, wie wir unsere Erfahrungen, unser Wissen weitertragen könnten. Wir alle waren einmal jung, und manche haben die unangenehme Erfahrung gemacht, wenn etwa eine Tante uns

immer wieder erzählte, wie sie dies und jenes in ihrer Jugend gemacht habe und dass wir es doch auch so machen sollten. Genau das Gegenteil geschah, wir wollten es ganz anders machen! Es ist das Vorrecht der Jugend, sich auszuprobieren und Dinge anders zu machen. Nur so können sich junge Menschen weiterentwickeln, ihren eigenen Weg finden.

Eine besondere Rolle als Brückenbauerinnen zwischen den Generationen spielen die Großmütter. Frauen können in der Beziehung zu den Enkelkindern tiefe Befriedigung und Glück erleben und Sinn erfahren. Eine kürzlich Großmutter gewordene Freundin sagte: »Jetzt fühle ich mich eingebunden in den Kreislauf der Natur, diesem Kreislauf von Werden und Vergehen, ich weiß jetzt, es geht weiter.« Mit dem »Es« meinte sie das Leben, das Leben geht weiter, irgendwann auch ohne sie. In allen Kulturen spielten Großmütter eine wichtige Rolle, sie geben durch Erzählungen oder vorgelebtes Leben ihre Erfahrungen, Traditionen und Werte an die Enkel weiter und erleichtern ihnen dadurch die Orientierung in einer immer komplexer werdenden Welt.

Als Brückenbauerinnen zwischen den Generationen können sie bei Familienauseinandersetzungen vermitteln oder im Streitfall Rat erteilen, wenn es erwünscht ist. Wir alle hatten Großmütter und wissen aus eigener Erfahrung, dass die Beziehung zu ihnen meist einfacher, oft vertrauensvoller ist als die zur Mutter, denn Frauen als Großmütter sind weicher und milder, auch nachgiebiger. Bei der Großmutter er-

Geschichten aus dem Leben

Frau M., 60, berichtet: »Ich bin Single, lebe zurzeit allein, meine letzte Partnerschaft ging vor drei Jahren zu Ende.

Die leitende Funktion in der Personalabteilung eines großen Unternehmens füllt mich ganz und gar aus, daher zählt vor allem der Beruf für mich. Mein Arbeitgeber hat mir angeboten, mit einer großzügigen Abfindung aufzuhören, doch ich möchte gern noch mindestens drei Jahre weiterarbeiten. Außerdem habe ich viele Hobbys wie Tennis, Joggen, Bergwandern, ich interessiere mich für bildende Kunst, gehe oft in Ausstellungen und reise gern.

Die meisten meiner Freundinnen sind verheiratet, und wenn sie geschieden sind, so haben sie doch Kinder und Enkelkinder, sie fühlen sich aufgehoben und gebraucht, das ist das Wichtigste für sie. Ich wollte nie heiraten und auch nicht allein ein Kind großziehen. Glücklicherweise habe ich viele Freunde und einen großen Bekanntenkreis, und dann ist da auch noch mein Hund, den ich über alles liebe und mit in mein Büro nehmen kann.

Jetzt, zum Ende des Berufslebens, beschäftigt mich natürlich immer öfter die Frage, was in meinem Leben wirklich zählt. Einen ganz großen Stellenwert hat für mich die Natur. Wenn ich in der Natur bin, fühle ich mich eingebunden wie vielleicht andere in die Familie. Und für dieses wunderbare Gefühl, das die Natur mir schenkt, bin ich zutiefst dankbar und möchte daher, wenn ich einmal im Ruhestand bin, etwas ›zurückgeben‹, indem ich mich aktiv für den Naturschutz engagiere oder etwa für den Alpenverein ehrenamtlich tätig werde. Hier kann ich in langen Wintern helfen, die Wanderwege wieder zu lichten. Und wie Großeltern ihre Erfahrungen an ihre Enkelkinder weitergeben, so will ich dazu beitragen, dass unsere Natur intakt und für die nächste Generation erhalten bleibt.

Da mir auch Tiere sehr viel bedeuten, werde ich im Tierheim oder anderen Institutionen nachfragen, ob meine Hilfe gebraucht wird. Viele werden sagen: Warum hilft sie nicht Alten oder Kindern? Vielleicht werde ich da auch noch etwas tun, aber was mir wirklich am Herzen liegt, sind die Natur und die Tiere. Und das, was einem am Herzen liegt, ist nun mal das, was zählt.«

lebten wir Ruhe, Sicherheit und Geborgenheit. Selbst als Erwachsene erinnern wir uns noch gern an den frisch gebackenen Kuchen oder das leckere Essen, und allein die Erinnerung an den Duft kann immer noch wohlige Gefühle in uns auslösen.

Eine Frau in der Beratung erzählte mir von ihrer Großmutter: »Während meine Mutter hektisch und nervös wurde, wenn sie ein großes Fest ausrichten musste, und mir damit das Gefühl vermittelte, überall im Weg zu sein, war meine Großmutter die Ruhe selbst. Sie nahm mich in die Arme, sprach leise, besänftigende Worte zu mir und gab mir inmitten des Trubels das Gefühl, kein Störenfried, sondern wichtig zu sein. Die Ruhe, die von ihr ausging, ging auf mich über. Wenn ich heute angesichts aufkommender Belastungen hektisch werde, dann ziehe ich mich kurz zurück, erinnere mich an diese Szene mit meiner Großmutter, höre mit meinen inneren Ohren ihre Worte und gehe beruhigt und gelassen der auftretenden Hektik entgegen.«

Auch wenn wir keine Enkel haben, können wir doch in vielerlei Hinsicht positiven Einfluss auf junge Menschen nehmen. Wir können ihnen Zeit, Wissen und emotionale Zuwendung schenken. Als Mentoren können wir Kinder oder Jugendliche ehrenamtlich begleiten und ihnen als Vorbild dienen, indem wir einen Weg gehen, der auch für sie erstrebenswert ist. Wir alle lernen durch Nachahmung, wenn junge Leute sehen, dass Ältere ein erfülltes Leben leben, dann könnte genau das bewirken, dass

sie mehr über unsere Art zu leben erfahren, uns folgen wollen. In der Zeit um die sechzig sind wir die Verbindung zwischen Vergangenheit und Zukunft, zwischen Jugend und hohem Lebensalter. Jetzt können wir der nachfolgenden Generation ein Älterwerden in Würde vorleben, indem wir die oben genannten übergeordneten Werte leben, in ruhiger Gelassenheit, indem wir loslassen, uns und andere so sein lassen können, wie sie nun mal sind. Wir können sie die Ehrfurcht vor dem Leben lehren, die Wertschätzung des Lebens im Alter, das positive Altwerden.

Weisheit

Viele von uns wünschen sich, mit zunehmenden Jahren auch zunehmend weiser zu werden, und laut dem Hirnforscher Ernst Pöppel können wir entscheiden, ob wir ins weise Alter oder ins klagsame Alter einsteigen wollen. Ist Weisheit also auch eine Entscheidung? Was ist Weisheit?

Der amerikanische Psychologe Robert J. Sternberg definierte 1998 Weisheit als die Suche nach dem Mittelweg zwischen den Extremen und als gelungene Koordination zwischen Denken, Fühlen und Wollen.

Eine andere Definition ist bei Wikipedia zu finden: »Weisheit bezeichnet vorrangig ein tiefgehendes Verständnis von Zusammenhängen in Natur, Leben und Gesellschaft sowie die Fähigkeit, bei Problemen und Herausforderungen die jeweils schlüssigste und sinnvollste Handlungsweise zu identifizieren.«

Sowohl das eine als auch das andere zu entwickeln braucht neben Zeit oft die Zeit eines ganzen Lebens, auch den Willen zur und das Bemühen um die Weisheit. Deshalb meint der inzwischen verstorbene Altersforscher Paul B. Baltes, die Weisheit sei ein mit dem Alter verknüpftes Phänomen, wenngleich allein ein gewisses Alter noch keine Weisheit garantiere.

Hat Weisheit etwas mit Intelligenz zu tun?

Der Psychologe Raymond Bernard Cattell führte 1971 die Begriffe *kristalline* und *fluide Intelligenz* ein. Die Erfahrungen, die wir im Lauf unseres Lebens machen, und die Fakten, die wir erlernen, werden als kristalline Intelligenz bezeichnet, die Fähigkeit, sich diese anzueignen, hingegen als fluide, flüssige Intelligenz. Die kristalline Intelligenz könnte man als persönlichen Besitz auffassen, die fluide Intelligenz als das Werkzeug, das man braucht, um sich diesen Besitz anzueignen. Ein hohes Maß an fluider Intelligenz ist nötig, um sich schnell in unbekannten Situationen zurechtzufinden, logische Schlüsse zu ziehen und zielorientierte Lösungsstrategien zu finden.

Es ist die Intelligenz des frühen Lebensalters, in dem wir lernen, uns neue Fähigkeiten und Fakten anzueignen. Sie steigt bis zum Jugendalter an, danach stagniert sie, und bereits ab einem Alter von zwanzig bis 25 Jahren kann sie anfangen nachzulassen. Sie wird einerseits durch unsere Gene beeinflusst, andererseits sind Kinder und Jugendliche ständig mit neu-

en Dingen konfrontiert und haben viele wechselnde Kontakte, die ihr Gehirn auf Trab halten. Eine Frau berichtete mir, wie sehr sie ihre Enkeltochter bewundere, weil diese so schnell mit ihrem neuen Smartphone umzugehen lernte. »Ich brauche dazu viel länger und muss mich dabei auch noch ziemlich anstrengen. Bei meiner Enkelin klappt das mühelos!«

Ältere Menschen, besonders zurückgezogen lebende, wünschen sich oft keine Veränderungen mehr, das Leben verläuft in gewohntem Trott, damit sind sie weniger Herausforderungen ausgesetzt, was zum Nachlassen der Gedächtnisleistungen führen kann. Wir wissen bereits, wie wichtig es ist, bis ins hohe Alter offenzubleiben für Neues und bereit zu sein, ein Leben lang zu lernen, oder, wie Hermann Hesse es in seinem wunderschönen Gedicht »Stufen« ausdrückte: »… des Lebens Ruf an uns wird niemals enden …«.

Wenn wir älter werden, verfügen wir mehr über kristalline Intelligenz, sie ist die Summe all dessen, was wir im Lauf unseres Lebens gelernt haben. Ein Wissen, das auch all unsere Erfahrungen mit einschließt, die abhängig sind von unserer Kultur, dem sozialen Umfeld sowie von unserer Persönlichkeit und unseren Vorlieben. Mit der kristallinen Intelligenz erkennen wir Lebenszusammenhänge besser und durchschauen die Relativität unserer Werte und Meinungen, unsere Urteile zu Fragen des Lebens sind komplexer und vielschichtiger und haben einen eher intuitiven Blick für das Wesentliche. Die kristalline Intelligenz ist altersstabil, sie ist bis ins hohe Alter aufbau- und ausbaufähig, kann je nach Erfahrungsschatz im Alter sogar ansteigen und wird daher oft als Altersweisheit bezeichnet. Nicht das Alter allein garantiert also Weisheit, sondern der Rückgriff auf den in den Jahren gemachten Schatz an Erfahrungen und Wissen. Je reicher dieser Schatz ist, desto größer kann die Weisheit sein.

Laut Heiko Ernst, dem Chefredakteur der Zeitschrift »Psychologie heute«, findet eine entscheidende Weichenstellung für Weisheit außer in der Jugend auch zwischen dem 45. und dem 60. Lebensjahr statt. Denn Weisheit beinhaltet nicht nur die kristalline und fluide Intelligenz, also das Wissen des Gehirns, sondern auch die emotionale Intelligenz, das Wissen des Herzens, das Intuition, Mitmenschlichkeit und Empathie umfasst. Und ab dem 45. Lebensjahr besitzen wir bereits über genügend Lebenserfahrung, durch die wir genau dieses Wissen des Herzens entwickeln konnten, wir nennen es auch Herzensbildung.

Sowohl bei unserer Suche nach dem rechten Maß und nach einer gelingenden Koordination zwischen Denken, Fühlen und Wollen als auch bei der Suche nach den jeweils schlüssigsten und sinnvollsten Handlungsweisen bei Herausforderungen sollten wir, wann immer es möglich ist, das Wissen des Gehirns mit dem Wissen des Herzens verbinden. Auch der kleine Prinz von Saint-Exupéry sagte: »Man sieht nur mit dem Herzen gut.« Und mit dem Herzen können wir bis ins hohe Alter hinein hervorragend sehen.

Weisheitsmentoren

Zusätzlich raten Weisheitsforscher, uns mit weisen Menschen zu umgeben, weise Mentoren zur Seite zu haben, um von ihnen zu lernen, mit komplizierten Lebensthemen umzugehen. Sicher haben Sie sich noch nie überlegt, ob Sie vielleicht selbst schon weise sind. Beobachten Sie sich in der nächsten Zeit einmal etwas genauer in Ihrem Denken und Verhalten, vielleicht steckt ja schon eine ganze Portion Weisheit in Ihnen? Die nachfolgenden Fragen können bei Ihrer Selbstbeobachtung bezüglich Weisheit helfen.

TREFFEND GEFRAGT

- -

Was ist für mich Weisheit?
Worin zeigt sich meine Weisheit?
Habe ich ein Vorbild, einen Weisheitsmentor, eine Weisheitsmentorin?

In grauer Vorzeit gab es den Archetypus der »weisen alten Frau« und des »weisen alten Mannes«, wobei besonders das immense Erfahrungs- und Herzenswissen der weisen Alten hochgeschätzt war. Die weise Frau trat in den Märchen meist als altes Mütterchen, Hexe, Heilerin oder Kräuterfrau auf und wirkte als Schicksalsspinnerin und Initiationsmeisterin, die junge Menschen, Frauen wie Männer, in das Leben einweihte. In der heutigen Zeit scheint eher der Typus des »weisen alten Mannes«, der das Wissen des Gehirns verkörpert, geschätzt zu werden. Vielleicht sollten wir uns nach weisen alten Frauen in unserem Umfeld umschauen, die unsere Mentorinnen sein können, bis wir eines nicht zu fernen Tages selbst zu solchen werden.

Philosophie

In letzter Zeit habe ich auf einem für mich ganz neuen Gebiet sehr viele Weisheitsmentoren gefunden, denn ich habe die Philosophie entdeckt, die Wissenschaft der »Freunde der Weisheit«. Schließlich soll die Weisheit sogar weiblichen Ursprungs sein: Sokrates, der als Begründer der Philosophie gilt, bezeichnet sowohl die Seherin und Priesterin Diotima aus Mantinea als auch Aspasia von Milet, die Gattin des Perikles, als seine »hervorragenden Lehrerinnen«, was bedeutet, dass es bereits vor ihm weibliche Philosophinnen gegeben hat. Faszinierend sind nicht nur die Schriften zeitgenössischer Philosophen, sondern auch die vergangener Epochen. Immer wieder bin ich überrascht, wie viel gerade Philosophen aus der Antike uns heute noch zu sagen haben. Die Fragen, die sich Menschen stellen und zu beantworten suchen, sind zeitlos und damit auch die Herausforderungen des Lebens, unabhängig von den wie immer gearteten Lebensumständen der jeweiligen Epoche.

Der in der Antike lebende römische Moralphilosoph Epiktet sagte: »Weisheit besteht darin, das Mögliche vom Unmöglichen unterscheiden und entsprechend handeln zu können.« Und genau dieses finden wir in einem uns allen bekannten Spruch, der ursprünglich von Reinhold Niebuhr stammt: »Gott gebe mir Mut, das zu ändern, was ich ändern kann, die Gelassenheit, das hinzunehmen, was ich nicht ändern kann, und die Weisheit, das eine von dem anderen zu unterscheiden.«

Nicht müde werden, sondern dem Wunder leise, wie einem Vogel, die Hand hinhalten.

Hilde Domin

Spiritualität

Viele Menschen entwickeln sich im Lauf ihres Lebens zu spirituellen Menschen. Das Wort kommt von lateinisch »spiritus«, Geist, Hauch, und beschreibt eine Geistigkeit, eine Haltung, die im weitesten Sinn auf Geistiges aller Art oder im engeren Sinn auf Geistliches religiöser Art gerichtet ist. Sie kann sowohl innerhalb als auch außerhalb von Religion gelebt werden. Zur Spiritualität gehört, das Leben auf eine höhere Wirklichkeit auszurichten und diese zu erfahren, der Glaube an etwas Höheres jenseits unseres Selbst, an etwas Transzendentes, das über unsere sinnliche und geistige Erkenntnis hinausgeht.

DEFINITION VON SPIRITUALITÄT

Eine sehr schöne gibt es von dem 1988 verstorbenen Psychotherapeuten und Zen-Lehrer Karlfried Graf Dürckheim: »Spiritualität ist die Transparenz zum immanenten Transzendenten.« Was kompliziert klingt, ist gar nicht so kompliziert: Transparenz bedeutet, dass unser Denken durchlässig wird, wir durchlässig werden, um den Ruf unserer Seele zu verspüren. Immanent bedeutet, dass das Göttliche nicht nur im Himmel, sondern in allem wohnt, in allem immanent ist, und Transzendenz bedeutet, dass es eine höhere Wirklichkeit gibt, die das sinnlich Wahrnehmbare übersteigt. Wir könnten den Satz auch so ausdrücken: Spiritualität ist, durchlässig zu werden für das allem innewohnende Göttliche/Höhere.

Bei den im Absatz über das Finden von Sinn erwähnten Erfahrungen ist genau das geschehen: Wir haben uns durchlässig gemacht für etwas, das uns tief beeindruckt, sodass wir eine Art Läuterung erfahren, infolge derer wir unsere innere Haltung stark verändern und manchmal sogar unserem Leben eine ganz neue Richtung geben.

Um die sechzig haben wir bereits eine lange Lebenszeit hinter uns und entsprechend viel Lebenserfahrung erworben. Während dieser langen Zeit haben wir Dinge gesehen oder erlebt, die nicht immer kontrollierbar oder nicht immer rational erklärbar waren. Wir haben gesehen oder selbst erlebt, wie neues Leben entsteht und auch, wie Leben vergeht, wir haben Leben begrüßt und vom Leben Abschied genommen. Wie meine Freundin, als sie zum ersten Mal ihr Enkelkind auf dem Arm hielt, sich eingebunden fühlte in den Kreislauf der Natur, haben wir vielleicht mehr gefühlt als gedacht, dass wir nur ein winziges Körnchen von etwas Größerem sind. Das Wunder von Geburt und Tod, von Werden und Vergehen kann in uns eine spirituelle Haltung erweckt haben, uns zu Menschen werden lassen, die bewusst und achtsam mit sich selbst und der sie umgebenden Welt, dem Leben umgehen.

Selbst die Menschen, die laut eigener Bekundung an nichts glauben und (noch) keine spirituellen Erfahrungen gemacht haben, glauben an etwas, vielleicht an das, was sie sehen und beweisen können. Denn manche Menschen glauben nur, was sie sehen, während andere nur sehen, was sie glauben. Den Menschen, die nur glauben, was sie sehen, wünsche ich, sie mögen ihr Augenmerk verstärkt auf das Wahre, Gute und Schöne in der Welt richten, damit sie an dieses glauben und somit ein wenig leichter durchs Leben gehen können.

Doch auch diese Menschen schicken in schwierigen Situationen hin und wieder ein Stoßgebet zum Himmel, und haben sie die Situation gemeistert, sagen sie »Gott sei Dank«, wer oder was auch immer dieser Gott sein mag. Viele Frauen berichten auch, dass sie an einen Schutzengel glauben, unabhängig, ob sie einer Glaubensgemeinschaft angehören oder nicht. Eine Frau, die bei mir in Beratung war, berichtete: »Ich habe schon oft in schwierigen Situationen meinen Schutzengel angerufen und um Hilfe gebeten, und immer fühlte ich sofort danach die fast körperliche Präsenz einer Wesenheit, von der ein unglaubliches Gefühl der Ruhe ausströmte, in der ich mich geborgen und beschützt fühlte.«

Werden wir durchlässig und folgen dem Ruf unserer Seele, werden wir der höheren Wirklichkeit, des Göttlichen in allem, was uns umgibt, gewahr, dann können wir gar nicht anders, als achtsam mit dem Leben umzugehen. Die, die glauben, sei es an den Gott einer bestimmten Religion oder an etwas Höheres jenseits ihres Selbst, wissen, dass Glaube helfen kann, helfen, gut zu leben und gut zu sterben.

Unser Leben – ein bunter Strauß

Vor ungefähr sechzig Jahren erhielten wir alle ein wunderbares Geschenk – wie ein praller bunter Blumenstrauß lag es vor uns: das Leben. Im Lauf der Jahre haben wir einige Blumen aus diesem Strauß lieben gelernt, vor allem die schönen mit leuchtenden Farben und betörendem Duft. Andere dagegen, die farb- und geruchlosen, erweckten keine großen Gefühle in uns, sie erschienen uns öde und langweilig. Manche wiederum waren zwar schön, doch wegen ihrer Dornen entschieden wir uns, ihrer Schönheit nicht zu trauen.

Dann gab es stachelige Blumen, Disteln etwa oder Kakteen, an denen wir uns stechen, oder Brennnesseln, an denen wir uns verbrennen konnten, sie nahmen wir nur ungern an. Am liebsten hätten wir sie aus unserem Strauß entfernt. Aber sie gehörten dazu, und wir mussten sie als »Gesamtpaket« annehmen.

Genauso verhält es sich mit unserem Leben: Lernen wir auch die schlimmen Augenblicke und Erfahrungen in unserem Leben anzunehmen, zu integrieren, stellen wir oft fest, gerade aus diesen schlimmen das meiste gelernt zu haben. Milton H. Erickson, dem großen Hypnotherapeuten, wird folgender Spruch zugeschrieben: »Turn shit into roses!« Wenn es uns gelingt, Ja zu sagen, nicht nur zu dem Glück im Leben, zu seinen Freuden und Wundern, sondern auch zu den Krisen, Schmerzen und Leid, dann kann der »shit« der Dünger sein, aus dem Rosen erblühen können. Nehmen wir das Leben in seiner ganzen Fülle an, zählt alles im Leben: jedes Tun oder Nichttun, jeder gegangene oder nicht gegangene Schritt, jeder Gedanke, jeder Augenblick, jeder Atemzug. Horaz' Ausspruch »Carpe diem« kennen wir als »Nütze den Tag«, wörtlich übersetzt heißt es »Pflücke den Tag«. Den Tag pflücken, auskosten, schmecken, ihn nicht nur so zu leben, als wäre es unser letzter, sondern auch so,

Übung

Mut und Zuversicht schöpfen

Atmen Sie einige Male tief durch. Das tiefe Atmen bewirkt, dass Ihr Geist sich ganz allmählich von außen nach innen wendet. Sie haben inzwischen bestimmt schon Ihre ganz eigenen »Techniken«, um zu entspannen.

Dann begeben Sie sich auf eine kleine Zeitreise: Zuerst blicken Sie zurück in Ihre Vergangenheit und erinnern nur positive Erlebnisse oder Erlebnisse, aus denen Sie etwas gelernt haben beziehungsweise die zu einem guten Ende führten. Suchen Sie nicht bewusst nach solchen Ereignissen, lassen Sie sie spontan vor Ihrem inneren Auge auftauchen. Zwei oder drei solcher Ereignisse genügen. Tauchen Sie in die Erinnerung ein und lassen Sie Gefühle der Dankbarkeit zu. Vielleicht sind Sie nicht nur dankbar, dass Sie diese Erlebnisse haben durften, sondern auch dafür, dass Sie anderes nicht erleben mussten?

Dann reisen Sie gedanklich in die Zukunft. Lassen Sie das Gefühl der Zuversicht zu, dass alles, was geschehen wird, gut und richtig für Sie ist. Vielleicht möchten Sie sich auch sagen: »Alles wird gut!« Lassen Sie sich Zeit, das Gefühl der Zuversicht wirklich in Ihrem Inneren zu spüren.

Danach wenden Sie sich wieder der Gegenwart zu, schließlich vollzieht sich unser Leben im Hier und Jetzt. Sagen Sie zu sich selbst: »Ich bin bereit, die Herausforderungen der Gegenwart voller Vertrauen, voller Selbstvertrauen anzunehmen!« Nehmen Sie sich vor, das Hier und Jetzt voller Freude und auch mit allen Ihren Sinnen zu (er)leben und so oft wie nur möglich ganz bei sich, ganz in Ihrer Mitte zu sein.

Vielleicht werden Sie anfänglich ein wenig Schwierigkeiten haben, während dieser Übung Gefühle der Dankbarkeit, Zuversicht, (Selbst-)Vertrauen und Freude zu erleben, doch allein der Gedanke an sie kann bewirken, dass sich diese Gefühle immer leichter und schneller in Ihnen einstellen.

als wäre es unser allererster: neugierig, staunend, freudig und achtsam. Auf diese Weise erleben wir das Leben in seiner ganzen Vielfalt.

Von Hilde Domin ist der Spruch bekannt: »Nicht müde werden, sondern dem Wunder leise, wie einem Vogel, die Hand hinhalten.« Dem Wunder des Lebens die Hand hinhalten, uneingeschränkt »Ja« zum Leben sagen oder wie Kardinal Reinhard Marx in einem Interview sagte: »Das Ja-Wort zum Leben soll durchgängige Melodie sein.«

Was wirklich zählt, ist, das Leben voller Dankbarkeit und Ehrfurcht anzunehmen und überzeugt sagen zu können: Ich liebe diesen prallen bunten Strauß, ich nehme ihn an von ganzem Herzen.

Wenn Sie Zeit und Lust haben, machen Sie doch diese eine kleine Übung, die nicht länger als zehn Minuten dauert und Ihnen sehr viel Mut und Zuversicht geben kann. Ziehen Sie sich zurück, und setzen oder legen Sie sich bequem hin. Sie finden die Übung »Mut und Zuversicht schöpfen« auf der nebenstehenden Seite 148.

Das Schlusswort in diesem Kapitel möchte ich dem Schriftsteller und Maler Hermann Hesse überlassen. Er hat in seinem Gedicht »Stufen«, das sicher viele von Ihnen kennen, nicht nur wunderschön, sondern auch sehr treffend ausgedrückt, was die Aufgabe unseres, jeden Lebens ist – und damit das, was wirklich zählt: zu lernen und sich weiterzuentwickeln bis ans Ende unseres Lebens.

Stufen

Wie jede Blüte welkt und jede Jugend
Dem Alter weicht, blüht jede Lebensstufe,
Blüht jede Weisheit und auch jede Tugend
Zu ihrer Zeit und darf nicht ewig dauern.
Es muss das Herz bei jedem Lebensrufe
Bereit zum Abschied sein und Neubeginne,
Um sich in Tapferkeit und ohne Trauern
In andre, neue Bindungen zu geben.
Und jedem Anfang wohnt ein Zauber inne,
Der uns beschützt und der uns hilft zu leben.

Wir wollen heiter
Raum um Raum durchschreiten,
An keinem wie an einer Heimat hängen,
Der Weltgeist will nicht fesseln uns und engen,
Er will uns Stuf´ um Stufe heben, weiten.
Kaum sind wir heimisch einem Lebenskreise
Und traulich eingewohnt, so droht Erschlaffen,
Nur wer bereit zu Aufbruch ist und Reise,
Mag lähmender Gewöhnung sich entraffen.
Es wird vielleicht auch noch die Todesstunde
Uns neuen Räumen jung entgegensenden,
Des Lebens Ruf an uns wird niemals enden …
Wohlan denn, Herz,
nimm Abschied und gesunde!

SOZUSAGEN GRUNDLOS VERGNÜGT

Ich freu mich, daß am Himmel Wolken ziehen
Und daß es regnet, hagelt, friert und schneit.
Ich freu mich auch zur grünen Jahreszeit,
Wenn Heckenrosen und Holunder blühen.
– Daß Amseln flöten und daß Immen summen,
Daß Mücken stechen und daß Brummer brummen.
Daß rote Luftballons ins Blaue steigen.
Daß Spatzen schwatzen. Und daß Fische schweigen.

Ich freu mich, daß der Mond am Himmel steht
Und daß die Sonne täglich neu aufgeht.
Daß Herbst dem Sommer folgt und Lenz dem Winter,
Gefällt mir wohl. Da steckt ein Sinn dahinter,
Wenn auch die Neunmalklugen ihn nicht sehn.
Man kann nicht alles mit dem Kopf verstehn!
Ich freue mich. Das ist des Lebens Sinn.
Ich freue mich vor allem, daß ich bin.

In mir ist alles aufgeräumt und heiter:
Die Diele blitzt. Das Feuer ist geschürt.
An solchem Tag erklettert man die Leiter,
Die von der Erde in den Himmel führt.
Da kann der Mensch, wie es ihm vorgeschrieben,
– Weil er sich selber liebt – den Nächsten lieben.
Ich freue mich, daß ich mich an das Schöne
Und an das Wunder niemals ganz gewöhne.
Daß alles so erstaunlich bleibt, und neu!
Ich freu mich, daß ich . . . Daß ich mich freu.

Mascha Kaléko

Alles ist möglich

Über das Leben im Ruhestand gibt es die unterschiedlichsten Vorstellungen. Eine Frau: »Jetzt, da ich nicht mehr unter dem unerträglichen Leistungsdruck des Berufs stehe, möchte ich machen, was ich wirklich will.« Eine andere: »Nach meinem anstrengenden Arbeitsleben sehne ich mich jetzt vor allem nach Rückzug und Ruhe.« Und eine Kursteilnehmerin: »Nach der Eintönigkeit meines Familienlebens wünsche ich mir jetzt vor allem Abwechslung. Ich möchte raus aus dem Haus und unter Leute, ich suche Austausch.«

All diese Wünsche sind berechtigt: autonom entscheiden zu können, das zu tun, was man selbst möchte, die Sehnsucht nach Rückzug und Ruhe, die Lust auf Abwechslung und Austausch. Doch diejenige, die machen will, was sie will, hat vielleicht längst den Zugang zu dem Wissen, was sie wirklich will, verloren. Der Frau, die sich Rückzug und Ruhe wünscht, kann ebendiese Ruhe bald langweilig werden. Selbst die Frau, die unter die Leute will, stellt fest, dass sie ihren Freundeskreis vernachlässigt hat und jetzt die Leute fehlen, mit denen sie »raus« will.

Ich kenne viele, die sich gleich nach Beendigung der Familien- beziehungsweise Berufsphase in hektische Aktivität stürzen, aber auch etliche, die in Passivität, Lethargie versinken. Sowohl die einen als auch die anderen ahnen vielleicht, dass sie sich Zeit lassen sollten, um zu finden, was für sie passen könnte. Anfangs stehen daher meist ganz allgemeine, eher vage Vorstellungen im Vordergrund, doch mit der Zeit kristallisieren sich dann konkrete Wünsche heraus.

Vom Ruhestand zum produktiven Alter

Auch die Gesellschaft formuliert Erwartungen, wie ein älterer Mensch nach Beendigung der Familienzeit und/oder Berufsphase zu leben, sich zu geben hat. Allerdings haben sich diese Erwartungen in den letzten 35 Jahren stark verändert. Diese Altersdispositive, diese öffentlich konstruierten Bilder, was das Alter ist beziehungsweise nicht ist und wie alte Menschen sind beziehungsweise nicht sind, wechseln sich nicht nur ab, sie überlagern sich auch.

Bis in die 1980er-Jahre hinein gab es die Vorstellung des »ruheständischen Alters«, die ein Bild vermittelte von Rückzug aus dem öffentlichen Leben, von sozialer Vereinzelung, vom Nachlassen der außeralltäglichen Aktivitäten und von körperlichem Abbau. Damit assoziiert sind Bilder von Haus und Garten, Sofa und Fernseher, Kuraufenthalt, Corega Tabs.

Seit Mitte der 1980er-Jahre wurde dieses Bild abgelöst von der Vorstellung des »Unruhestands«. Zu dieser Vorstellung führte einerseits das Wissen um die Plastizität, die Formbarkeit des alternden Körpers, einschließlich des Gehirns, und um die zahlreichen Kompetenzen des Alters. »Wer rastet, der rostet« war das Motto, und die Älteren wurden ermuntert, sich um eine gesunde Lebensführung zu bemühen. Mit dem Unruhestand assoziiert sind Bilder von Radfahren, Hometrainern, Walkingstöcken, Computern, Fernreisen, Seniorenstudium und Alten-WGs.

Seit Ende der 1990er-Jahre und verstärkt seit ungefähr 2005 wird dieses Bild überlagert und fortgeführt von der Vorstellung des »produktiven Alters«. Zusätzlich zu der zwar eigenverantwortlichen, aber selbstbezüglichen Lebensführung des Unruheständlers wird nun von den Älteren erwartet, dass sie im freiwilligen Dienst zum Nutzen der Allgemeinheit tätig werden, etwa im bürgerschaftlichen Engage-ment oder als Senior-Trainer. Aus den aktiven Alten sollen nun produktive Alte werden.

Auswirkungen der gesellschaftlichen Erwartungen

Alle diese Bilder spuken in unseren Köpfen herum, und unsere individuellen Vorstellungen von der Zeit im Ruhestand werden von ihnen beeinflusst. Mich, und wahrscheinlich auch viele andere Frauen, beschleicht dabei ein großes Unbehagen. Wieder sollen wir uns in ein Korsett gesellschaftlicher Vorstellungen pressen lassen, wie wir zu sein, wie wir zu leben haben. Gerade Frauen haben oft genug während der Doppelbelastung durch Familien- und Berufsarbeit ihre eigenen Vorstellungen und Lebensziele zurückgestellt und freuen sich nun auf eine Zeit, in der sie ihre Wünsche und Träume leben können. Und gesellschaftlich geprägte Vorstellungen machen es uns schwer, aus ihnen auszuscheren und entgegen dieser Erwartungen zu leben.

Was, wenn ich keine produktive ältere Frau sein will, keinen Nutzen, keinen Ertrag mehr für die Gesellschaft erbringen will? Bin ich dann eine schlechte Frau? Gerade Frauen, denen es schwerfällt, aus gegebenen Normen auszubrechen, können sich dadurch wieder unter Druck gesetzt fühlen. Für andere da zu sein, sich ehrenamtlich zu engagieren ist sicher eines der besten Dinge, die wir im Alter tun können, wenn wir dazu bereit sind und es aus uns selbst heraus tun wollen, und nicht, weil es von uns erwartet wird. Ein Ehrenamt auszuüben ist nicht nur altruistisch, die Sorge für andere ist gleichzeitig Sorge für sich selbst: Machen wir andere glücklich, machen wir auch uns selbst glücklich. Allerdings sollte ein Ehrenamt keine Bauchschmerzen verursachen, das heißt, wir sollten es mit Freuden ausüben und nicht bis an unsere Belastungsgrenze gehen, wie vormals so oft im Berufs- und Familienleben.

Die beste Zeit

Gelingt es, uns von diesen gesellschaftlichen Erwartungen zu lösen, entwickeln wir Eigensinn, unseren *eigenen* Sinn, können wir frei werden herauszufinden, was wir wirklich wollen. Denn die Zeit, in der wir jetzt leben, ist einmalig. Wir haben noch mehr als zwanzig Jahre zu leben und vielleicht zum ersten Mal die Chance, in Freiheit und ohne Leistungsdruck zu leben und das zu tun, was uns wirklich Freude macht, was uns begeistert. Jetzt endlich können wir den Blick auf *unsere* Gefühle, Sehnsüchte, Träume und Wünsche richten und erkennen, was wir bis jetzt nicht gelebt haben und jetzt gelebt werden will. Obwohl wir vielleicht nach außen schlechter sehen, wird unser Blick nach innen klarer. Wir erkennen, dass wir Altes loslassen müssen, um Neues zulassen zu können. Vielleicht kann Ihnen die nachfolgende Übung »Frei werden von …« auf Seite 155 dabei helfen.

Nicht Gelebtes sehen

Gerade in der jetzigen Lebensphase kommen wir nicht umhin zu realisieren, was in unserem Leben nicht gewesen ist. Wir erinnern uns an Fehlschläge, Lücken, verpasste Chancen, an das nicht Erreichte. Diese Feststellungen können von Wehmut, manchmal auch von tiefer Trauer begleitet sein. Doch genau diese Gefühle helfen uns, die geplatzten Träume zu verabschieden, loszulassen. Der Wunsch nach einem Kind, die große berufliche Karriere, die glückliche Beziehung, sie kamen vielleicht nie zustande.

Jetzt können wir uns wenigstens in die Nähe unserer Wünsche bringen, sie in abgeschwächter Form leben. Haben wir keine Kinder, können wir uns ehrenamtlich für Kinder engagieren, ihnen vorlesen, bei Schularbeiten helfen, sie betreuen, wenn die Eltern erkrankt sind. Haben wir die Traumkarriere nicht gemacht, können wir uns bestimmte interessante Elemente des beruflichen Wegs heraussuchen und schauen, ob und wie wir uns damit nachberuflich beschäftigen könnten. Und für eine glückliche Beziehung ist es bekanntlich nie zu spät, doch vielleicht muss es gar nicht die große Liebe sein, in Beziehung sein, jemandem Beachtung schenken und von jemandem Beachtung geschenkt bekommen können wir auch von Freunden, Kindern und Haustieren.

Unsere Träume und Sehnsüchte in »abgespeckter« Form zu leben ist nicht Resignation, sondern Lebenskunst. Sie besteht darin, nach der vorgenommenen Lebensbilanz das Gegebene, auch das Unperfekte unseres Lebens zu akzeptieren und uns neu zu orientieren. Oder wie es eine Kursteilnehmerin sagte: »Es ist, wie es ist.« Auch Akzeptanz befreit.

Loslassen erfordert Mut. Manche Frauen finden den Mut lange nicht oder nie. Doch das Alter bringt, ob wir es wollen oder nicht, Veränderungen mit sich. Was diese Veränderungen betrifft, ist es allemal besser, mit dem Fluss des Lebens als gegen den Strom zu schwimmen, als krampfhaft am Alten festzuhalten und lieber in die Vergangenheit zurückzuschauen, die zu einem »Früher war alles besser« verklärt wird. Weil ihnen dies eine vermeintliche Sicherheit gibt und aus Angst vor der neuen Freiheit wollen manche Frauen nur noch ihre Ruhe haben, sie ziehen sich in eine »Komfortzone« zurück, in einen bequemen Bereich ohne Möglichkeiten der Weiterentwicklung, sie verfallen in Resignation und stagnieren.

Warum etwas verändern?

Weshalb wollen wir etwas verändern? Weil das Leben selbst ankündigt, dass es nicht so bleiben kann, wie es ist. Diese Ankündigungen sind oft so leise, dass wir genau hinhorchen und hinspüren müssen, um sie überhaupt wahrzunehmen. Oft zeigen sie sich durch Gefühle des Unwohlseins, wie ein flaues Gefühl im Magen oder einer Enge im Brustkorb, oder durch ein vages Gefühl, wie »Das passt nicht mehr« oder »Das ist nicht mehr stimmig«. Dann wieder können sie sich durch Symptome äußern wie chronische Kopf- oder Rückenschmerzen oder gar eine akute Erkrankung. Falls das Leben uns sehr stark führen will, bringt es einen Unfall oder ein Unglück, die uns auffordern, unsere Komfortzone zu verlassen.

Manchmal jedoch ist das Leben gnädig und lenkt uns zu unseren tief verborgenen Träumen durch einen Satz, den wir hören oder lesen, durch eine Sequenz in einem Film, durch einen Duft oder Worte, die jemand zu uns sagt, die Wünsche, Sehnsüchte und Hoffnungen in uns wecken. Wir alle kennen den tröstlichen Spruch der Mutter zu ihrem Kind: »Alles wird gut« sowie den Spruch: »Die Hoffnung stirbt zuletzt«. Es ist gut, dass die Hoffnungen zuletzt sterben, unsere Hoffnungen bestärken und ermutigen uns, und zusammen mit unseren Sehnsüchten sind sie die stärksten Triebfedern für Veränderung, damit tatsächlich alles gut werden kann.

Dennoch ist es für viele schwierig loszulassen, denn wir konzentrieren uns unbewusst auf das, was wir verlieren, anstatt auf das, was wir gewinnen. Da wir von unserer Natur her auf Behalten, Bewahren angelegt sind, sollten wir lernen, unseren Blick auf das zu richten, was wir gewinnen, und auch bereit sein, die zwischenzeitlich eventuell eintretende Leere zuzulassen. Eine buddhistische Weisheit sagt: »Das Leben wirft uns ständig Bälle zu. Wir können ihnen ausweichen, uns von ihnen treffen lassen oder sie auffangen.« Ist es jetzt nicht an der Zeit, die Bälle aufzufangen? Die Gelegenheiten, die sich uns bieten, wahrzunehmen, anstatt sie auf ein vielleicht niemals kommendes Morgen zu verschieben? Dazu eignet sich die Übung »Frei werden für …« auf Seite 157.

Es müssen auch nicht immer gleich die ganz großen Veränderungen sein, beginnen Sie

Übung

Frei werden von ...

Was will ich loslassen? Was brauche ich nicht mehr? Nehmen Sie sich etwas Zeit, und überlegen Sie, was Sie wirklich nicht mehr brauchen. Vielleicht wollen Sie die nachfolgenden Vorschläge mit einem Blatt Papier abdecken, um erst den eigenen Gedanken zu folgen. Anschließend können Sie sich die Vorschläge ansehen und sie mit Ihren ganz eigenen Ideen bereichern:

Ich brauche nicht mehr ...

- es allen recht machen.
- mich um alles kümmern.
- mich für alles verantwortlich fühlen.
- einen vollen Terminkalender haben.
- tausend Dinge auf einmal tun.
- die Welt verbessern.
- zurückhaltend und nett sein.
- mich bewähren, ständig mit anderen messen.
- im Rennen um den Erfolg und die Leistung mitmachen.
- perfekt sein.
- die Schönste sein.
- mein Licht unter den Scheffel stellen.
- mich fremdbestimmen lassen.
- mit Menschen zusammen sein, die mir nicht (mehr) guttun.
- unentbehrlich sein.
- mit meiner Vergangenheit hadern.

Sie werden sicher Ihre ganz persönliche Liste erstellen wollen. All die angeführten Beispiele beziehen sich auf den geistigen Bereich beziehungsweise auf den Bereich des Verhaltens. Allerdings gibt es auch noch den ganz praktischen Bereich, in dem Sie vielleicht ebenfalls das Bedürfnis verspüren loszulassen: all die Dinge, die sich im Laufe Ihres Lebens angehäuft haben. Wäre es jetzt nicht an der Zeit, sich zumindest von einigen zu trennen? Kleidung, die Sie seit Jahren nicht mehr tragen, Küchenutensilien, die Sie nicht mehr benötigen, weil sie längst durch neue ersetzt wurden ... Und dann ist da noch das Gerümpel im Keller und auf dem Speicher. Vielleicht hatten Sie bisher einfach keine Lust, sich an die Arbeit zu machen?

Haben Sie sich aber einmal dazu entschlossen, den über all die Jahre angesammelten Ballast loszulassen, empfinden manche Frauen es fast als eine Art Befreiungsschlag. »Entrümpeln ist angesagt«, meinte eine Kursteilnehmerin. Und sicher kennen Sie Menschen, die sich über Ihren »Ballast« freuen würden. Oft geht das eine (Loslassen im geistigen Bereich) mit dem anderen (Loslassen im praktischen Bereich) einher, und beides kann öffnen für Neues.

mit kleinen Veränderungen im Verhalten, die Ihr Selbstvertrauen stärken und in der Folge dann zu größeren oder gar großen Veränderungen führen können. Bewährt hat sich dabei die Strategie der kleinen Schritte: Sagen Sie zuerst einmal »Nein« in einer für Sie nicht ganz so wichtigen Angelegenheit, dann in einer für Sie wichtigeren und zuletzt in einer für Sie sehr wichtigen Angelegenheit. Oder sagen Sie »Ja« zu etwas, das Sie wollen, es Ihnen aber nicht ganz so wichtig ist, ob Sie es bekommen, gehen Sie dann weiter vor bis zu Angelegenheiten, die Ihnen wirklich am Herzen liegen.

Im Kapitel »Selbstvertrauen und Selbstsicherheit« haben Sie erfahren, durch welche Übungen Sie Ihr Selbstvertrauen stärken können, um die anstehenden Veränderungen mutig anzugehen (siehe Seite 87). Öfter Nein sagen, sich in Gelassenheit üben, sich Freiräume schaffen, um den eigenen Wünschen auf die Spur zu kommen, und dann wieder sich Raum nehmen, um die selbst gewählten Ziele zu verfolgen, um Wünsche zu verwirklichen, beides in einem ausgeglichenen Verhältnis, im rechten Maß. Hin und wieder Phasen des Alleinseins zulassen, um eine andere Wahrnehmung auf sich und andere zu gewinnen.

Eigensinn

Auch die Entwicklung von Eigensinn und Eigenwillen kann in der jetzigen Lebensphase gestärkt werden. Viele Frauen haben verlernt, ihren eigenen Sinnen, ihren Wahrnehmungen zu vertrauen und ihnen Ausdruck zu verleihen.

Ihren eigenen Willen haben sie unterdrückt oder unterdrücken lassen, sie haben sich angepasst aus Angst vor Ablehnung oder Kritik durch andere. In der jetzigen Lebensphase dürfen wir, was unsere Haltung und unsere Meinungen betrifft, gegen den Strom schwimmen, dürfen die Zeit der Anpassung, des Müssens beenden und können sowohl unseren Eigensinn als auch unseren Eigenwillen entwickeln, können endlich eigensinnig und eigenwillig leben. Wir finden endlich zu uns selbst.

Mut

Der Mut, den wir jetzt brauchen, ist nicht mehr der Wagemut unserer Jugend, dieses Vorpreschen, wenn wir etwas unbedingt erreichen wollen, sondern eher ein ruhiger Mut, die Veränderungen dieser Lebensphase gelassen anzunehmen. Wir können Veränderungen nicht nur aktiv vornehmen, manchmal genügt es auch, uns für sie zu öffnen. Sie entstehen dann eher durch ein Geschehenlassen als durch aktives Tun, und auch dazu gehört Mut. Gelassenheit haben wir im Lauf unseres Lebens entwickelt, wir haben erfahren, dass manchmal nicht alles so kommt wie geplant, dass wir nicht alles kontrollieren können. Wir haben bemerkt, dass wir selbst auch Fehler machen, dass wir uns täuschen können, dass es Niederlagen geben kann. Das hat uns weicher und milder, oft auch geduldiger werden lassen, wir sagen Sätze wie »Lassen wir die Dinge sich entwickeln« oder »Warten wir erst einmal ab...«, denn wir wissen, manches braucht Zeit, um zu reifen,

Übung

Frei werden für …

Nachdem wir uns in der vorangegangenen Übung »Frei werden von …« überlegt haben, welche alten Verhaltensweisen oder überflüssigen Dinge wir nicht mehr brauchen, welche wir loslassen wollen, können wir uns jetzt fragen, wofür wir frei werden wollen, was wir gewinnen können. Vielleicht wollen Sie die nachfolgenden Vorschläge wieder zuerst mit einem Blatt Papier abdecken, um eigene Gedanken zu entwickeln. Anschließend können Sie die Vorschläge als Hilfestellung betrachten und sie mit Ihren eigenen Ideen bereichern – Ihnen fällt sicher noch einiges ein.

Wofür will ich frei werden? Was will ich jetzt? Eine kleine Auswahl an Beispielen:
Ich bin jetzt frei um/für …

- eine Aufgabe, für die ich mich mit ganzem Herzen engagieren kann.
- mein kreatives Potenzial zu entfalten, schöpferisch zu werden.
- immer mehr an Ganzheit zu gewinnen.
- die Aufmerksamkeit nach innen zu richten.
- spirituelle Wege zu suchen.
- das für mich Wesentliche zu leben.
- als Ratgebende und Sinnstiftende zu wirken, wenn es gefragt ist.
- die größeren Zusammenhänge meines Lebens zu begreifen.
- das, was mich bisher getragen hat, zu erkennen und zu schätzen.
- die postmenopausale Lust zu leben.
- mich mit meinem bisherigen Leben zu versöhnen – es anzunehmen.
- abschiedlich leben einzuüben.
- noch etwas verrückter zu werden, noch mehr zu lachen.
- auf die innere Stimme zu hören.
- über mein kleines Ich hinauszudenken, zu fühlen, zu handeln.
- bisher nicht Beachtetes und nicht Gelebtes in mir zu entdecken, zu entfalten.
- einen neuen Selbst- und Weltbezug zu erreichen beziehungsweise zu erringen.
- meine größere Narrenfreiheit, meinen »Oma-Bonus« zu nutzen.
- in die Stille zu gehen.
- immer mehr Kontakt zu mir, zum innersten Kern meines Wesens aufzunehmen.

Auch hier werden Sie Ihre ganz persönliche Liste erstellen wollen. Sie können auch eine Werteordnung vornehmen, um festzustellen, was Ihnen ganz besonders wichtig ist. Die drei obersten Werte auf Ihrer Rankingliste können Sie aufschreiben und immer bei sich tragen als Erinnerungsstütze für das, was Sie entfalten möchten.

und wir lassen den Dingen ihre Zeit. Was viele nicht wissen, ist, dass der Mut, den wir jetzt beim Älterwerden und den anstehenden Veränderungen brauchen, sich trainieren lässt. Denn Angst sowie Mut sind erlernt, wir schauen sie als Kinder von anderen ab, und indem wir sie immer wieder ausüben, werden sie gestärkt. Dies trifft sowohl auf die Angst als auch auf den Mut zu. Doch wir können unsere Angst durch Mut überwinden und unseren Mut durch Übung stärken.

Neue Chancen

Wenn Sie sich zurückziehen und resignieren, verpassen Sie die einmalige Gelegenheit, diese neu gewonnene Freiheit auszukosten, alte Träume und Pläne umzusetzen, neue Gewohnheiten einzuüben, neuen Interessen nachzugehen, vernachlässigte Fähigkeiten auszubauen und neue Möglichkeiten wahrzunehmen. Manche mag ihr Alter abschrecken, doch zahlreiche große Leistungen wurden von älteren Menschen vollbracht: Verdi vollendete mit achtzig Jahren seine Oper Falstaff, Goethe schrieb mit 81 Jahren Faust II, und der Läufer Fauja Singh lief mit 100 Jahren Marathon. Viele weitere, die große Alterswerke vollbrachten, wären zu nennen, wie etwa Salvador Dalí, Francisco de Goya, Pablo Picasso, Georg Friedrich Händel, Josef Haydn, Franz Liszt, Theodor Fontane, Henrik Ibsen. Und auch viele Frauen, Schriftstellerinnen wie Ricarda Huch, Astrid Lindgren, Hilde Domin, Luise Rinser, Ilse Aichinger, Selma Lagerlöf, die Politikerin Hilde-

gard Hamm-Brücher, Schauspielerinnen wie Katharine Hepburn, Marianne Koch (die außerdem Ärztin und Autorin ist), Barbara Rütting (ebenfalls Autorin und ehemalige Politikerin), um nur einige wenige zu nennen.

Fähigkeiten und Potenziale

Soziologen fanden heraus, welche Potenziale und Kompetenzen ältere Menschen im Lauf ihres Lebens entwickelt und erworben haben. Wir haben die Fähigkeit,

- aufgrund unserer Lebenserfahrung mit den Aufgaben und Anforderungen des Lebens besser umgehen zu können.
- mit Gelassenheit auf Anforderungen, Belastungen und Konflikte zu antworten.
- eigene Bedürfnisse zugunsten anderer zurückzustellen.
- uns mit den Zielen und Schicksalen anderer Menschen zu beschäftigen, vor allem der nachfolgenden Generation.
- Verantwortung für diese Menschen und deren Zukunft zu übernehmen.
- uns mit der Zukunft der Gesellschaft, der Politik und der Kultur zu beschäftigen.
- Lebensereignisse und Lebensprozesse, Personen und Dinge in der Umwelt differenzierter wahrzunehmen.
- uns an kleinen Dingen freuen und trotz einzelner Einschränkungen das Leben bejahen zu können.
- unser Erleben in Begegnungen mit Menschen sowie in der Betrachtung von Natur, Kunst und Literatur zu vertiefen.

Geschichten aus dem Leben

»Ich bin mir nicht sicher, ob im Ruhestand die Möglichkeiten und Fähigkeiten, was Neues anzufangen, wirklich zunehmen. Die Zeit dafür hat man, aber auch den Mut?

Man soll sich an die Kindheitsträume erinnern, dann würden vergessene Interessen wieder aufflammen, heißt es. So weit muss ich aber gar nicht zurückgehen. Ich habe in den letzten Jahren mein Interesse für Italien entdeckt: die Landschaft, die Kunst, die Lebensart, ja sogar das Essen. Und nicht zu vergessen die Sprache.

Seit ich in Rente bin, hat die Idee von mir Besitz ergriffen, einmal für längere Zeit in dieses Land einzutauchen. Für ungefähr drei Monate in Florenz, Venedig oder Perugia zu leben, Italienisch zu lernen, vielleicht sogar bei einer italienischen Familie oder in einem B&B zu leben, um Land und Leute kennenzulernen. Gut, bisher kann ich nur leidlich Englisch, aber warum sollte ich in meinen späteren Jahren nicht Italienisch lernen können, wenn es mich so sehr interessiert? Mein Mann meint, das sind Flausen, aber allmählich erkennt er den Ernst der Lage und meint, er könnte mich ja jeden Monat für einige Tage besuchen. Ich reagierte nicht so begeistert, wie er es sich erwünscht

hatte. Daraufhin meinte er, er käme auch ganz gut ohne mich zurecht, und dies wiederum verstand ich nicht als Kompliment. Geplant habe ich, das Ganze im Frühjahr oder Sommer anzugehen. Mittlerweile bin ich dabei, Informationen an italienischen Sprachschulen und über Unterkünfte einzuholen.

Manchmal, wenn ich darüber nachdenke, bekomme ich schon Muffensausen. Wann war ich das letzte Mal für längere Zeit allein unterwegs? Das ist schon sehr lange her. Und was, wenn ich keinen Anschluss finde? Diese Gedanken schiebe ich jedoch schnell zur Seite, weil sie mich lähmen. Und wenn mein Mann fragt: Wozu das Ganze, was willst du später mit deinem Italienisch anfangen?, dann antworte ich, weil es mir Freude macht, weil ich etwas Neues erfahren will. Und was ich später mit meinen Italienischkenntnissen anfange, weiß ich jetzt noch nicht. Ich könnte mir aber vorstellen, dass ich in München weiterlerne. Und wenn es nur ist, um mein Gehirn auf Trab zu halten. Dann lacht er.« Frau G., 62

Aber jenseits der von Soziologen älteren Menschen zugeschriebenen Fähigkeiten hat jede einzelne Frau im Lauf ihres Lebens ganz individuelle Fähigkeiten entwickelt, derer sie sich manchmal mehr, manchmal weniger bewusst ist. Da Frauen dazu neigen, ihre Fähigkeiten herunterzuspielen, kann es durchaus interessant sein herauszufinden, wie unsere Fähigkeiten von anderen eingeschätzt werden. Im Kapitel »Selbstvertrauen und Selbstsicherheit« hatten Sie die Gelegenheit, Ihre Freunde zu fragen: »Was magst du an mir?« (siehe Seite 106). Jetzt können Sie eine weitere Frage stellen.

TREFFEND GEFRAGT

Was kann ich
deiner Meinung nach gut?

Auch diese Frage sollten Sie nur wohlmeinenden Freunden stellen, und auch hier könnten Sie überraschende Antworten erhalten. Manchmal stimmt das Selbstbild nicht ganz mit dem Fremdbild überein, und andere schätzen an uns Fähigkeiten, die wir als solche noch gar nicht erkannt haben. Viele Menschen befürchten jedoch statt einer Zunahme eher einen Verlust von Fähigkeiten, sie nehmen eher ihre (Alters-)Schwächen als ihre Stärken wahr und wagen es daher nicht, das zu tun, was sie noch gern tun würden.

SOK-Modell

Das von dem Ehepaar Margret M. und Paul B. Baltes (Max-Planck-Institut für Bildungsforschung) entwickelte SOK-Modell zeigt auf, wie wir im höheren Lebensalter mit dem Verlust des Kurzzeitgedächtnisses umgehen können. SOK steht für Selektion, Optimierung und Kompensation, das heißt, aus den vorhandenen Lebensmöglichkeiten jene *auszuwählen*, deren Umsetzung uns am Herzen liegt, dann die eigenen Mittel so zu *optimieren*, dass das Gewählte möglichst gut gelingt, und zu *kompensieren*, wenn im Lauf des Lebens die Mittel wegfallen.

Der berühmte Pianist Artur Rubinstein wurde an seinem achtzigsten Geburtstag gefragt, wie er es schaffe, immer noch als Konzertpianist zu brillieren. Rubinstein erklärte, er habe sein Repertoire verringert *(Selektion)*, und außerdem übe er seine Stücke mehr als früher *(Optimierung)*. Schließlich verlangsame er vor besonders schnellen Passagen sein Tempo, sodass dieser Teil dann im Vergleich wieder spritziger erscheine. Er mache das, weil er die ausgewählten Stücke nicht mehr so schnell wie früher spielen könne *(Kompensation)*. Selbst ein so berühmter Pianist wie Rubinstein musste sich behelfen, um kleine Schwächen auszugleichen.

Als ich in einem meiner Kurse dieses Modell vorstellte, meldete sich sofort eine Frau zu Wort: »Das kenne ich, ich mache das ganz ähnlich. Nach meiner Berufsphase plante ich, eine neue Sprache zu lernen, und konnte mich zuerst nicht zwischen Russisch und Französisch entscheiden. Meine Wahl fiel auf Französisch, da ich dann wenigstens keine neue Schrift lernen musste. Dann habe ich im Vergleich zu meiner Jugend die Art des Lernens verändert, ich nahm mir kleinere Einheiten vor, dafür lernte ich öfter. Das Gelernte prägte sich mir damit besser ein. Und weil ich anfänglich Schwierigkeiten mit der Grammatik hatte, lernte ich typische französische Redewendungen, die ich beiläufig einflocht, sodass der Eindruck entstand, dass ich besser sprach, als ich es wirklich konnte.«

Vielleicht hilft Ihnen das SOK-Modell, sich an Unternehmungen zu wagen, die Sie sich bisher nicht zutrauten. Mit Flexibilität, Mut und dem Willen, neue Wege zu gehen, können wir bis ins hohe Alter Großartiges leisten.

Freude und Begeisterung

Doch wir müssen nicht unbedingt Großartiges leisten wollen, obwohl wir es sicher könnten. Es genügt herauszufinden, was uns Freude macht, uns begeistert und beseelt, unsere Augen (wieder) zum Leuchten bringt. Manche Frauen erinnern sich an ihre Kindheit und daran, was sie bereits als Kind gern taten. Oft kommen diese vergessenen Interessen bei der reifen Frau wieder zum Vorschein, viele machen sich voller Freude daran, sie nun zu verwirklichen.

Ich erinnere mich an eine Geschichte, die in einem Dokumentarfilm über englische Gärten erzählt wurde und mich sehr berührte. Eine ungefähr siebzig Jahre alte Dame, die in einem prachtvollen englischen Park Gartenarbeit verrichtete, erzählte, dass sie diesen Park und auch das Schloss schon immer liebte. Als Kind wohnte sie in der Nähe, und des Öfteren ging sie mit ihren Eltern am Sonntag dort spazieren. Jedes Mal sagte sie sich dabei: »Wenn ich einmal groß bin, will ich hier arbeiten.« Doch das Leben verschlug sie in einen anderen Teil Englands, wo sie heiratete und ihre Kinder großzog. Als ihr Mann gestorben war, entschloss sie sich, wieder in den Ort ihrer Kindheit zu ziehen. Kaum angekommen, fuhr sie mit ihrem Rad zu dem Schloss und sah gleich am Eingang ein Schild: »Ehrenamtliche Helfer für Gartenarbeit gesucht!« Sie bewarb sich, und heute ist sie überglücklich, dort arbeiten zu dürfen. Das Glück leuchtete aus ihren Augen, und ihre ganze Erscheinung strahlte. Ihr Kindheitswunsch hat sich, wenn auch spät, erfüllt.

Ähnliche Geschichten, in denen Frauen sich ihre Kindheits- oder Jugendträume erfüllen, gibt es viele, wenn auch nicht immer so rührende. Eine Frau: »Ich war als Kind viel auf dem Bauernhof meiner Großeltern, wo ich den Umgang mit den vielen Tieren und den Aufenthalt im Freien liebte. Als meine Großeltern verstarben, wurde der Hof verkauft. Später, als meine eigenen Kinder klein waren, machten wir oft mit der ganzen Familie Urlaub auf dem Bauernhof. Als die Kinder dann aus dem Haus waren, erfüllte ich mir den Wunsch, den Sommer auf einer Alm als Sennerin zu verbringen. Jetzt verbringe ich jeden Sommer dort und kehre nach drei Monaten erschöpft, aber von tiefster Freude erfüllt, in die Stadt zurück. Das tue ich, solange man mich dort braucht.« Oft knüpfen die Kindheitserinnerungen an Erlebnisse in der Natur oder mit Tieren oder an ein einfaches Leben an.

Vergessen wir nicht, dass die Dinge, die die größte Freude bereiten, nichts oder nur sehr wenig kosten, wie ein schöner Sonnenuntergang, ein Lächeln, eine Umarmung, singen oder tanzen, barfuß laufen, auf einer Wiese liegen und in den Himmel schauen, ein kühles Glas Wasser in der Sommerhitze, ein Butterbrot, wenn wir hungrig sind ...

Vielleicht wollen auch Sie sich an Ihre Kindheit erinnern, um vergessene Freuden, Träume, Fähigkeiten und Ressourcen wieder ins Bewusstsein zu holen? Sie eventuell sogar wieder aufleben lassen? Dann versuchen Sie, folgende Fragen zu beantworten:

TREFFEND GEFRAGT

Was konnte ich früher gut?
Was bereitete mir Freude?
Womit war ich zufrieden?

Sollte die Erinnerung an kindliche oder jugendliche Freuden bei Ihnen keine Resonanz zu einer bestimmten Fähigkeit oder einem bestimmten Interesse ausgelöst haben, können Sie zusätzlich auch noch folgende Fragen beantworten: *Was wollte ich eigentlich schon immer tun?*

Was möchte ich vertiefen, vervollkommnen? Was möchte ich ausprobieren? Worauf bin ich neugierig?
Vielleicht haben die Antworten auf diese Fragen Ihr Interesse an der Kreativität geweckt.

Kreativität

Es ist die Freude, die Begeisterung, die uns zu dem führen kann, was in uns verborgen war und jetzt ans Licht kommen möchte. Auch eine lange schlummernde oder gar unterdrückte Kreativität kann nun wieder erwachen. Immer wieder höre ich, wie beliebt Malen ist und wie viele Frauen sich entschließen, das Malen wiederaufzunehmen oder es ganz neu zu beginnen. Kreativität scheint das Lebenselixier schlechthin zu sein. Haben Sie sich schon einmal überlegt, warum so viele Künstler bis ins hohe Alter hinein geistig rege und meist auch körperlich gesund sind? Doch obwohl Beuys meinte: »Jeder ist ein Künstler«, gewinnen nicht alle Zugang zu ihrem künstlerischen Wesen. Vielleicht gelingt es uns wenigstens, die Welt durch die Augen eines Künstlers zu sehen und unsere Wirklichkeit durch Fantasie zu bereichern. Kreativität muss ja nicht nur in der Kunst, sie darf durchaus auch im Alltag gelebt werden.

Wie können wir unsere Kreativität anregen?

Da unser Alltag überwiegend aus Routinen besteht, die uns das Denken ersparen, kann unsere Kreativität im Lauf der Zeit erlahmen. Auch Sätze wie »Das habe ich schon immer so gemacht« oder »Dafür bin ich zu alt« sind Kreativitätskiller. Anregen können wir unsere Kreativität, indem wir Dinge auf ungewöhnliche Art und Weise tun, den routinemäßigen Ablauf durchbrechen. Das kann schon beim Frühstück anfangen: an einem anderen Platz frühstücken als sonst, sich ein ganz neues Geschmackserlebnis gönnen, indem wir etwas Ungewöhnliches essen – das gilt übrigens ebenso für die anderen Mahlzeiten. Auch Fremdsprachen lernen und ins Ausland fahren durchbrechen die Routine unseres Denkens, denn dadurch lernen wir eine andere Art des Assoziierens.

Da Menschen meist nach dem Prinzip »Gleich und Gleich gesellt sich gern« zusammenfinden, würde es sich hin und wieder lohnen, sich für Menschen zu öffnen, die ganz anders »ticken« als wir selbst. Durch eine große Bandbreite sozialer Kontakte erhalten wir eine Vielfalt von Ideen, und auch dadurch werden Denkroutinen durchbrochen. Während einer Routinearbeit ist es wichtig, immer wieder lange Pausen zu machen. Während oder nach einer tiefen Entspannung wie bei einer Meditation oder einem Spaziergang können neue Impulse und kreative Ideen freigesetzt werden.

Auch Beethoven wusste, die meisten Einsichten kommen in der Pause, daher ging er stets mit einem Notizblock spazieren, er war ein »spazierend Arbeitender«. Wenn vielleicht nicht gleich ein Künstler, so können wir doch alle kreativ, spielerisch, lustvoll und begeistert sein und es bis ins hohe Alter bleiben.

Viele Frauen kennen ihre bisher nicht realisierten Wünsche und Träume schon seit Langem und möchten diese jetzt endlich leben. Damit sich aber das Sprichwort »Träume sind Schäume« nicht bewahrheitet, müssen wir unsere Wünsche mit unseren Fähigkeiten verbinden, denn nur so können aus den Wünschen erreichbare Ziele werden. Manche Frauen sind sich auch noch nicht sicher, was genau für sie passt. Für beide gibt es weitere Fragen und eine Übung, mit deren Hilfe Sie herausfinden können, wohin Ihr Weg Sie führen könnte. Die folgende Frage finden Sie als Muster und Beispiel im beiliegenden Übungsheft.

TREFFEND GEFRAGT

Was für eine Frau möchte ich in dieser Phase meines Lebens sein? Welches Bild habe ich von mir als gereiften Menschen? Welche Haltung drückt sich durch mich aus?

Diese Frage kann sehr viel beinhalten, und ihre Beantwortung mag nicht leichtfallen. Die Antworten sollten immer in der Gegenwart formuliert sein, so, als wäre die zu formulierende Haltung bereits Realität, ohne »ich will, ich möchte, ich werde«, und können durchaus sehr vage sein.

Hier einige Beispiele:

- »Ich bin eine vitale attraktive Frau, die vielseitig interessiert ist und aktiv am Leben teilnimmt.«
- »Ich liebe das Leben und setze mich für andere (Menschen, Kinder, Tiere) und die Umwelt ein.«
- »Ich lebe ruhig und nach innen gewandt, denn das schenkt mir Erfüllung.«

- »Ich lebe genussvoll und bin auch künstlerisch aktiv.«

Sie sehen, was ich meine: Wir drücken damit eine Vorstellung von uns und unserer Art zu leben aus, egal, ob oder wie sehr wir diese bereits real leben. Wissen wir, mit welcher Haltung wir (weiterhin) durchs Leben gehen wollen, ist es leichter, unser Verhalten zu definieren, was genau wir wollen oder tun können, damit

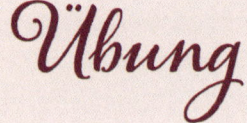

Mein Verhalten

Nun geht es von einer vage formulierten Vorstellung ins Konkrete: Was möchte ich konkret tun? Dabei hilft Ihnen das im Anhang beigelegte Blatt, das drei aufgezeichnete Fußspuren zeigt. In diese Fußspuren können Sie Ihre 3 x 3 neuen Schritte in den Bereichen körperlich, psychisch und geistig eintragen (Muster siehe Übungsheft).

Ein Beispiel: Sie haben als Haltung definiert: »Ich bin eine vitale attraktive Frau, die vielseitig interessiert ist und aktiv am Leben teilnimmt.« Dann könnten die drei Antworten in der ersten Fußspur, die für den körperlichen Bereich steht, lauten: Walken, Wellness, gutes Essen. In die zweite Fußspur, die für den psychischen Bereich steht, könnten Sie eintra-

gen: Freunde treffen, neue Menschen kennenlernen, Reisen. Und in die dritte Fußspur, die für den geistigen Bereich steht, schreiben Sie: eine neue Sprache lernen, Vorträge hören, in die Oper oder ins Theater gehen.

Wie wir im Kapitel »Gesundheit und Wohlbefinden« bereits gesehen haben (siehe Seite 48 bis Seite 67), überschneiden sich die drei Bereiche: Was uns in einem Bereich guttut, tut uns meistens auch in den zwei anderen Bereichen gut. Sie können so vom Vagen immer mehr ins Konkrete gehen, bis Sie wissen: Das ist es, das will ich!

Für diese Übung nehmen Sie sich so viel Zeit, wie Sie möchten, Sie könnten zum Beispiel pro Woche nur eine Fußspur bearbeiten. Vielleicht kommen Ihnen nach und nach auch weitere Ideen, denn mit dieser Übung haben Sie in Ihrem Geist etwas angestoßen, das über einen wesentlich längeren Zeitraum weiterarbeiten kann.

sich unsere Haltung durch unser Verhalten ausdrückt. Das führt zur nächsten Übung, die sich nebenstehend auf Seite 164 befindet.

Mein Motto

Haben Sie Ihre Haltung und Ihr Verhalten definiert, können Sie zusätzlich ein Motto für diese Lebensphase entwerfen. Ein Motto sollte kurz und eingängig sein, ähnlich einem Slogan in der Werbung. Es kann sich reimen, oft ist es bildhaft, hier darf ein »kann« oder »will« vorkommen. Wer erinnert sich nicht an den Slogan »Ich will so bleiben, wie ich bin«, der für eine Margarine wirbt, oder »Keiner macht mich mehr an«, eine Joghurtwerbung. Erinnert man sich an den Slogan, sieht man nicht nur die entsprechenden Bilder, sondern man hört auch die dazugehörige unterlegte Melodie, daher sollten Sie sich Ihr Motto so oft wie möglich sagen. Sie können es auch singen, malen oder tanzen. Dabei werden neben dem visuellen Sinn noch andere Sinne beansprucht, die das Speichern des durch das Motto ausgedrückten Seins oder Vorhabens im Gehirn erleichtern. Der Zweck eines Mottos besteht darin, sich immer wieder in Erinnerung zu rufen, was wir uns vorgenommen haben, und auf diesem Weg zu bleiben, sollte uns einmal der Mut verlassen (siehe Muster im Übungsheft).

Vielleicht möchten Sie die nachfolgenden Mottobeispiele wieder zuerst mit einem Blatt Papier überdecken, um selbst kreativ zu werden. Zusätzlich können Ihnen die Beispiele von anderen Frauen als Anregung dienen:

- Es ist, wie es ist.
- Schauen, was kommt.
- Suchen und finden.
- Wann, wenn nicht jetzt?
- Jetzt bin ich dran.
- Aktiv bleiben, auch wenn's schwerfällt.
- Trotz allem.
- Die große Freiheit.
- Jetzt kümmere ich mich um mich.
- Wer, wenn nicht ich?
- Lass es gut sein.
- Ich bin stolz auf mich.
- Ich bin in meiner Mitte.
- Ich bin, die ich bin.
- Das Leben ist ein Geschenk.
- Jetzt erst recht.
- Ruhig und gelassen.
- Kraftvoll und gesund.
- Ich pack's an.
- Ich packe die Gelegenheit beim Schopf.
- Ich bin ein Glückskind.
- Ich gehe über diese Brücke.
- Ich vertraue auf den Moment/das Leben.
- Ich liebe das Leben.
- Ich liebe mich.
- Heiter und voll Freude.
- Ich überlasse mich dem Strom des Lebens.
- Ich gehöre nicht in eine Schublade, sondern in ein Schmuckkästchen.

Ich bin sicher, Sie werden Ihr stärkendes Motto für die jetzige Lebensphase finden.

Haben Sie Ihr Motto gefunden, können Sie es auf die beiliegende leere Postkarte schreiben

Übung

Brief an sich selbst

Möchten Sie sich zu guter Letzt noch mal auf eine Übung einlassen? Nach dem Lesen des Buches werden Sie vielleicht feststellen, dass einige Kapitel Sie besonders angesprochen haben, dass Sie einige Übungen aufgreifen und sich an manche Veränderungen in Ihrem Leben wagen wollen. Wie immer es auch sein mag, wir vergessen schnell, was wir uns vornehmen, was wir tun wollen. Damit Sie es nicht vergessen und tatsächlich den Mut finden, die Spur zu wechseln, schreiben Sie sich doch selbst einen Brief! Impulse und Anregungen, die Sie erhalten haben und aufgreifen möchten, neue Blickwinkel, die Sie einnehmen, und Wünsche und Ziele, für die Sie sich öffnen möchten, alles, was Sie sich vornehmen zu tun, können Sie in einem Brief an sich selbst festhalten.

Wichtig ist, dass Sie sich liebevoll anreden und Ihre Worte Sie dabei stärken und unterstützen. Dann stecken Sie den Brief in einen an sich selbst adressierten und frankierten Umschlag und übergeben ihn einer Freundin oder Nachbarin, Ihrer Tochter oder Ihrem Sohn mit der Bitte, ihn in ungefähr einem halben Jahr abzuschicken.

und diese dann so aufhängen oder hinlegen, dass Ihr Blick mehrmals am Tag darauf fällt. So tanken Sie immer wieder neue Kraft und auch neuen Mut.

Ich suche nicht – ich finde

Um zu lernen, die Welt mit anderen Augen zu sehen, sollten wir ab und zu unsere ausgetretenen Pfade verlassen und uns auf völlig neue Wege begeben, denn: »Man muss etwas Neues machen, um Neues zu sehen«, sagte Georg Christoph Lichtenberg. Dazu gehört es, mutig und neugierig auch Dinge auszuprobieren, von denen wir meinen, diese würden uns gar nicht interessieren. In den Kursen erlebe ich manchmal, dass Teilnehmerinnen über ein Thema, über das sie wenig wissen, sagen: »Das interessiert mich nicht« und dann erwägen, an diesem Vormittag nicht teilzunehmen. Aber nur wenn wir uns auf etwas einlassen, können wir feststellen, ob unsere vorgefasste Meinung sich bestätigt oder nicht.

Eine Frau sagte einmal in der Beratung zu mir: »Ich bin traurig, dass es für mich nichts Neues mehr gibt, alles ist schon einmal gewesen. Das Meer, die Berge, Sonnenaufgänge, alles kenne ich schon.« Das ist richtig, es gab immer ein erstes Mal, da wir etwas gesehen, etwas erlebt haben. Doch Meer, Berge und Sonnenaufgänge können je nach Jahreszeit, ja sogar Tageszeit andere sein, und je nachdem, wie wir uns fühlen, werden sie anders von uns auf- und wahrgenommen, hinterlassen sie andere Eindrücke in uns. Jetzt, da wir uns der Endlichkeit des Lebens bewusst sind, ist unser Erleben tiefer, unsere Erlebnistiefe nimmt, wie wir wissen, mit den Jahren zu.

Es ist jedoch ganz und gar nicht richtig, dass es für uns nichts Neues mehr gibt. Ich bat die Frau in der Beratung zu überlegen: Was wäre neu für mich? Was habe ich noch nie getan? Einige Wochen später berichtete sie mir: »Zufällig bat mich eine Freundin, sie zu einer Einladung des Bayerischen Pilgerbüros zu begleiten, bei der die Reiseangebote für das kommende Jahr vorgestellt werden sollten, denn sie trug sich mit dem Gedanken, eine Teilstrecke des Jakobswegs zu gehen. Ich war von den Vorträgen so begeistert, dass ich mich spontan entschloss, sie ein halbes Jahr später auf dieser Reise zu begleiten. Auch wenn es ›Pilgern light‹ war – wir gingen nur einen Teil des Weges in Nordspanien, die Rucksäcke wurden befördert, und die Hotels waren vorbestellt –, ich war noch nie gewandert, und es war ein einmaliges, vollkommen neues Erlebnis für mich. Gleichzeitig war es mein Einstieg ins Wandern, dem noch viele Wanderreisen folgen sollten.« Sie hatte sich geöffnet für Neues und hatte so, ohne selbst danach zu suchen, zu einem völlig neuen Hobby gefunden.

Wir sollten die Neugier entwickeln, uns auf etwas völlig Neues, Unbekanntes einzulassen. Dieses kann uns neue Blickwinkel eröffnen, ungeahnte Erlebnisse bescheren und uns wieder staunen lassen wie Kinder. Genau dieses Neue kann es sein, das darauf gewartet hat, von uns entdeckt zu werden, und fortan unseren Geist erfüllt und unsere Seele beflügelt. Das Neue hat uns gefunden. So sieht es auch Picasso in seinem bekannten Gedicht »Ich suche nicht – ich finde«.

Die Spur wechseln?!

Wir leben in einer geschichtlich einmaligen Zeit, noch nie hatten Menschen nach ihrer produktiven Phase so viel Zeit zu ihrer eigenen freien Verfügung, eine Zeit, in der sie selbstbestimmt entscheiden, wie sie leben, was sie tun oder was sie lassen möchten. Dies ist die große Chance, in einem Zeitraum von zwanzig Jahren oder mehr eigenen Interessen nachzuge-

Man muss etwas Neues machen, um Neues zu sehen.

Georg Christoph Lichtenberg

hen oder Fähigkeiten auszuschöpfen, für die es vielleicht vorher keine Möglichkeiten gab. Ohne Leistungsdruck können wir jetzt eigensinnig und eigenwillig leben. Frauen mag es oft nicht leichtfallen, ihren eigenen Sinnen zu vertrauen, besonders wenn diese ihnen ein eigenwilliges Leben empfehlen.

Erinnern Sie sich an die Erzählung »Die unwürdige Greisin« von Bertolt Brecht? Sie hatte den Mut, in ihren beiden letzten Lebensjahren wider die damaligen Konventionen zu leben. Jetzt können wir es uns erlauben querzudenken, zu sagen, was wir meinen, und die Dinge beim Namen zu nennen, für uns selbst und andere einzutreten. Es erfordert Mut, selbst zu bestimmen, welcher Spur wir folgen wollen, und es erfordert noch mehr Mut, sie auch zu gehen. Es kann auch sein, dass wir feststellen, wir wollen auf der bisherigen Spur bleiben, weil es genau die richtige, die für uns passende ist. Welche Entscheidung auch immer wir treffen, was auch immer wir finden oder von was auch immer wir gefunden werden, die Zeit ist reif für einen eigensinnigen, eigenwilligen, lust- und freudvollen, kreativen, neugierigen Weg, unseren eigenen Weg.

Am Schluss möchte ich Ihnen noch von einigen Unternehmungen ehemaliger Kursteilnehmerinnen berichten: Sie gehen zusammen ins Theater oder besuchen Ausstellungen, sie machen Städtereisen, gehen gemeinsam wandern oder zum Sport, gründen einen Literaturkreis oder besuchen Malkurse, bilden sich zur Stadt- oder Kulturführerin aus, beginnen ein Seniorenstudium, spielen Improtheater, singen in einem Chor, tanzen Zumba, Tango oder Kreistänze, besuchen Fabriken und Friedhöfe, eine Teilnehmerin macht mit 62 Jahren noch den Führerschein, um mobil zu sein. Sehr viele üben ein Ehrenamt aus.

Vieles mag nicht spektakulär klingen, doch alle haben einen neuen Weg beschritten, sie alle tun etwas gemeinsam und tun es mit großer Begeisterung und Freude. Eine Teilnehmerin drückte es so aus: »Der Spurwechsel ist aktivierend.« Die Spur zu wechseln, einen neuen Weg zu gehen wirkt sich aktivierend auf Geist, Körper und Seele aus.

Lassen Sie sich überraschen durch die darin enthaltenen vielfältigen Anregungen für Ihren Spurwechsel, Ihren ganz persönlichen Weg, auf dem ich Ihnen viel Glück wünsche.

Die Worte Werner Sprengers mögen Sie auf diesem Weg begleiten:

Es gibt einen Weg,
den keiner geht,
wenn Du ihn nicht gehst.
Wege entstehen,
indem wir sie gehen.
Die vielen zugewachsenen, wartenden Wege –
von ungelebtem Leben überwuchert.
Es gibt einen Weg,
den keiner geht,
wenn Du ihn nicht gehst.
Es gibt Deinen Weg,
einen Weg, der entsteht,
wenn Du ihn gehst.

Schlusswort

In diesem Buch habe ich Sie eingeladen, eine Reise anzutreten, eine Reise nicht zu fernen Ländern, sondern zu einem wichtigen und schönen neuen Lebensabschnitt: eine Reise in Ihre Zeit um die sechzig. Ihre Begleiter zu den verschiedenen Stationen waren Fragen und Übungen, mit deren Hilfe Sie ein wenig tiefer in die jeweilige Thematik finden konnten. Zusätzlich gaben Frauen, die sich in der gleichen Lebensphase wie Sie befinden, an jeder Station einen kleinen Einblick in ihre ganz eigene Geschichte.

Die erste Station Ihrer Reise führte Sie zu der Frage: »Was heißt hier alt?« Sie tauchten in die Zeit Ihrer Großmütter und Mutter ein und konnten die Entwicklungen, die wir Frauen in den vergangenen Jahrzehnten genommen haben, sicher freudig begrüßen.

Als Nächstes machten Sie sich Gedanken über die Zeit, insbesondere über Ihre eigene Zeit. Während Sie jetzt wahrscheinlich über mehr Freizeit als früher verfügen, nimmt die verbleibende Lebenszeit mit jedem Geburtstag ab. Vielleicht hat diese Station etwas dazu beitragen können, sich der Kostbarkeit Ihrer (Lebens-)Zeit noch bewusster zu werden.

Dann folgte die Station »Gesundheit und Wohlbefinden«. Hier erfuhren Sie nicht nur von der Bedeutung eines gesunden Lebensstils – einiges davon kannten Sie bestimmt schon –, sondern auch, wie wichtig eine positive Lebenseinstellung ist. Vielleicht gönnen Sie sich jetzt öfter eine Auszeit, um wieder in Ihre Mitte zu finden und sich stimmig zu fühlen?

An der Station »Ein Blick zurück« machten Sie sich wiederum auf die Reise in Ihre eigene Vergangenheit. Die Frage, um die es hier im Wesentlichen ging, lautet: Wie wurde ich die, die ich bin? Ihre Reisebegleiter konnten Ihnen bestimmt dabei helfen, sie zu beantworten.

Eine Fülle von Informationen bekamen Sie auch beim Aufenthalt »Selbstvertrauen und Selbstsicherheit«, und Ihre Reisebegleiter nahmen Sie wieder unterstützend an die Hand, um Sie in ein selbstbewusstes, mutiges neues Lebensalter zu begleiten.

Die Station »Partnerschaft und Freundschaft« erinnerte daran, wie wichtig es ist, anderen zugewandt zu sein und zu bleiben, zu verzeihen und stets wertschätzend miteinander umzugehen. Sollten Sie Hilfe benötigen, bedienen Sie sich auch hier ruhig wieder Ihrer Reisebegleiter.

Beim vorletzten Reisestopp »Was im Leben zählt« warfen Sie einen Blick auf Ihren Lebensweg, auf Um-, Neben- und Seitenwege, um sich dann so wichtigen Themen wie Glück, Sinnfindung, Werte, Weisheit und Spiritualität zu widmen. Sicher ahnen oder wissen Sie bereits, was in Ihrem Leben zählt.

Schließlich folgte in der Station mit dem wundervollen Titel »Alles ist möglich« die Ermunterung, sich von Neuem finden zu lassen, offen zu bleiben für die vielfältigen Möglichkeiten, die das Leben auch – oder insbesondere – um und nach der Zeit um die sechzig bietet.

Mir bleibt noch, Ihnen zu wünschen, die Spur zu finden oder in der Spur zu bleiben, die für Sie die genau richtige ist. Woran Sie sie erkennen? Nun, ich glaube, bei sich selbst anzukommen ist ein wenig wie nach Hause kommen, ein Gefühl von Gelassenheit und innerer Ruhe – ganz geborgen in sich selbst.

Ich hoffe, Sie hatten viel Freude auf dieser Reise, und wünsche Ihnen für die neue Lebensphase alles Gute!

Ihre

Konstanze Schmidt

Konstanze Schmidt, 1948 geboren, lebt nach Jahren in Portugal und Südostasien seit 35 Jahren in München. Die Psychotherapeutin, Heilpraktikerin und Übersetzerin arbeitet in eigener Beratungspraxis mit den Schwerpunkten Hypnotherapie, NLP, Paarberatung und Beratung für Menschen über fünfzig. Seit 25 Jahren gibt sie Seminare und Kurse zu verschiedenen Themen, und seit mehr als 15 Jahren ist sie Referentin des Kurses »Spurwechsel ab 55«. Dieser Kurs richtet sich an Frauen, die sich nach der Berufs- und/oder Familienzeit neu orientieren wollen.

Zum Spurwechsel

Der Buchtitel »Spurwechsel« ist dem Kursnamen »Spurwechsel ab 55 – Neue Chancen nach der Lebensmitte« entlehnt. Die Soziologin Ute Dziallas übernahm das Konzept des Orientierungskurses für Frauen ab 55 aus Freiburg und führte ihn 1994 in München ein, wo sie den Kurs zwanzig Jahre lang leitete. Ihrer fachlichen Kompetenz und ihrem großen Einsatz ist es maßgeblich zu verdanken, dass der Kurs sich in München etablieren konnte. Er findet zweimal jährlich, von Januar bis März und von Oktober bis Dezember, an zwei Vormittagen pro Woche statt. Zehn Wochen lang begleitet jeweils eine von fünf Referentinnen – zu denen auch ich gehöre – 16 bis 17 Frauen bei ihrer Orientierungssuche nach Beendigung der Familienzeit und/oder ihrer beruflichen Phase. Ein wichtiger Aspekt, den Kurs zu besuchen, ist unter anderem auch das Kennenlernen und der Austausch von Frauen in der gleichen Lebenssituation und daraus häufig resultierend das Entstehen von Freundschaften.

Die Buchthemen entsprechen überwiegend den Kursthemen, wenngleich sich die Inhalte durchaus unterscheiden, da in das Buch natürlich meine Erfahrungen als Therapeutin und aus anderen Kursen mit eingeflossen sind.

Träger des Kurses »Spurwechsel ab 55« ist der Verein für Fraueninteressen in München.
www.spurwechselab55.de
www.fraueninteressen.de
www.konstanzeschmidt.de

Register

Bücher, die weiterhelfen

Baier-D'Orazio, Maria G.
Vom Vergnügen, älter zu werden. Fit, frech, fröhlich, frei das Leben genießen
SILBERSCHNUR VERLAG

Bovenschen, Silvia
Älter werden. Notizen
FISCHER TASCHENBUCH

Engelbrecht, Sigrid
ICH! Drei Buchstaben, die Ihr Leben verändern. Der kleine Coach für gute Laune
GRÄFE UND UNZER VERLAG

Engelbrecht, Sigrid
Wer zuerst lacht, lacht am besten. Der kleine Coach für mehr Selbstbewusstsein
GRÄFE UND UNZER VERLAG

Eßwein, Jan
Achtsamkeitstraining (mit CD)
GRÄFE UND UNZER VERLAG

Fuchsberger, Joachim
Altwerden ist nichts für Feiglinge
GOLDMANN VERLAG

Grasberger, Delia
Autogenes Training (mit CD)
GRÄFE UND UNZER VERLAG

Hoffmann, Ulrich
Meditation. Mein Übungsbuch für mehr Wohlbefinden und Gelassenheit
GRÄFE UND UNZER VERLAG

Hoffmann, Ulrich
Mini-Meditationen
GRÄFE UND UNZER VERLAG

Iding, Doris
Achtsamkeit. Mein Übungsbuch für mehr Balance und Harmonie
GRÄFE UND UNZER VERLAG

Kunze, Petra
Nein sagen. Mein Übungsbuch für mehr Selbstbewusstsein und Freiheit
GRÄFE UND UNZER VERLAG

Küstenmacher, Werner Tiki
Entrümpeln. Mein Übungsbuch für mehr Zufriedenheit und innere Ordnung
GRÄFE UND UNZER VERLAG

Mika, Bascha
Mutprobe. Frauen und das höllische Spiel mit dem Älterwerden
BTB VERLAG

Nussbaum, Cordula
Zeitmanagement. Mein Übungsbuch für mehr Zeit und Lebensqualität
GRÄFE UND UNZER VERLAG

Osterloh, Tineke
Stark im Wandel (mit CD). Lebensveränderungen annehmen und aktiv gestalten
GRÄFE UND UNZER VERLAG

Rossbach, Gabriele
Meditation mit inneren Bildern (mit CD). Heilsame, tiefenwirksame Symbolbilder für die Seele
GRÄFE UND UNZER VERLAG

Rubin, Yvonne
Selbstbewusstsein. Mein Übungsbuch für mehr innere Stärke und Ausgeglichenheit
GRÄFE UND UNZER VERLAG

Schlüter, Christiane
Kraftquellen für den Alltag
GRÄFE UND UNZER VERLAG

Schmid, Wilhelm
Gelassenheit. Was wir gewinnen, wenn wir älter werden
INSEL VERLAG

Schneider, Maren
Der kleine Alltagsbuddhist
GRÄFE UND UNZER VERLAG

Schweppe, Ronald; Long, Aljoscha
Loslassen. Mein Übungsbuch für mehr Unabhängigkeit und Lebensfreude
GRÄFE UND UNZER VERLAG

Wittstamm, Willem
Yoga für Späteinsteiger (mit DVD). Mit einem Vorwort von Eckart von Hirschhausen
GRÄFE UND UNZER VERLAG

Quellenverzeichnis

Seite 4: Hanna Schygulla, Aussage während eines Auftritts, Residenztheater, München 1996.

Seite 8: Erika Pluhar, »Mehr denn je. Alle Lieder«, Residenz Verlag, Salzburg-Gnigl 2009.

Seite 10/11: Bundesministerium für Familie, Senioren, Frauen und Jugend, »Sechster Bericht zur Lage der älteren Generation in der Bundesrepublik Deutschland – Altersbilder in der Gesellschaft«, Bundestagsdrucksache 12/7992, Berlin 2010.

Seite 28: Elli Michler, »Dir zugedacht. Wunschgedichte«, © Don Bosco Medien GmbH, München 2014 (22. Auflage).

Seite 52: Joachim Bauer, »Das Gedächtnis des Körpers. Wie Beziehungen und Lebensstile unsere Gene steuern«, Piper Verlag, München 2013.

Seite 62: DGSM, »Ein- und Durchschlafstörungen«, Berlin 2011.

Seite 68: Luise Rinser, »Septembertag«, © S. Fischer Verlag GmbH, Frankfurt am Main 1964.

Seite 86: Paul Watzlawick, »Anleitung zum Unglücklichsein«, Piper Verlag, München 2009 (15. Auflage).

Seite 88/89: Sabine Asgodom, »Ganz schön stark! Wie Sie souverän Ihre Ziele erreichen können«, Econ Verlag, Berlin 2005.

Seite 121: Patricia Tudor-Sandahl, »Das Leben ist ein langer Fluss. Über das Älterwerden«, Verlag Herder, Freiburg 2003.

Seite 124/125: Friedemann Schulz von Thun, »Miteinander reden 1: Störungen und Klärungen. Allgemeine Psychologie der Kommunikation«, © Rowohlt Taschenbuch Verlag GmbH, Reinbek bei Hamburg 1981.

Seite 142: Seite »Weisheit«. In: Wikipedia, Die freie Enzyklopädie. Bearbeitungsstand: 17. November 2016, 22:15 UTC. URL: https://de.wikipedia.org/w/index.php?title=Weisheit&oldid=159790511 (Abgerufen: 1. Dezember 2016, 16:26 UTC).

Seite 149: Hermann Hesse, »Sämtliche Werke in 20 Bänden, Band 10: Die Gedichte«, Herausgegeben von Volker Michels, © Suhrkamp Verlag, Frankfurt am Main 2002 (4. Auflage).

Seite 150: Mascha Kaléko: »In meinen Träumen läutet es Sturm«, © dtv Verlagsgesellschaft, München, 1977.

Seite 168: Werner Sprenger, »Gedichte zum Auswendigleben«, Nie-Nie-Sagen-Verlag, Konstanz 1998 (9. Auflage).

Impressum

Projektleitung: Simone Kohl
Lektorat: Alexandra Bauer
(textwerk, München),
Karin Leonhart für textwerk,
München
**Umschlaggestaltung und
Layout:** Anzinger und Rasp,
München
Herstellung: Petra Roth
Satz: Christopher Hammond
Repro: Medienprinzen
GmbH, München
Druck und Bindung:
Firmengruppe APPL,
aprinta druck, Wemding

ISBN 978-3-8338-5691-4

1. Auflage 2017

Bildnachweis
Cover: Picture Press/Jan
Rickers/BRIGITTE WIR
Illustrationen
Übungsheft:
Tatiana Davidova

Wichtiger Hinweis
Die Inhalte dieses Ratgebers
wurden sorgfältig recher-
chiert und haben sich in der
Praxis bewährt. Alle Leserin-
nen und Leser sind jedoch
aufgefordert, selbst zu entscheiden, ob und inwieweit
sie Übungsanleitungen und
Anregungen aus diesem
Buch umsetzen wollen und
können. Der Autor und der
Verlag übernehmen keine
Haftung für die Resultate.

Die GU-Homepage finden
Sie im Internet unter
www.gu.de

GRÄFE
UND
UNZER

Ein Unternehmen der
GANSKE VERLAGSGRUPPE

Liebe Leserin, lieber Leser,
haben wir Ihre Erwartungen erfüllt?
Sind Sie mit diesem Buch zufrieden? Haben Sie weitere Fragen zu
diesem Thema? Wir freuen uns auf
Ihre Rückmeldung, auf Lob, Kritik
und Anregungen, damit wir für Sie
immer besser werden können.

GRÄFE UND UNZER Verlag
Leserservice
Postfach 86 03 13
81630 München
E-Mail:
leserservice@graefe-und-unzer.de

Telefon: 00800 / 72 37 33 33*
Telefax: 00800 / 50 12 05 44*
Mo–Do: 9.00 – 17.00 Uhr
Fr: 9.00 – 16.00 Uhr
(* gebührenfrei in D, A, CH)

Ihr GRÄFE UND UNZER Verlag
Der erste Ratgeberverlag – seit 1722.

Umwelthinweis
Dieses Buch wurde auf
PEFC-zertifiziertem Papier
aus nachhaltiger Waldwirt-
schaft gedruckt.

f www.facebook.com/gu.verlag

Was heißt hier alt?

Jeder Verlust
macht uns zu Künstlern,
da wir die Muster unseres Lebens
neu weben müssen.

Greta W. Crosby

Wenn du denkst, es ist eine Last,
so wird es eine Last,
wenn du denkst, es ist eine Lust,
so wird es eine Lust.

Chinesisches Sprichwort

Sich selbst zu lieben
ist der Beginn
einer lebenslangen
Romanze.

Oscar Wilde

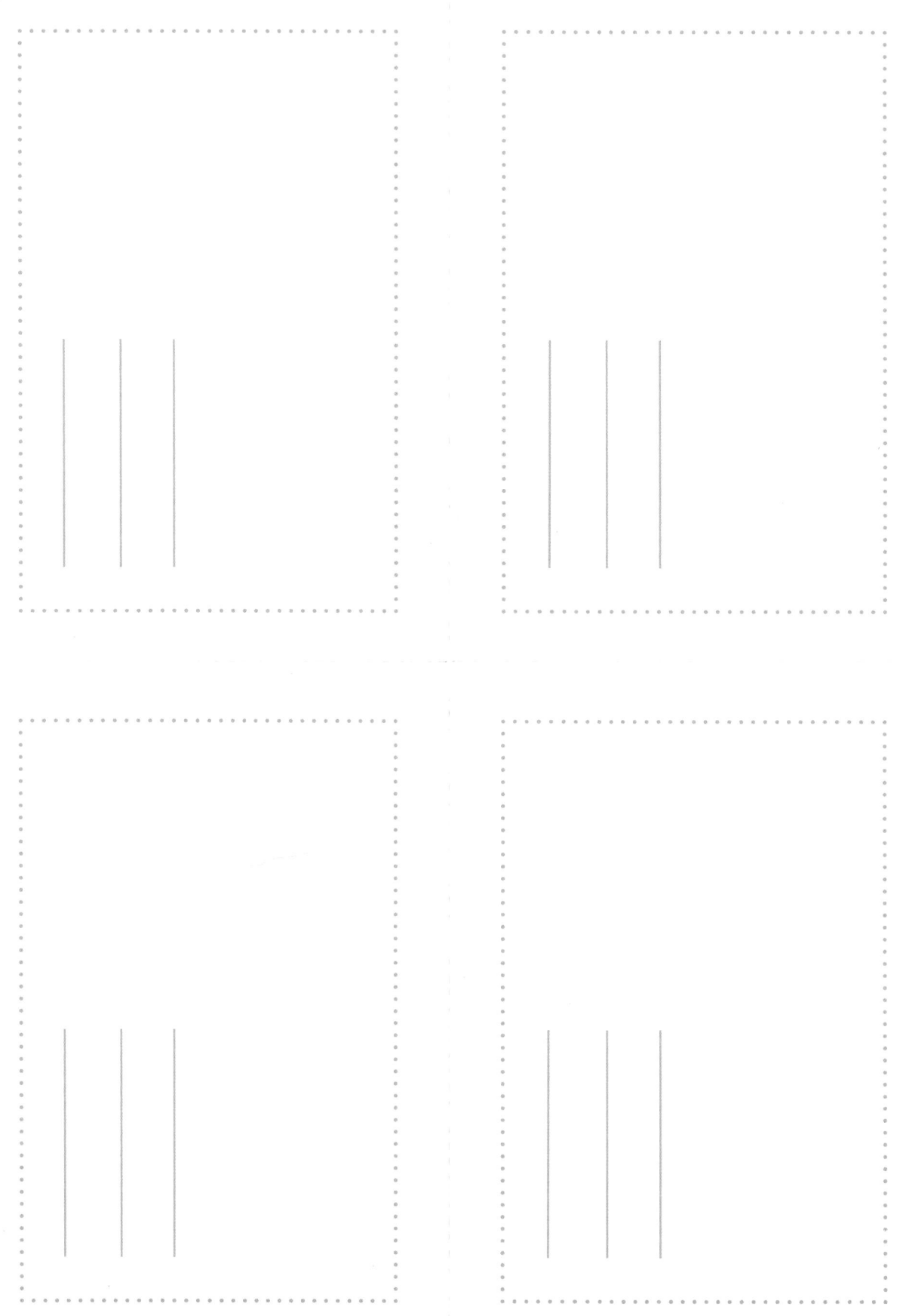

Man muss
etwas Neues machen, um
Neues zu sehen.

Georg Christoph Lichtenberg

Wecke mir
die Träume wieder,
die ich in der
Kindheit träumte.

Klaus Groth

Gesund alt werden
heißt: laufen lernen,
lachen und lieben!

Konstanze Schmidt

Spurwechsel

Das Übungs heft

Kreativ die Zukunft gestalten

Ein Wort vorab

Vielleicht möchten Sie einmal an einem See, auf einer Wiese oder einer Parkbank eine der im Buch beschriebenen Übungen machen, wollen aber das Buch nicht mit sich herumtragen. Hierfür bietet sich dieses schmale Übungsheft an. Vorher sollten Sie aber die gewünschten Übungen im Buch nachlesen, da die Übungsanleitungen dort ausführlicher beschrieben sind. Daher ist hier im Übungsheft immer die Seite angegeben, auf der die entsprechende Übung im Buch zu finden ist. Was die Übungen anbelangt, so gibt es solche, die nur mental – also in Ihrer Vorstellung – zu machen sind, wie zum Beispiel die Achtsamkeitsübung, und andere, die gezeichnet oder gemalt werden, wie etwa der Lebensbaum. Bei wiederum anderen schreiben Sie Ihre Gedanken in die leeren Zeilen, wie beispielsweise bei der Umwandlung der negativen Botschaften in stärkende Sätze. Manchmal finden Sie auch eine Illustration, in die Sie zeichnen, malen oder aber schreiben können.

Generell gilt: Je mehr Sinne Sie bei einer Übung benutzen, desto besser prägt sich die Übung und deren Ergebnis in Ihrem Geist ein. Wie im richtigen Leben wird das aus unseren Erfahrungen Gelernte umso leichter gespeichert, je mehr Sinne dabei involviert sind. Wir alle kennen das, da wir uns mühelos an sowohl etwas sehr Schönes als auch an etwas sehr Unangenehmes erinnern, aber etwas Unbedeutendes – bei dem wir nicht »bei Sinnen«, also mit allen Sinnen beteiligt waren – vergessen wir schnell. Genauso verhält es sich bei diesen Übungen. Falls Sie beim Malen singen oder pfeifen, bei einer mentalen Übung das Vorgestellte sowohl sehen, hören, riechen als auch schmecken können, dann wird sich das Erlernte leichter einprägen. Sogar wenn Sie Ihre Antworten niederschreiben, prägen sich diese besser ein.

Welche der Übungen Sie machen wollen, bleibt ganz und gar Ihnen überlassen. Falls Sie Unterstützung bei der Auswahl benötigen, dann ist Ihr Gefühl, dass Ihnen diese eine Übung am meisten nutzen wird, genauso ein guter Indikator wie Ihre Lust auf eine bestimmte Übung. Ob nun Bedürfnis oder Lust: Ich wünsche Ihnen auf alle Fälle sehr viel Freude und interessante neue Einsichten!

Ihre

Konstanze Schmidt

Frauenrollen

Schreiben Sie Ihre Rollen mit den entsprechenden Zuschreibungen in die Blütenblätter. Notieren Sie in den Wolken, von wem Sie die Zuschreibungen erhalten haben. Welche der Rollen gefällt Ihnen, welche möchten Sie verändern? Welche der Ihnen zugeschriebenen Eigenschaften nehmen Sie gerne an? (Siehe Buchseite 12.)

Achtsamkeitsübung

Diese mentale Übung können Sie überall machen, besonders wohltuend ist sie in der Natur. Das Eintauchen ins Hier und Jetzt kann wie ein Kurzurlaub wirken: Ihr Geist wird ruhig, Ihr Körper entspannt, und Ruhe sowie Gelassenheit kehren ein. (Siehe Buchseite 37.)

Nehmen Sie sich für diese Achtsamkeitsübung etwa dreißig Minuten Zeit. Setzen Sie sich in den Garten oder in einen Park, und nehmen Sie Ihre Umgebung mit allen Sinnen wahr. Betrachten Sie die spielenden Kinder, die vorübergehenden Menschen, die herumtollenden Hunde, die Vögel, die Schattierungen des Grases, die Blätter an den Bäumen. Alles, was Sie umgibt. Lassen Sie alle Gedanken los, und schauen Sie nur. Dann konzentrieren Sie sich auf das Hören. Schließen Sie Ihre Augen, und lauschen Sie dem Lachen der Kinder, dem Gezwitscher der Vögel, dem Bellen der Hunde, den Gesprächen der Vorübergehenden, ohne zu versuchen, sie zu verstehen. Danach konzentrieren Sie sich auf die Sie umgebenden Düfte. Dabei können Sie die Augen entweder geschlossen halten oder öffnen, ganz wie Sie möchten – Hauptsache, Sie fühlen sich wohl. Wie riechen die Menschen, die Hunde, wie die Bäume oder das Gras?

Sie können die Übung beenden, wann immer Sie spüren: Jetzt ist es genug. Anschließend brauchen Sie vielleicht eine Weile, bis Sie aufstehen und weitergehen wollen. Atmen Sie ein paarmal tief durch, strecken Sie sich, schütteln Sie Ihre Arme und Hände, bis Sie merken, dass Sie wieder ganz in Ihrem Körper angekommen sind.

Der Samen des Glücks ist der Augenblick.

Chinesisches Sprichwort

Zeittorte

Teilen Sie einen »normalen« Tag in verschieden große
Tortenstücke ein. Je nach Dauer der Tätigkeit sind Ihre
Tortenstücke schmäler oder breiter. Womit, wie lange und
mit wem verbringen Sie Ihre Zeit? Welche Zeit ist Ihnen
besonders wertvoll, welche können Sie genießen? Und:
Welche Zeit verschwenden Sie mit Unwichtigem?
(Siehe Buchseite 44.)

Mein soziales Netz

Schreiben Sie in die Mitte »Ich«, dann stellen Sie durch Pfeile Ihre Beziehungen dar. Vom Ich ausgehende Pfeile: Ich helfe der genannten Person. Zum Ich zeigende Pfeile: Die Person hilft mir. Doppelpfeile: Gegenseitige Hilfe. Nähe und Distanz werden durch Pfeillängen dargestellt. Wen brauchen Sie, wer braucht Sie? Welche Beziehungen haben sich verändert, haben Sie Kontakte verloren oder andere hinzugewonnen? (Siehe Buchseite 66.)

Zeitleiste

Tragen Sie auf der Zeitleiste die Lebensjahre ein,
die Sie sich ansehen möchten, und wichtige Ereignisse.
Unterstützend sind folgende Fragen: Was war in jener Zeit
mein Hauptinteresse/eine Herausforderung/eine Hoffnung/
ein Wunsch? Fällt Ihnen vielleicht ein Themenfaden, ein
Leitthema auf? (Siehe Buchseite 82.)

Familienbaum

**Zuoberst schreiben Sie »Ich«, dann folgt der Name
Ihrer Eltern, drei für sie typische Eigenschaften und drei
Worte über deren Aussehen. Das Gleiche für Großeltern
und Urgroßeltern, selbst wenn Sie sie nur aus Erzählungen
kennen. Jetzt die Zweige des Familienbaums:**

Ihre Geschwister, Tanten, Onkel, Cousins, Cousinen, wiederum mit drei Eigenschaften und drei Worte über deren Aussehen. Und nun fügen Sie oben bei »Ich« drei Eigenschaften und drei Worte über *Ihr* Aussehen ein. Wem ähneln Sie am meisten? (Siehe Buchseite 75.)

Mein Lebensbaum

Malen Sie einen Baum mit Wurzeln,
Stamm und Rinde, Blättern, Früchten, Knospen und
Blüten, oder suchen Sie sich das Bild eines Baumes,
vielleicht Ihres Lieblingsbaumes, aus. Dann beantworten
Sie folgende Fragen. Wurzeln: Was gibt mir Kraft? Stamm
und Rinde: Was hat mich geprägt? Blätter: Was ist mir
wichtig? Früchte: Worauf bin ich stolz? Knospen und Blüten: Was möchte ich noch entfalten? (Siehe Buchseite 85.)

Negative Botschaften verwandeln

Notieren Sie frühe negative Botschaften, die zu Glaubenssätzen wurden und Sie bis heute beeinflussen. Verwandeln Sie diese in positive Sätze. Beispiel: »Ordnung ist das halbe Leben – aber die andere Hälfte ist schöner!« Immer wenn Sie sich an den alten Satz erinnern, sagen Sie stattdessen Ihren neuen Satz – bis dieser so in Ihnen erstarkt ist, dass der alte unwirksam wird. (Siehe Buchseite 98.)

....

....

....

....

....

....

....

....

Mein Weg

Betrachten oder zeichnen Sie einen Weg,
von dem Sie meinen, er ähnle Ihrem Lebensweg.
An welcher Stelle des Weges stehen Sie gerade? Wie hat
er sich bisher gestaltet? Wie könnte er weitergehen,
wo könnte er hinführen? Welcher Ausblick bietet sich
Ihnen rechts und links? Tragen Sie Wegweiser, Begleiter,
Kraftquellen und Ressourcen ein, die Sie auf Ihrem
weiteren Lebensweg unterstützen sollen.
(Siehe Buchseite 135.)

. . . .

. . . .

Meine Haltung

Welches Bild haben Sie von sich als gereiften
Menschen? Welche Haltung drücken Sie aus?
Formulieren Sie die Antworten in der Gegenwart,
so, als wäre die zu formulierende Haltung bereits Realität.
Beispiel: »Ich bin eine vitale attraktive Frau, die vielseitig
interessiert ist und aktiv am Leben teilnimmt.«
(Siehe Buchseite 163, »Treffend gefragt«.)

Mein Verhalten

Tragen Sie jeweils in die drei Fußspuren Ihre drei neuen, konkreten Schritte ein. Zum Beispiel: 1. Fußspur, körperlicher Bereich: Walken, Wellness, gutes Essen. 2. Fußspur, psychischer Bereich: Freunde treffen, neue Menschen kennenlernen ... 3. Fußspur, geistiger Bereich: eine neue Sprache lernen ... Durch das Aufschreiben des gewünschten Verhaltens fällt es Ihnen leichter, es umzusetzen. (Siehe Buchseite 164.)

Mein Motto

Schreiben Sie ein stärkendes Motto für diese Lebensphase auf, das Sie immer wieder an das erinnert, was Sie sich vorgenommen haben, und Ihnen hilft, auf diesem Weg zu bleiben. Ein Motto ist kurz und eingängig, es darf sich reimen, ein »kann« oder »will« enthalten, oft ist es bildhaft. Sagen, malen oder singen Sie es so oft wie möglich. Beispiel: »Jetzt erst recht.« (Siehe Buchseite 165.)

. . . .

. . . .

. . . .

. . . .

. . . .

. . . .

. . . .

. . . .

. . . .

. . . .

Gesund alt werden
heißt: laufen, lernen,
lachen und lieben!

Konstanze Schmidt